U0926969

深圳城市轨道交通工程风险分析与安全评价

SHENZHEN CHENGSHI GUIDAO JIAOTONG GONGCHENG
FENGXIAN FENXI YU ANQUAN PINGJIA

林茂德　肖　民　何　理
黎忠文　石杰红　胥　旋　编著

人民交通出版社股份有限公司
China Communications Press Co.,Ltd.

内 容 简 介

本书共7章,收录了国内外城市轨道交通典型事故案例,总结了我国城市轨道交通建设和运营过程中存在的主要风险,提出了适用于城市轨道交通工程的风险评价技术及体系。

本书可为从事城市轨道交通安全管理及安全评价的人员提供参考,也可作为高等院校安全工程、交通安全工程及其他相关专业师生的教学参考书。

图书在版编目(CIP)数据

深圳城市轨道交通工程风险分析与安全评价 / 林茂德等编著. — 北京 : 人民交通出版社股份有限公司, 2015.1

ISBN 978-7-114-12054-1

Ⅰ. ①深… Ⅱ. ①林… Ⅲ. ①城市铁路—铁路工程—风险分析—深圳市 ②城市铁路—铁路工程—安全评价—深圳市 Ⅳ. ①U239.5

中国版本图书馆 CIP 数据核字(2015)第027176号

书　　名:深圳城市轨道交通工程风险分析与安全评价
著 作 者:林茂德　肖　民　何　理　黎忠文　石杰红　胥　旋
责任编辑:刘彩云　谢海龙
出版发行:人民交通出版社股份有限公司
地　　址:(100011)北京市朝阳区安定门外外馆斜街3号
网　　址:http://www.ccpress.com.cn
销售电话:(010)59757973
总 经 销:人民交通出版社股份有限公司发行部
经　　销:各地新华书店
印　　刷:北京市密东印刷有限公司
开　　本:720×960　1/16
印　　张:15
字　　数:163千
版　　次:2015年4月　第1版
印　　次:2015年4月　第1次印刷
书　　号:ISBN 978-7-114-12054-1
定　　价:56.00元
(有印刷、装订质量问题的图书,由本公司负责调换)

前　　言

我国城市轨道交通建设已进入快速发展阶段，截止到2014年7月，我国内地共有22座城市的轨道交通线路投入运营，总运营里程达2631km。我国城市轨道交通在发展过程中普遍面临着工期紧张、任务繁重、人才短缺等问题，安全事故时有发生。因此，城市轨道交通工程的风险管控越来越受到关注。

结合深圳城市轨道交通工程安全评价工作实践，本书收录了国内外城市轨道交通典型事故案例，总结了我国城市轨道交通建设和运营过程中存在的主要风险，提出了适用于城市轨道交通工程的风险评价技术及体系。撰写过程中，中国安全生产科学研究院的钟茂华、史聪灵、伍彬彬、赵晨等同志对本书提出了宝贵意见，同时，受“十二五”国家科技支撑计划（2012BAK24B02、2012BAK27B03－03）、国家自然科学基金（51274176、71203201、51425404）等项目资质，在此一并致谢！

我国城市轨道交通工程发展迅速，新技术、新工艺、新产品不断涌现，书中阐述难免有不足之处，敬请批评指正！

作者

2014年10月

目　　录

第1章 绪论

1.1 深圳城市轨道交通发展概况

深圳市是珠江三角洲的核心城市之一,是香港与内地陆路联系的必经之路。全市总面积2020km^2,土地总面积1952.84km^2,截至2013年底,深圳常住人口为1062.89万,人口密度约5292人/km^2。2013年全市生产总值达14500.23亿元,全口径公共财政收入4818亿元,其中地方公共财政预算收入达1731亿元。无论是从经济实力、人口规模,还是从区位独特优势考虑,深圳市发展城市轨道交通都是必要和可行的。

1.1.1 深圳城市轨道交通线网规划

1998年原国家计划委员会批准深圳市政府《深港罗湖、皇岗/落马洲口岸旅客过境轨道接驳工程》项目建议书,工程获得立项,并更名为"深圳地铁一期工程"。

根据2010年获得国务院正式批复的深圳市城市总体规划(2010—2020年)中编制的《深圳市城市轨道交通规划》,深圳市轨道交通线网远景规划方案由组团快线、城市干线、局域线三层次共16条城市轨道交通线路组成(图1-1),合计城市轨道交通远景规划线路总

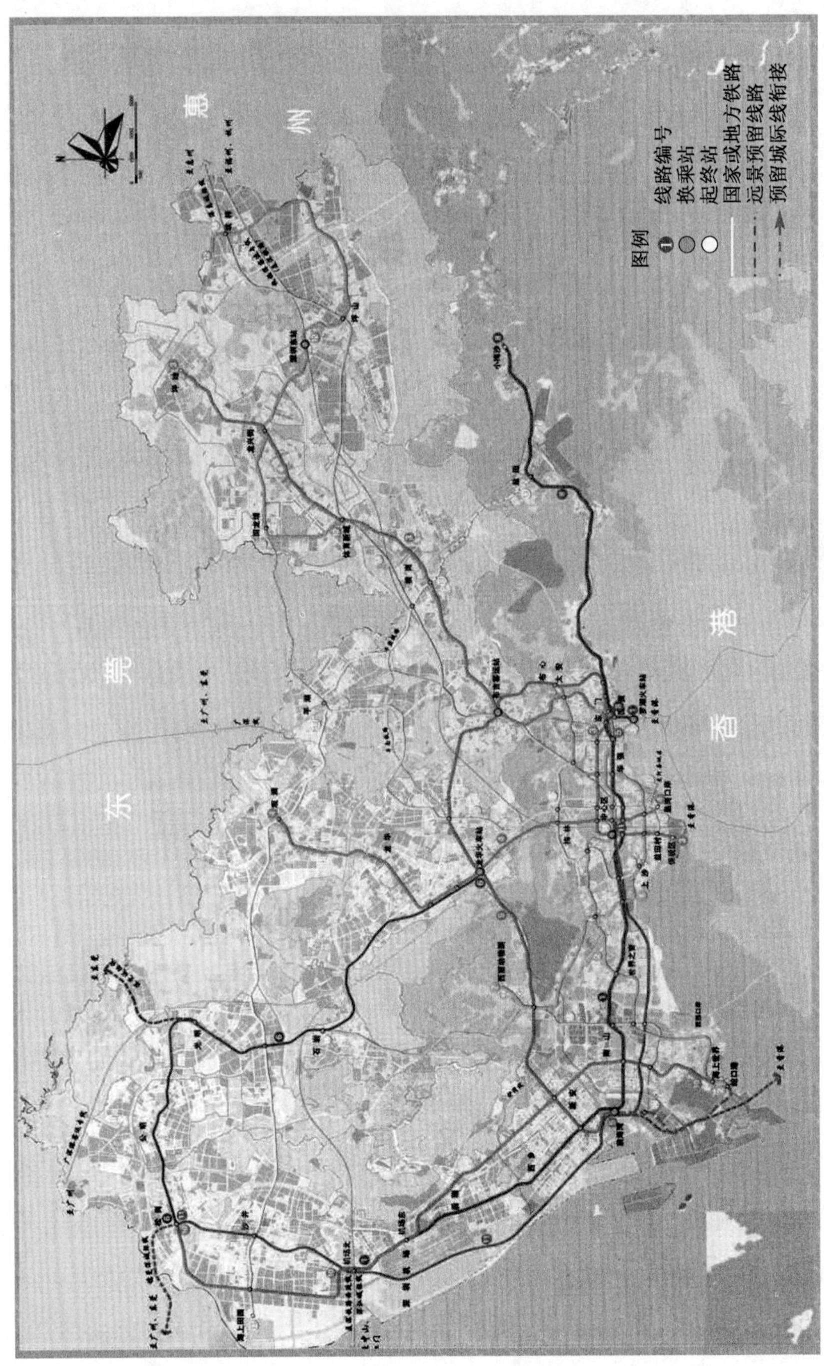

图1-1 深圳城市轨道交通远景规划方案示意图

长约596.9km,共设车站369座。深圳城市轨道交通远景线路线网密度全市约0.3km/km²,中心城区线网密度约1.18km/km²。

根据2011年国家发展和改革委员会(简称:国家发改委)关于《深圳市城市轨道交通近期建设规划(2011—2016年)》的批复,深圳城市轨道交通近期建设规划(2011—2016年)包括机场线(11号线)、西丽线(7号线)、梅林线(9号线)、光明线(6号线)、盐田线(8号线,根据前期工作准备情况,适时建设)共5条线路,合计169.6km,新设车站95座(图1-2),简称"深圳地铁三期工程"。近期建设规划实施后,深圳城市轨道交通线路将达到10条,通车里程将达到约348km,其中中心城区里程将达到194km,线网密度为1.03km/km²。预计到2016年,深圳城市轨道交通承担客运量占公共交通承担客运量的比例将达到38%。

1.1.2 深圳城市轨道交通建设现状

深圳城市轨道交通经过了一期、二期建设,目前正在进行三期工程建设的城市轨道交通规划线路有3条,分别是7号线(西丽线)、9号线(梅林线)和11号线(机场线)。这三条线路全部采用BT模式建设。

1)深圳地铁机场线(11号线)

深圳地铁11号线由南至北穿过深圳市福田区、南山区和宝安区,连接福田中心区、南山中心区、前海中心区、宝安中心区、机场、福永、沙井和松岗等地。线路起于福田中心区福田站,止于松岗碧头站。全长51.9km,设18座车站,其中地下站14座、高架站4座。初、近、远期均采用8辆编组A型车的运营组织方案,最高运行时速为120km/h,牵引供电制式采用DC1500V架空刚性接触网。于2011年12月29日前期工程动工,预计于2016年6月30日前投入试运营。

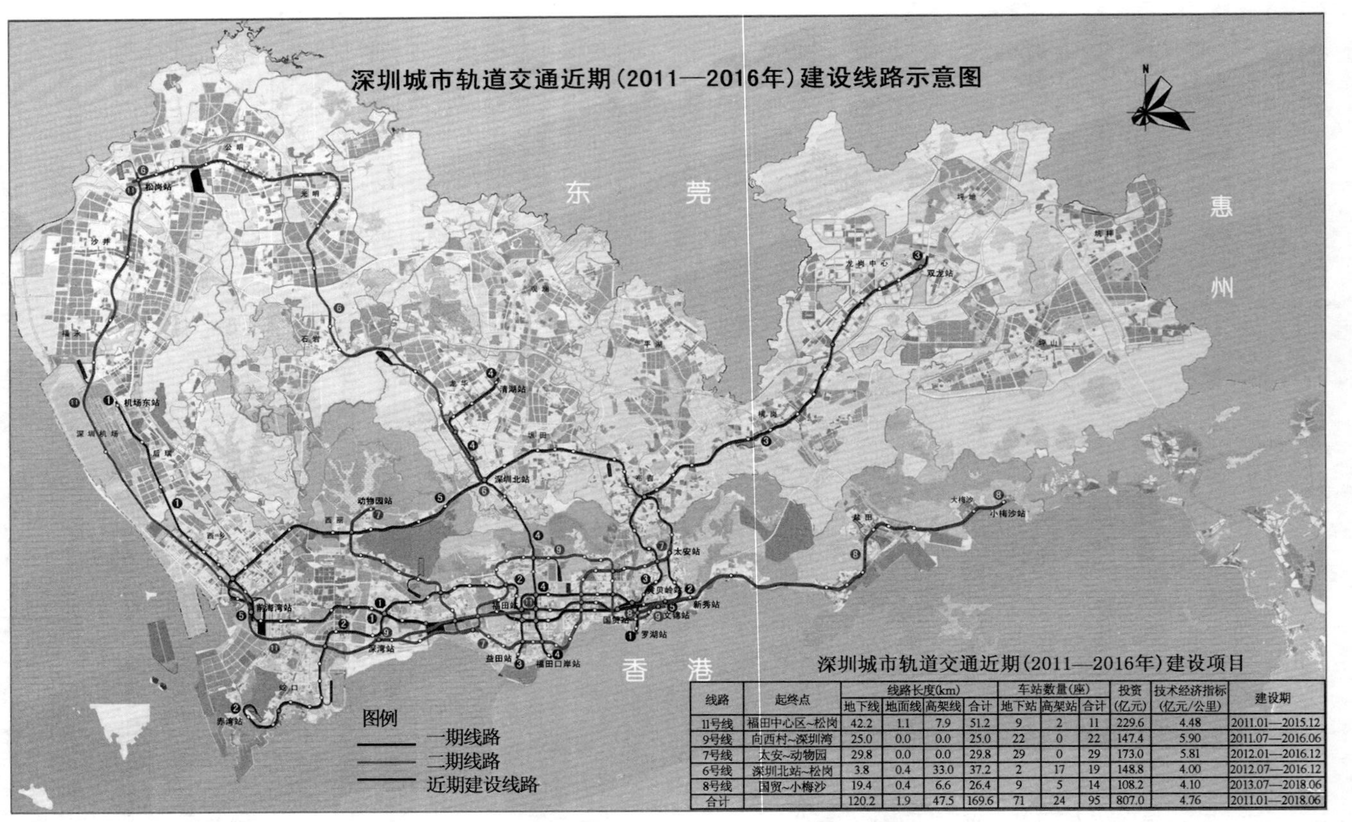

线路	起终点	线路长度(km)				车站数量(座)			投资(亿元)	技术经济指标(亿元/公里)	建设期
		地下线	地面线	高架线	合计	地下站	高架站	合计			
11号线	福田中心区~松岗	42.2	1.1	7.9	51.2	9	2	11	229.6	4.48	2011.01—2015.12
9号线	向西村~深圳湾	25.0	0.0	0.0	25.0	22	0	22	147.4	5.90	2011.07—2016.06
7号线	太安~动物园	29.8	0.0	0.0	29.8	29	0	29	173.0	5.81	2012.01—2016.12
6号线	深圳北站~松岗	3.8	0.4	33.0	37.2	2	17	19	148.8	4.00	2012.07—2016.12
8号线	国贸~小梅沙	19.4	0.4	6.6	26.4	9	5	14	108.2	4.10	2013.07—2018.06
合计		120.2	1.9	47.5	169.6	71	24	95	807.0	4.76	2011.01—2018.06

图1-2　深圳城市轨道交通近期（2011—2016年）建设线路示意图

2)深圳地铁西丽线(7 号线)

深圳地铁 7 号线连接布心、田贝、笋岗、华强北、福田南、车公庙、龙珠、西丽等片区,是联系特区内主要居住区与就业区的局域线。东西向横穿深圳市区,线路布局呈"V"形,是深圳城市轨道交通线网中的局域线。线路起于南山区的西丽湖站,止于罗湖区的太安站,全长约 30.2km,设 28 座车站,全部为地下车站,其中 13 座为换乘站。初、近、远期均采用 6 辆编组 A 型车的运营组织方案,最高运行时速为 80km/h,牵引供电制式采用 DC1500V 架空刚性接触网。于 2012 年 10 月 23 日开工,预计于 2016 年 12 月 30 日前投入试运营。

3)深圳地铁 9 号线(梅林线)

9 号线连接深圳湾、车公庙、农园、景田、梅林、银湖、泥岗、红岭、人民南、文锦等片区,是中心城区内主要居住区与就业区之间联系的局域线,沿线为较高密度建成区,主要服务通勤客流。线路自罗湖区文锦站至南山区深湾站,规划线路全长约 25.0km,设 22 座车站,全为地下站。初、近、远期均采用 6 辆编组 A 型车的运营组织方案,最高运行时速为 80km/h,牵引供电制式采用 DC1500V 架空刚性接触网。预计于 2016 年 12 月 30 日前投入试运营。

1.1.3 深圳城市轨道交通运营现状

深圳城市轨道交通工程经过一、二期,已经建成运营 5 条线路共 178km,其中 1 号、2 号、3 号、5 号线由深圳市地铁集团有限公司营运,4 号线由港铁(深圳)公司营运(图 1-3)。

(1)深圳城市轨道交通 1 号线(罗宝线)一期工程(罗湖站—世界之窗站)于 2004 年 12 月 28 日,续建试验段(科技园站、深大站)于

2009 年 9 月 28 日开通试运营，续建工程（深大站—机场东站）于 2011 年 6 月 15 日开通试运营，线路全长 40.979km，2 个车辆段（前海、竹子林），30 个车站（地下站 28 座、高架站 2 座）。车辆采用 6 辆编组 A 型车，最高运行时速为 80km/h，行车间隔高峰 3.5min，平峰 6min。

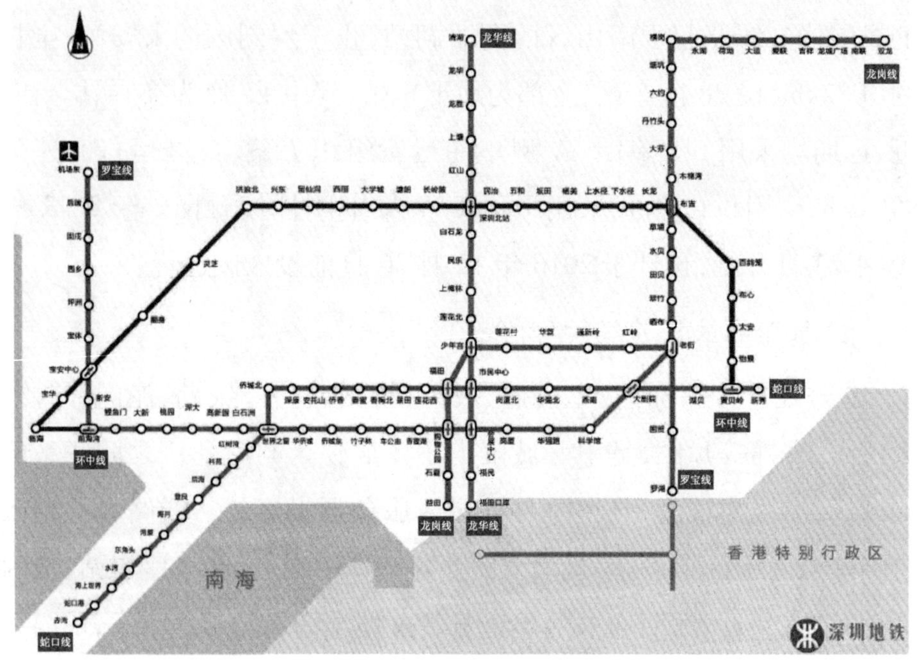

图 1-3　深圳城市轨道交通运营线网示意图

（2）深圳城市轨道交通 2 号线（蛇口线）初期工程（世界之窗站—赤湾站）于 2010 年 12 月 28 日开通试运营，东延段工程（世界之窗站—新秀站）于 2011 年 6 月 28 日开通试运营，线路全长 35.748km，1 个车辆段，1 个停车场，29 个车站。车辆采用 6 辆编组 A 型车，最高运行时速为 80km/h，行车间隔高峰 6min，平峰 8min。

（3）深圳城市轨道交通 3 号线（龙岗线）一期工程高架段（双龙站—草埔站）于 2010 年 12 月 28 日开通试运营，西延段与（草埔站—益田站）于 2011 年 6 月 28 日开通试运营，线路全长 41.7km，1 个车辆段,1 个停车场,30 个车站。车辆采用 6 辆编组 B 型车,最高运行时速为 100km/h,行车间隔高峰 8min,平峰 10min,高峰小交路 3.5min、大交路 7min。

(4)深圳市轨道交通 4 号线(龙华线)一期工程(福田口岸站—少年宫站)于 2004 年 12 月 28 日,二期工程(少年宫站—清湖站)于 2011 年 6 月 28 日开通试运营,线路全长 20.3km,共设车站 15 座(高架 10 座),设龙华车辆段,车辆采用 4/6 辆编组 A 型车,最高运行时速为 80km/h,行车间隔高峰 2.5min,平峰 6min。

(5)深圳城市轨道交通 5 号线(环中线)于 2011 年 6 月 22 日全线开通试运营,线路全长 40.001km,1 个车辆段,1 个停车场,27 个车站。车辆采用 6 辆编组 A 型车,最高运行时速为 80km/h,行车间隔高峰 6min,平峰 8min。

深圳市地铁集团有限公司(简称:深圳地铁)始终坚持"以人为本、安全第一"的方针和"安全、正点、热情、周到"的服务理念,运营管理工作通过了质量、环境、职业安全健康管理体系认证,荣获了 2013 年深圳"市长质量奖"鼓励奖,多次获得深圳市服务窗口行业公众满意度第一名,实现了单线运营向线网运营的平稳过渡。截至 2014 年 2 月 27 日,实现安全运营 3348 天。中国安全生产科学研究院对深圳地铁 1、2、3、5 号线安全设施竣工验收的评价报告认为,深圳地铁 1 号、2 号、3 号、5 号线的安全设备设施与主体工程同时设计、同时施工、同时投入生产和使用;安全生产管理措施和安全生产规章制度齐全;事故应急体系完善;安全生产条件满足国家现行安全生产法律法规、标准、行政规章、规范的要求。柏诚(亚洲)有限公司 2013 年对深圳地铁运营安全评估报告认为,深圳地铁运营服务水平已逐步接近香港地铁、新加坡地铁、台北捷运等国际先进地铁系统。

1.1.4 深圳城市轨道交通技术特点

深圳城市轨道交通主要用自主创新的装备建成运营了 178km 的轨道交通线路。深圳城市轨道交通装备国产化从零起步,到自主化、信息化创新,实现了以信息化技术为突破口的应用创新,所有装备系统均进行了不同程度的集成创新,拥有多项自主知识产权,其中关键的应用软件均自主研发,所采用的硬件和零部件的平均国产化率达到 70% 以上,并在装备整体的信息化水平和功能方面实现了超越。从运营验证的整合数据表获悉,信息化创新装备的效果体现在运营的安全性、可靠性、节能性、经济性等方面的领先优势明显。其中,与运营安全密切相关的创新技术和项目简介如下。

1)信息化深度集成的地铁综合监控系统

1998 年底,深圳地铁首次提出创建地铁综合监控系统的要求,将电力自动监控(SCADA)、机电设备监控(EMCS)和防灾报警(FAS)三大信息化控制系统集成创新为一体,形成了信息共享的设备系统监控平台。该系统将地铁车站、隧道区间、变电站等各类机电设备系统完整地集成到同一网络平台和软件平台上,数据和信息在统一的数据库内共享,实现统一人机界面的全面监控和设备系统的联动高效运作,提高了运营安全性。该系统与信号、AFC 等若干系统互联实现设备自动联动,并且火灾报警系统与车站环控系统紧密结合,火灾自动报警在车站、隧道及电缆通道实现了全覆盖,同时,将报警和救灾的两个过程实现自动联动功能,从而保证地铁发生火灾报警后,系统能自动启动火源部位的排风排烟系统,实现自动预防和控制火灾的效果,为避免地铁火灾带来的重大人员伤亡,提供自动防火的本质化安全保障。

2)深圳地铁消防设计研究

深圳地铁消防设计研究(2010—2011 年)由深圳地铁、深圳市公安消防局、中国科技大学火灾国家重点实验室三家协作完成,2010 年7 月通过专家评审,并通过研究编制了《地铁工程烟气控制与人员疏散系统设计导则》和《地铁车站消防系统验收评定规程》,开发了新型热烟测试装置。本项目通过研究确定了深圳地铁典型火灾场景及功率,提出了对上盖物业的综合车辆段、地铁多条线换乘站与综合交通枢纽的消防安全技术要求,提出了地铁列车火灾人员安全应急技术要求与策略,为地铁工程消防安全设计导则和地铁工程消防安全系统验收评定规程的补充完善提供技术支持。《地铁工程烟气控制与人员疏散系统设计导则》和《地铁车站消防系统验收评定规程》是深圳地铁二期工程建设重要的设计技术标准和消防验收标准,保障了广大乘客的生命和财产安全。

3)感温光纤预警系统

深圳地铁在国内率先提出要在隧道和电缆通道敷设感温光纤预警系统的要求,并主导创新应用了我国自主研制的感温光纤与预警系统,实现了地铁火灾预警系统的全覆盖。与综合监控系统互联后,使自动灭火控制系统首次在地铁中实现了覆盖车站、隧道、电缆通道、设备房和工作间的灭火预警、报警和救火的全自动监控。该系统的信息化创新应用,保证了动态监控地铁内部不因火灾而发生大规模群死群伤的事故。

4)惰性气体灭火系统

为了将灭火系统覆盖地铁的设备房间和区域,并在灭火时不损坏电气设备,深圳地铁在国内第一个主导创新应用了我国自主研制的惰性气体灭火系统(七氟丙烷)。该系统与综合监控系统实现互联后,使自动灭火控制系统首次在地铁中实现了覆盖车站、隧道、电缆通道、设备房和工作间的灭火预警、报警和救火的全自动监控,填补了国内地铁采用气体灭火的应用空白。

5)两用视频监控系统

深圳地铁为了实现在线监控、管理车站和重要区域人员的行为和突发事件,并储存其影像,同时结合公安的需要,首次将地铁的视频监控系统与公安的专用视频监控系统资源共享,第一个应用了地铁和公安两用的信息化视频监控系统,并在地铁范围内了实现了公共区域和其他重要区域的全覆盖。该系统可以远程监控和追踪地铁和公安需要监控的对象,其录像资料可以作为处理日常发生争议事件、民事或刑事案件的证据,可以远程监视发生大客流等突发事件现场的情况,可以作为其他管理等用途。

6)深圳地铁列车安防系统

为了有效打击恐怖和其他破坏活动,加强地铁整体公共安全防范能力,深圳地铁自2004年底开始组织了多个厂家进行车地无线通信、双向图像传输等多项试验,取得了成功经验,地铁列车安防系统的主要技术已经成熟,在深圳地铁列车上加装列车安防系统在技术上完全可行。该系统于2006年3月获得深圳市有关部门立项批复。在紧急状态下,深圳地铁列车安防系统可把列车车厢乘客情况传送至市应急指挥机构,便于指挥员安排调度救援工作。

7)乘客信息咨询系统

为提高对乘客的信息化服务水平,深圳地铁率先提出并决定创新自己的信息化乘客信息咨询系统,在国内地铁中诞生了第一个面向乘客直观的列车和车站的电子媒体咨询系统，使乘客了解服务信息和突发事件信息更加方便。

8）职能司机驾驶培训系统

深圳地铁率先主导研制了国内第一个具有完全知识产权的全功能、高水平的地铁司机职能培训系统，对提高司机操作水平、提高司机和检修人员的故障处理能力具有显著作用。到目前为止，该系统已应用于国内7个城市地铁和高铁的司机驾驶培训。

9）车场控制中心（DCC）

深圳地铁2号线车辆段/停车场创新建设车场控制中心（DCC），首次将传统的车辆段/停车场的行车调度控制、车辆检修管理和乘务出勤管理、通信、信号和轨行区（含试车线）电视监控、车载电视监控集成为统一的信息平台（DCC）。DCC控制中心能实时监控行驶车辆内的信息，可以及时发现安全隐患并迅速做出反应，以保障乘客的生命财产安全；能够协助公安部门直接通过大屏幕调取视频信息，对取证、责任认定等起到辅助作用，能有效提高列车安全防范、反恐水平；紧急情况时，在DCC控制中心能够及时全面了解车辆信息，迅速制定相关对策，利于统一指挥，大幅度提高车辆安全技术水平。

深圳地铁在国内首家应用的新技术还有：地铁风机防喘振环控新技术、导向标志安全疏散系统采用的稀土超长余辉蓄光发光材料、最大指挥中心智能大屏幕新技术、车载电子线路图新技术、地铁车站应急监控新技术、连续现浇金属弹簧浮置板减振道床、地铁橡胶支承式浮置板减振道床、洞内焊轨采用移动式钢轨接触焊施工工艺和地铁资产运营网上电子流程管理系统。

1.2 城市轨道交通安全评价现状

根据我国现行法律法规及标准规范的要求，针对城市轨道交通工程，从规划至运营的各个阶段的安全评价工作主要包括安全条件论证、安全预评价、施工安全评价、试运营前安全评价、安全验收评价及现状安全评价等。

(1)安全条件论证：本项工作主要依据《建设项目安全设施“三同时”监督管理暂行办法》(国家安全生产监督管理总局第36号令，2011年2月1日起实施)。自2011年2月后，国内新批城市轨道交通项目在规划设计阶段基本上都开展了安全条件论证工作。

(2)安全预评价：本项工作主要依据《安全评价预评价导则》(AQ 8002—2007)、《城市轨道交通安全预评价细则》(AQ 8004—2007)等标准规范。现阶段，国内新批城市轨道交通项目在可行性研究阶段均开展了安全预评价工作。

(3)施工安全评价：本项工作依据《地铁工程施工安全评价标准》(GB 50715—2011)等标准规范。现阶段，广州、深圳等部分城市的城市轨道交通项目在施工阶段开展了施工安全评价工作。

(4)试运营前安全评价：本项工作依据《城市轨道交通试运营前安全评价规范》(AQ 8007—2013)标准规范。现阶段，北京、广州、深圳、成都、西安、苏州、昆明、哈尔滨、郑州、无锡、宁波、昆山、南京、佛山、沈阳、天津等城市的新建城市轨道交通工程在试运营前均开展了安全评价工作。

(5)安全验收评价：本项工作主要依据《安全验收评价导则》(AQ 8003—2007)、《城市轨道交通安全验收评价细则》(AQ 8005—2007)

等标准规范。现阶段，已有广州、深圳、南京、苏州、成都、佛山等城市的运营城市轨道交通线路在试运营一年后开展了安全验收评价工作。

(6)现状安全评价：本项工作主要依据《安全评价通则》(AQ 8001—2007)、《地铁运营安全评价标准》(GB/T 50438—2007)等标准规范。现阶段，北京、南京、广州等城市的运营城市轨道交通线路开展了现状安全评价工作。

第2章 深圳城市轨道交通工程风险分析

2.1 国内外城市轨道交通工程典型事故案例统计与分析

2.1.1 国内外城市轨道交通工程典型事故案例分析

1)地铁施工坍塌事故

(1)H 市地铁湘湖站北 2 基坑坍塌事故

2008 年 11 月 15 日下午 3 时 15 分,H 市地铁湘湖站北 2 基坑现场发生大面积坍塌事故,导致萧山湘湖风情大道 75m 路面坍塌。事故造成 21 人死亡,24 人受伤,直接经济损失 4961 万元。

经调查表明,该市地铁湘湖站北 2 基坑坍塌事故是一起重大责任事故。其直接原因是施工单位违规施工、冒险作业、基坑严重超挖;支撑体系存在严重缺陷且钢管支撑架设不及时;垫层未及时浇筑。监测单位施工监测失效,施工单位没有采取有效补救措施。此次事故暴露出 5 个方面的问题:

①企业安全生产责任不落实,管理不到位。

②对发现的事故隐患治理不坚决、不及时、不彻底。

③对施工人员的安全技术培训流于形式，甚至不培训就上岗。

④劳务用工管理不规范，现场管理混乱。

⑤地方政府有关部门监管不力。

(2)B 市地铁施工造成的坍塌事故

①2004 年 7 月 2 日，地铁 5 号线崇文门 05 标段施工中，因不慎捅破“水囊”，在距离地面约 11.5m 的地方造成坍塌，所幸没有造成人员伤亡。

②2005 年 11 月 30 日，位于朝阳区熊猫环岛的地铁 10 号线 22 标段发生坍塌事故，至少 400m^2 范围的基坑塌陷 10 余米，事故造成一根直径 60cm 的水管断裂，一辆翻斗车被埋，所幸没有造成人员伤亡。

③2006 年 1 月 3 日，东三环路京广桥东南角辅路污水管线发生漏水事故，污水灌入地铁 10 号线施工区间段，导致三环路南向北方向部分主辅路塌陷，施工人员安全撤离，未造成人员伤亡。

④2006 年 6 月 27 日，海淀南路正在施工的地铁 10 号线 3 标段发生坍塌，两名正在作业的工人被掩埋，挖出后已死亡。负责事故调查的安监人员称，事故系流沙引起。

⑤2007 年 3 月 28 日，地铁 10 号线工程 2 标段苏州街车站东南出入口发生一起塌方事故。事故原因是对复杂的地质情况不清，当施工断面发生局部塌方和导洞拱部产生环向裂缝的险情时，未制定并采取保护抢险人员的安全技术措施，指挥作业人员实施抢险，发生二次塌方，造成 6 人死亡。

(3)G 市地铁坍塌事故

2013 年 1 月 28 日 16 时 40 分，正在建设施工的 G 市地铁 8 号线折返线隧道区间工程项目，因隧道施工(矿山法)造成荔湾区康王南路与杉木栏路交界处地表塌陷，塌陷面积约 690m^2。事故原因是施工人员在地面塌陷的下方实施爆破作业,爆破后,上方不断有沙石掉落,在施工方试图进行补救之时,掉落情况越来越严重,更多的泥沙和水从上方流下,进而造成塌陷事故的发生,所幸本次事故未造成人员伤亡。

(4)X 市地铁塌方事故

2013 年 5 月 6 日凌晨 2 时 40 分许,在位于 X 市地铁 3 号线 TJSG-12 标段通化门至胡家庙区间左线北侧暗挖隧道施工现场,隧道内拱顶突然发生坍塌,导致 5 名施工人员死亡,1 人受伤。事故直接原因为:隧道拱顶为湿陷性饱和软黄土和软塑、局部流塑的高压缩性土,承载力低;左上方紧邻既有建筑物基坑肥槽,肥槽中积水不断渗透至拱部土层中;右上方雨污水管线反坡排水不畅,长期带压渗流。隧道开挖过程中,土体物理力学性能恶化,自稳能力显著下降,围岩瞬间破坏,导致隧道初期支护拱圈整体掉落。

(5)C 市地铁塌方事故

2013 年 6 月 13 日,C 市地铁 1 号线卫星广场车站由于局部围护桩钢支撑脱落,造成一名现场施工的工人受伤,在送往医院抢救过程中死亡。

2)地铁火灾事故

(1)阿塞拜疆地铁火灾典型案例分析

1995 年 10 月 28 日,阿塞拜疆地铁发生火灾。火灾造成 300 多人死亡,200 多人严重受伤。

本次事故的主要原因是:

①车厢尾部某处的电气设备发生故障,保险丝熔断,导致列车三、四节车厢交接处着火。

②由于缺乏标记和信息，乘客挡住了两个紧急出口，疏散人群将窗户击碎，但此举使烟进一步向车厢内蔓延。

③从事故车厢向安全车厢撤离时，大量的乘客被踩踏，不能到达出口。

④司机缺乏经验，把车停在了隧道里，给乘客逃生和救援工作带来不利。

⑤阿塞拜疆地铁的列车为 20 世纪 60 年代生产，车辆使用的大部分材料都是易燃物，燃烧产生大量有毒气体。

(2)韩国大邱地铁火灾典型案例分析

2003 年 2 月 18 日上午，由于一名中年男子纵火，造成韩国大邱地铁 1 号线的中央路站两列满载乘客的地铁列车被烧毁。根据韩国官方提供的数据，共造成 198 人死亡，146 人受伤，289 人失踪。

本次事故的主要原因是：

①地铁和车厢内虽有一些灭火装置，但难以应付如此严重的火情。

②地铁站内的通风设备只能保障平时的空气流通，而一旦发生严重火灾就变得无能为力。

③当时车上大部分老人和孩子，在处理紧急情况方面显得力不从心。

④车厢内的座椅、地板和墙壁虽然都是阻燃材料，但经受不住过于猛烈的火焰，而这些材料一旦燃烧起来，大多会释放出有毒成分，导致现场人员窒息和救援人员难以迅速进入现场。

⑤当时车站的控制室没有及时阻止另一辆列车进入车站，造成伤亡人员增加。

(3)奥地利高山地铁隧道火灾

2000 年 11 月 11 日,奥地利萨尔茨堡州基茨施坦霍恩山,一列满载旅客的高山地铁列车在隧道内运行中发生火灾,造成 155 人死亡,18 人受伤。由于通信指挥信号失控,正当这列上行线列车燃烧时,一列下行线列车驶来,在此相撞造成车毁人亡。事后调查认定火灾是由于列车上的电暖空调过热,使保护装置失灵引起的。此外,该地铁安全标准过低,没有火灾自动报警系统,没有安全疏散指示标志和避难间,这也是造成众多人员伤亡的重要因素。

3)地铁列车事故

(1)列车出轨事故

①2005 年 4 月 25 日上午,日本宝塚线(福知山线)一辆从宝塚开往同志社前站的电气化列车车头猛地冲出轨道,冲进路边一栋 9 层公寓楼的底层。当时这辆 7 节车厢的火车共载乘客 580 名,最终统计事故死亡人数达到 107 人。

②2014 年 3 月 24 日,当地时间周一凌晨 2 时 50 分左右,芝加哥奥黑尔国际机场地铁站一列 8 节车厢的“蓝线”地铁发生脱轨事故。该地铁列车在站台尽头冲出轨道,并直接撞向机场地铁站中的自动扶梯。该事故造成至少 32 人受伤,未造成重伤。目前调查人员正在对事故现场进行调查,初步怀疑司机行车期间打瞌睡。出事列车女司机事后向当地工会透露,她最近经常加班,在事发前已感到非常疲累。

③2014 年 5 月 2 日,美国纽约地铁 F 线一辆开往曼哈顿和布鲁克林方向的列车在地下发生脱轨事故,导致 19 人受伤,其中 4 人伤势严重,车上上千名乘客被紧急疏散,多条地铁线路受到影响。目前事故原因尚不清楚,纽约大都会运输署将对包括信号系统、铁轨等地铁基础设施展开彻底调查。

④2013 年 1 月 8 日，K 市首期工程南段进行列车空载试验运行时，列车行至春融街站至斗南站上行区间百米标 DK30 + 905 处时，与轨道左侧侵限防火门体发生碰轧，列车司机立即采取制动措施，列车滑行后第一辆车第一转向架左侧车轮脱轨，脱轨侵限的第一节车厢车头左侧与该处第一扇人防门门框发生侧面碰撞后，列车车头弹起与第二扇人防门上侧门框发生碰擦，造成驾驶室车顶上方通风单元坠落，砸在司机身上，造成 1 名司机死亡。经事故调查组调查，造成此次列车脱轨事故的直接原因是高架与地下隧道过渡段处防火门坠落线路。

(2)列车相撞事故典型案例

①2009 年 6 月 23 日，美国首都华盛顿哥伦比亚特区发生一起两列地铁列车相撞的事故，事故至少造成 9 人丧生。出事地点位于哥伦比亚特区东北部两个车站之间，处在当地地铁系统最繁忙的“红线”上，其中一列地铁列车在出站后脱轨，撞上另一列处于等待状态的静止的列车。

②2009 年 12 月 22 日 6 时 54 分，S 市地铁 1 号线发生两列列车侧面冲撞事故，未造成人员伤亡。本次事故调查专家组认为，在运营部门因供电系统故障、采用临时非正常交路折返的情况下，信号系统在 N11-1438 轨道区段错误地向 150 号列车发送 65km/h 的速度码，造成制动距离不足，是 150 号车与正在折返的 117 号空车发生侧面冲撞事故的直接原因。

(3)地铁追尾事故

①2014 年 5 月 2 日，韩国首尔 2 号线地铁去往蚕室方向的一趟列车在上往十里站撞上了一趟停靠在站内的列车。事故造成超过 200 人受伤，前车最后两节车厢被撞出轨，事故线路运营中断。调查结果显示，事故是由于地铁信号机发生故障而导致的。事故发生时，上往

十里站的2台信号机显示了错误的信号,信号器本应亮起指示“停止”的红灯,可是却错误地显示指示“前进”的绿灯,使得列车自动停止装置没有运行,导致后面的列车与前车车尾相撞。据调查,4月29日首尔地铁运营机构在更改联动装置数据时出现了错误操作,把信号系统的数据也一并更改,这让信号机出现了故障。

②2011年9月27日14时37分,S市地铁10号线1005和1016号列车在豫园站至老西门站下行区间百米标176处发生一起追尾事故,事故造成295人就诊检查。经过该市安全生产监督管理局组织的专家调查分析,事故原因如下。

直接原因:行车调度员在未准确定位故障区间内全部列车位置的情况下,违规发布电话闭塞命令;接车站值班员在未严格确认区间线路是否空闲的情况下,违规同意发车站的电话闭塞要求,导致1005号列车与1016号列车发生追尾碰撞。

间接原因:a.企业执行规章制度不严,应急管理不到位。运营一公司未根据《S市地铁电话闭塞法行车规定(试行)》要求,制定该公司相应岗位的具体操作细则;总调度所(COCC)在应急处置状态和实施电话闭塞行车的相关规定中,对调度环节中的复核、监控等要求未予明晰;对电话闭塞法、基于无线通信的列车控制系统(CBTC)等行车管理相关要求没有及时充实到应急预案中;地铁10号线运营部门未组织过信号中断状态下的针对性应急演练,以致操作人员在处置信号中断而引发突发事件时职责不清、处置失误。

b.设备设施围护、隐患排查治理不到位。申通集团未建立风险评估机制,未制定落实相关隐患排查治理的规定;在组织实施地铁10号线UPS柜底电缆孔洞封堵作业中,供电公司、运营一公司未对运营状态下的供电、信号等设施围护作业进行风险评估,未制定运行时段的作业方案，未采取有针对性的防范措施。

c. 对地铁网络化运营过程中出现的新情况、新问题研究不够。申通集团于2011年7月经修改完善分别发布《S市地铁电话闭塞法行车规定（试行）》和《S市地铁10号线CBTC阶段行车管理办法（试行）》后，培训不到位，员工对安全技术特性的了解和掌握不够，对可能影响运营安全的问题估计不足。

（4）其他列车事故

2014年5月8日当地时间下午2时35分许，韩国首尔1号线地铁的一班列车因指示灯故障突然停车，随后逆行约100m，所幸未造成人员伤亡。事故发生在京畿道富川市的松内站至富开站路段，由于指示灯因故障突然变为停止信号，司机在坡道上紧急刹车，导致列车向后逆行约100m。事故原因正在进一步调查中。

4）地铁踩踏事故

（1）1999年5月，白俄罗斯发生地铁车站人数过多意外，54人被踩死。

（2）2001年12月4日，S市地铁1号线人民广场站内，一名女子在等候地铁时，被急于登车的拥挤人群挤下站台，被驶入站台的地铁列车轧死。据公安机关调查，人流拥挤直接导致了这一悲惨的意外事故发生。

（3）2008年3月4日，B市地铁5号线东单站换乘1号线南侧通道，因水平电动扶梯南端发出异常声响，造成部分乘梯乘客心理紧张，并逆向回跑，导致10名乘客擦伤，另一名乘客左小臂骨折。

（4）2010年5月26日，S市地铁华强路站A出口有人利用电扶梯搬运货物时，货物倒了下来，当时站在电扶梯上的旅客很多，大家见货物倒下，纷纷往后退让，造成踩踏事故，致15人轻伤。

5）地铁停电、停运事故

（1）B市地铁停电停运事故

1996年1月19日下午，B市一钢铁厂一段高压输电线被砸断，引发该市供电系统的电源故障，造成京西大规模停电。此时正值下班高峰运营期，57辆地铁突然断电被迫停运，堵塞长达146min。车上乘客积极配合工作人员进行有序疏散，这个疏散过程没有造成一例人员伤亡。

（2）伦敦地铁大停电停运事故

2003年8月28日傍晚，英国伦敦和英格兰东南部发生大面积停电事故。当时正值下班高峰期，每小时有500多趟列车在伦敦地下穿梭。停电之后，近2/3的地铁列车停运，大约25万人被困在地铁中，许多地铁站被迫暂时关闭。由于当时没电，伦敦地铁里漆黑一片，工作人员一时无法确定各趟列车到底停在隧道里的什么位置，疏散工作一度遇到困难。但受困在地下黑暗中的25万乘客没有惊慌失措，始终坚持耐心等待，并在救援人员达到后积极配合进行有序撤离，从而创造了25万人全部安全撤离无一人伤亡的奇迹。

（3）S市地铁停车停运事故

2005年12月25日下午，S市地铁1号线一辆列车在黄陂南路站突发停车事故，造成1号线沿线车站大面积乘客滞留。事故发生后，该市轨道立即启动应急预案，通过限制客流进站台等措施确保站台安全。约20min后，地铁1号线全线恢复通车。

（4）日本东京地铁都营大江户线停电事故

2007年10月23日，东京地铁都营大江户线发生停电事故，由于事故发生在早高峰时间，有1500多名乘客被困黑暗中长达1h，13人因为车厢内拥挤闷热而晕倒，其中有10名乘客病情较重被送往医院治疗，其余乘客在工作人员的疏导下通过一个车门从车厢内撤出，并沿着铁轨步行到最近的地铁站。据日本富士电视台报道，地铁公司初步怀疑是当地变电站电力供应出现问题而导致停电。

(5)S市地铁停车停运事故

2012年11月1日、7日，S市地铁蛇口线、环中线信号系统受干扰，导致信号系统安全保护功能启动，列车紧急制动，造成多次列车因重新启动而晚点或清客。S市地铁蛇口线、环中线信号系统采用国际上新一代的基于无线通信的移动闭塞(简称CBTC)，以国内外通行的2.4GHz频段进行无线数据传输，经深圳地铁初步判断，故障原因是线路信号系统受到了列车上乘客所使用的便携式3G无线路由器所产生的信号干扰所致。

6)地铁水灾事故

(1)B市建国门下层改造站水淹道床事故

1999年11月30日早晨，B市建国门下层改造站东端粮库下面一水管跑水，水淹北京站至永安里联络线三轨，排水不利，造成复八线试运营停运123min的事故。此次跑水是由于建国门下改造站东端粮库底下的一根6分支管上的节门跑水，其节门是关闭的，但由于多年没有进行更换维修，且设在一般无人进入的地方，造成节门锈蚀，引起跑水。又因为北京站至永安里联络线的两台排水泵的开关，设置在手动挡，未设置在自动挡，以致水量增大，淹没三轨。并且，在11月30日早三轨送电时，直流电通过水与排水泵外皮保护零线构成回路将排水泵的电缆线烧损，排水泵不能再次正常启动，最终造成试运营停运。

(2)台北地铁淹水事故

2001 年 9 月,纳莉台风带来的暴雨和洪水,造成台北地铁 18 座车站淹水,受灾最重的车站又位于客流最繁忙的区段,使台北地铁陷于瘫痪。18 座淹水的车站,平均每座车站的积水约 1 万 t,其中台北车站的积水约 6 万 t,再加上区间隧道的积水,总积水量约 30 万 t。

引发本次淹水事故除自然因素外,其设计存在的问题为:地铁隧道设计没有考虑防水间隔,也没有采用倾斜设计,以致洪水来临时,无法阻挡。

(3)S 市地铁 4 号线“7·1”重大工程事故

2003 年 7 月 1 日,S 市地铁 4 号线旁通道工程施工作业面内,因大量水及流沙涌入,引起隧道部分结构损坏及周边地区地面沉降,造成三栋建筑物严重倾斜,防汛墙局部塌陷,导致防汛墙围堰管涌,直接经济损失初步估算为 1.5 亿元。本次事故的主要原因:

①施工单位现场技术管理薄弱,《冻结法施工方案调整》编制欠缺,审批不严。

②发现事故险情征兆未向总包、监理单位报告。

③对施工风险较大的工程,无针对性强的应急预案;违章施工,导致事故发生。

7)地铁屏蔽门、电扶梯事故

(1)地铁屏蔽门事故

2007 年 7 月 15 日下午,S 市地铁 1 号线体育馆站下行(往莘庄方向)站台上,一名青年男性乘客在上车时被夹在屏蔽门和已开动的列车之间,跌入隧道当场死亡。

事故发生主要原因是乘客不顾安全信号提示,强行上车,导致没能及时挤入车厢;地铁1号线采用的是列车门、屏蔽门两扇门同时关闭,心急的乘客趁着屏蔽门没有完全关闭往里冲,那么这个时间差可能刚好导致他进了屏蔽门而车门已经关上了,由于地铁与屏蔽门之间约28cm,而屏蔽门底部10cm高处被设计成了与地面呈45°倾斜的结构,使人基本无法站稳,所以车正常启动后发生惨剧。

(2)地铁电扶梯事故

①2010年12月14日,S市地铁国贸站自动扶梯发生逆转(本来上行,突然下行),造成电梯上的乘客摔倒、挤压,造成23人受伤。

②2011年7月5日,B市地铁4号线动物园站A口上行电扶梯突然发生逆行,造成电梯上的乘客摔倒、挤压,致一名男孩死亡,3人重伤,27人轻伤。事故发生的直接原因是固定零件损坏,驱动主机发生偏移,驱动链条脱落,造成扶梯下滑。

③2012年7月7日,B市地铁4号线西单站北换乘通道电扶梯发生故障,造成5名乘客(3名成年人,2名儿童)腿部轻微擦伤。

④2014年4月2日,S市地铁2号、7号线静安寺站换乘通道内一部上行自动扶梯突然逆行,多名乘客滚下电梯,造成10余人受伤。

2.1.2　城市轨道交通工程建设期间事故统计分析

1)明挖法施工安全事故类型及原因分析

(1)明挖法施工安全事故分类统计

明挖法施工事故类型主要包括:围护结构损坏、围护结构涌水涌泥、基坑滑坡失稳、坑底管涌、围护结构倾覆等。明挖法施工事故可能会造成路面塌陷、建(构)筑物开裂、建(构)筑物坍塌、管线断裂等危险[1]。

(2)明挖法施工安全事故因素分析统计

①地质因素:主要包括软弱土质、高地下水位、岩溶地层、弱夹层等。

②环境因素:主要包括江河等地表水体、渗漏雨、污水管线、暴雨、洪水引起的水灾等。

③设计因素:主要包括岩土参数取值不当、围护结构嵌固深度不足、围护结构方案设计不当、地层加固方案设计不当、支撑体系设计不当、监测方案设计不当等。

④施工因素:主要包括围护体施工质量不佳、止水施工效果不佳、施工工艺、工序不合理、监控量测失效、对险情重视不够、应急准备不足等。

2)盾构法施工安全事故类型及原因分析

(1)盾构法施工安全事故分类统计

盾构法施工安全事故类型主要包括:旁通道涌水涌砂、进出洞涌水涌砂、输送机喷涌、刀盘结泥饼、开挖面失稳、管片上浮、管片下沉等。盾构法施工事故可能会造成路面塌陷、建(构)筑物开裂、建(构)筑物坍塌、管线断裂等周边工程环境的破坏。

(2)盾构法施工安全事故因素分析统计

①地质因素:主要包括软硬不均地层、富水砂层、高地下水位、断裂带、淤泥质地层、上层滞水、空洞、球状风化地层、坚硬岩层等。

②环境因素:主要包括地表水体、雨污水管线等。

③设计因素:主要包括工法/工艺方案选择不当、止水方案不当、地层加固方案不当、盾构设备参数配置不合理等。

④施工因素:主要包括止水加固体质量不佳、掘进参数设置不当、

注浆参数不合理、盾尾密封较差、险情处理不及时等。

3)矿山法施工安全事故类型及原因分析

(1)矿山法施工安全事故分类统计

矿山法施工安全事故类型主要包括:拱顶坍塌、掌子面涌水涌砂、地面隆起、初衬开裂等。矿山法施工事故可能会造成路面塌陷、建(构)筑物开裂、建(构)筑物坍塌、管线断裂等周边工程环境的破坏。

(2)矿山法施工安全事故因素分析统计

①地质因素:主要包括渗漏水、滞水、松散土层、富水砂层、空洞、断裂带等。其中围岩自稳能力和整体稳定性较差是地质因素的主要原因。

②环境因素:主要包括隧道上方存在雨污水管线、隧道周围存在地表水体等。

③设计因素:主要包括地层预加固参数设计不当、工法/工艺方案选择不当、管线处理方案不当、附属工程位置设计不当、监测方案不当等。

④施工因素:主要包括地层预加固效果不佳、对水的处理重视不够、封闭不及时、回填注浆效果差、对险情重视不够、应急准备不足等。

4)安全事故特点统计分析

(1)线路敷设方式:地下线建设事故比例远高于高架和地面线建设事故比例。

(2)车站及区间:区间建设事故比例远高于车站建设事故比例。

(3)事故发生部位:

①明挖法工程事故发生部位:长边中部,基坑底部,基坑阴角,基坑阳角等。

②盾构法事故发生部位:进出洞,旁通道,区间地质条件复杂处,区间停机处等。

(4)事故发生时间:非正式工作时间(周末、节假日及夜间)事故比例占近70%或更多,夜间工作时间事故率较高。

(5)环境事故后果:地铁施工造成的建(构)筑物坍塌事故比例较低,路面塌陷事故比例较高。

2.1.3 城市轨道交通工程运营事故统计分析

根据所收集的相关资料,对国内外城市轨道交通运营过程中发生的火灾、水灾、停电、列车出轨/相撞、爆炸、毒物泄漏等事故进行分类统计,结果见表2-1。

地铁事故分类统计表 表2-1

事故发生时间	事故发生地点	事故产生原因及后果
火灾事故		
1969年11月	中国B市	电动机车短路发生火灾,6人死亡
1971年12月	加拿大蒙特利尔	火车与隧道端头相撞引起电路短路,造成座椅起火,36辆车被毁,1人(司机)死亡
1972年10月	德国东柏林	车站和4辆车被毁
1973年3月	法国巴黎	人为纵火,车辆被毁,2人死亡
1975年7月	美国波士顿	隧道照明线路被拉断,引发大火
1976年5月	葡萄牙里斯本	火车头牵引失败,引发火灾,4辆被毁
1976年10月	加拿大多伦多	人为纵火,4辆车被毁
1977年3月	法国巴黎	天花板坠落引发火灾
1978年10月	德国科隆	丢弃的未熄灭烟头引起火灾,8人伤
1979年1月	美国旧金山	电路短路引发大火,1人死亡,56人伤
1979年3月	法国巴黎	车厢电路短路引发大火,26人伤
1979年9月	美国费城	变压器火灾引起爆炸,178人伤
1979年9月	美国纽约	烟头引燃油箱,2辆车燃烧,4人伤
1980年4月	德国汉堡	车厢座位着火,2辆车被毁,4人伤

续上表

事故发生时间	事故发生地点	事故产生原因及后果
1980年6月	英国伦敦	烟头引发大火,1人死亡
1980~1981年	美国纽约	共发生8次火灾,50人重伤,53人死亡
1981年6月	俄罗斯莫斯科	电路引起火灾,7人死亡
1981年9月	德国波恩	操作失误火灾,无人员伤亡,但车辆报废
1982年3月	美国纽约	传动装置故障引发火灾,86人伤
1982年6月	美国纽约	大火燃烧了6h,4辆车被毁
1982年8月	英国伦敦	电路短路引起火灾,1辆车被毁,15人伤
1983年8月	日本名古屋	变电所内的整流器故障起火,由于停电导致2列车在隧道内停车,变电所部分烧毁,2人(消防人员)死亡,5人伤
1983年9月	德国慕尼黑	电路着火,2辆车被毁,7人伤
1984年9月	德国汉堡	列车座位着火,2辆车被毁,1人伤
1984年11月	英国伦敦	车站月台库房起火,18人伤
1985年4月	法国巴黎	垃圾引发大火,6人伤
1985年9月	日本东京	列车在车站内停车过程中的机车下部轴承破损发热而起火。车厢部分烧毁,没有死伤,2800人紧急疏散
1987年11月	英国伦敦	售票处大火,31人死亡
1991年4月	瑞士苏黎世	地铁机车电线短路,58人重伤
1994年6月	中国台北	变电室火灾,3名消防员受伤
1995年10月	阿塞拜疆巴库	机车电路故障,300多人死亡,200多人受伤
2000年11月	奥地利	高山地铁列车发生火灾,155人死亡
2003年2月	韩国大邱	人为纵火,198人死亡,147人受伤
水灾事故		
2001年9月	中国台北	纳莉台风带来的暴雨和洪水,造成18座车站淹水,使台北地铁陷于瘫痪
2003年7月	中国S市	施工隧道渗水,隧道部分坍塌。造成一幢8层楼房裙房坍塌,附近一段长约30m的防汛墙受地面沉降影响,沉陷、开裂
2007年8月	美国纽约	暴雨导致地铁运输系统瘫痪
停电、停运事故		
1996年1月	中国B市	高压输电线被砸断,造成57辆地铁突然断电被迫停运,堵塞长达146min
2003年8月	英国伦敦	停电之后,近2/3的地铁列车停运,大约25万人被困在地铁中,许多地铁站被迫暂时关闭

续上表

事故发生时间	事故发生地点	事故产生原因及后果
2005 年 12 月	中国 S 市	地铁 1 号线一辆列车在黄陂南路站突发停车事故,造成 1 号线沿线车站大面积乘客滞留
2007 年 10 月	日本东京	东京地铁大江户线突然停电,进而造成全线停止运行,1300 人被困在列车,10 人因身体不适被送医院治疗
2012 年 11 月	中国 S 市	蛇口线、环中线信号系统受干扰,导致信号系统安全保护功能启动,列车紧急制动,造成多次列车因重新启动而晚点或清客
列车出轨、相撞事故		
1991 年 5 月	日本滋贺	列车相撞,42 人死亡,527 人受伤
1991 年 8 月	美国纽约	列车出轨,至少 6 人死亡,100 多人受伤
1999 年 8 月	德国科隆	列车相撞,67 人受伤
2000 年 3 月	日本东京	列车出轨,3 人死,44 人受伤
2000 年 6 月	美国纽约	列车出轨,89 人受伤
2003 年 1 月	英国伦敦	列车出轨,32 人受伤
2003 年 10 月	英国伦敦	列车出轨,7 人受伤
2005 年 4 月	日本兵库尼崎	列车出轨,107 人死亡,400 多人受伤
2011 年 9 月	中国 S 市	地铁 10 号线列车追尾相撞,造成 295 人到医院就诊检查,无人员死亡
2013 年 1 月	中国 K 市	列车脱轨,1 人死亡,1 人受伤
2014 年 3 月	美国芝加哥	列车脱轨,至少 32 人受伤
2014 年 5 月	韩国首尔	列车相撞,超过 200 人受伤
2014 年 5 月	美国纽约	列车脱轨,19 人受伤,其中 4 人伤势严重
爆炸事故		
1995 年 7 月	法国巴黎	发生炸弹爆炸,8 人死亡,117 人受伤
1996 年 6 月	俄罗斯莫斯科	列车发生爆炸,4 人死亡,7 人受伤
1998 年 1 月	俄罗斯莫斯科	发生地铁爆炸意外,3 人受伤
2001 年 8 月	英国伦敦	发生地铁爆炸意外,6 人受伤
2004 年 2 月	俄罗斯莫斯科	列车发生爆炸,至少 30 人死亡,70 人受伤
2005 年 7 月	英国伦敦	伦敦 3 列地铁和一辆双层巴士上引爆自制炸弹,52 人死亡,700 多人受伤
2010 年 3 月	俄罗斯莫斯科	莫斯科地铁发生连环爆炸,39 人死亡
2011 年 4 月	白俄罗斯明斯克	发生地铁爆炸事件,约 160 人伤亡

续上表

事故发生时间	事故发生地点	事故产生原因及后果
毒气泄漏事故		
1995 年 3 月	日本东京	三条线路的五节车厢同时发生被称为“沙林”的神经性毒气泄漏，12 人死亡，5000 多人受伤
2006 年 9 月	韩国首尔	首尔地铁 1 号线钟阁站，发生毒气泄漏事件，33 人中毒
地震		
1985 年 9 月	墨西哥	墨西哥地震(8.1 级)，在软弱地基上的地铁结构仅车站侧墙与地表相交处发生结构分离
1995 年 1 月	日本阪神	日本阪神地区发生 7.2 级地震。有 5 个地铁车站和约 3km 的地铁隧道遭到破坏
踩踏事故		
1999 年 5 月	白俄罗斯明斯克	地铁车站人数过多意外，54 人被踩死
2001 年 12 月	中国 S 市	地铁 1 号线人民广场站内人流拥挤，1 人被挤下站台，被列车轧死
2008 年 3 月	中国 B 市	地铁 5 号线东单站因水平电动扶梯南端发出异常声响，造成部分乘梯乘客心理紧张，并逆向回跑，导致 10 人受伤
2010 年 5 月	中国 S 市	深圳地铁华强路站 A 出口有人利用电扶梯搬运货物时，货物倒了下来，发生踩踏事故，造成 15 人轻伤
屏蔽门及电扶梯事故		
2007 年 7 月	中国 S 市	地铁 1 号线体育馆站，一名青年男性乘客在上车时被夹在屏蔽门和已开动的列车之间，跌入隧道当场死亡
2010 年 12 月	深圳地铁国贸站	自动扶梯发生逆转，造成 23 人受伤
2011 年 7 月	中国 B 市	地铁 4 号线动物园站 A 口上行电扶梯突然发生倒转，造成电梯上的乘客摔倒、挤压，致一名男孩死亡，3 人重伤，27 人轻伤
2012 年 7 月	中国 B 市	地铁 4 号线西单站北换乘通道电扶梯发生故障，造成 5 名乘客受伤
2014 年 4 月	中国 S 市	地铁 2、7 号线静安寺站换乘通道内一部上行自动扶梯突然发生逆行，多名乘客滚下电梯，造成 10 余人受伤

图 2-1 是依据表 2-1 所统计的部分重大轨道交通事故绘制的城市轨道交通事故原因分布图。可以看出火灾是威胁城市轨道交通安全的主要因素，其事故发生量占轨道交通事故总量的 46% 左右。

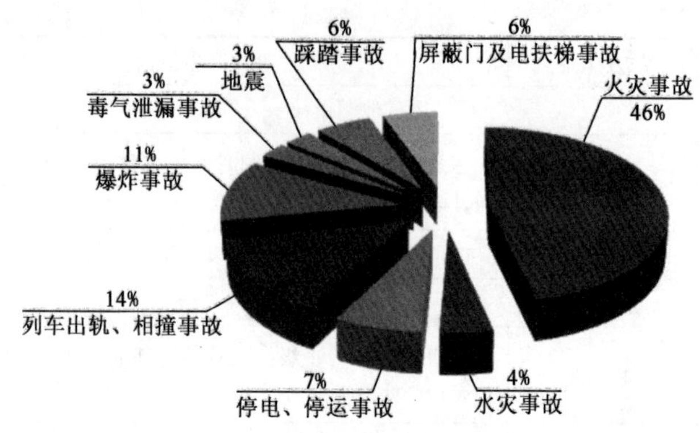

图 2-1　城市轨道交通事故原因分布图

2.2　施工过程中的危险因素分析

2.2.1　盾构法施工危险因素分析

在盾构法施工过程中，由于受到地质条件、既有建筑、地下水等因素的影响，施工过程中可能存在的危险因素如下[2,3]。

(1)当隧道穿越软土层、富水砂层、溶洞、构造破碎带、残积土、软化岩、上软下硬、软硬不均等不良地质及浅覆土层时，存在地表降沉、坍塌等风险；当隧道穿越球状风化体或孤石时，存在掘进困难，刀具磨损等风险。

(2)当遇到地下水位较高或承压水时，存在隧道管片上浮、注浆止水困难、喷涌、坍塌等风险。

(3)隧道穿越铁路及路基时，存在桩基及路基变形、开裂的风险；隧道穿越既有轨道交通线路时，存在既有线沉降、变形，影响正常运营的风险；隧道穿越市政立交桥及道路时，存在立交桥及道路下沉、变形的风险；隧道穿越建构物，存在建构物沉降、倾斜、开裂、变形的风险；

隧道穿越河流时,存在突涌、沉降、隧道变形的风险。

(4)盾构掘进过程中,存在盾构过站风险、盾构姿态控制风险、电瓶车运行风险及盾尾漏浆、仓内进土等风险;盾构到达时,存在洞口密封失效漏水、盾构姿态控制不好无法出洞的风险;端头井加固效果不好时容易出现渗水、坍塌;盾构机头离开始发井时易发生机头下沉危险;洞门密封不好、漏浆,隧道口几环管片容易出现错台和破损;盾构破洞以后由于盾构机不能提供足够反力,管片接缝易产生漏水。

2.2.2 暗挖法施工危险因素分析

相比盾构法施工,暗挖法施工在防止工作面坍塌、对周边环境的影响等方面,都具有更大的风险。在暗挖法施工过程中可能存在的危险因素有以下几个方面。

(1)工作面是暗挖过程中最危险、工作环境最恶劣、灾害发生率最高的部位。原因是多方面的,如地质因素、地下未探明灾害、涌砂、坍塌等。此外,施工人员素质低、安全意识差、保护技能低、管理人员疏忽也是此处危害频出的原因。

(2)暗挖施工时,非对称开挖、拆除支护结构,可能会引起各开挖断面的偏压风险。此外对于高窄断面、大跨度断面的暗挖施工易产生偏压风险。

(3)变断面暗挖施工时围岩应力场复杂,且变化较大,围岩的稳定性存在风险。

(4)根据国内城市轨道交通工程施工经验表明,暗挖施工转换工序越多,土体受扰动和应力变化的次数越多,因而引发的地面沉降的危险性越大。

(5)暗挖断面联络通道施工时,在连接处存在较大的施工风险。

(6)暗挖施工易造成地下管线的破裂、渗漏等风险。

2.2.3 明挖法施工危险因素分析

城市轨道交通工程的车站建设一般采用明挖法施工,随着地下车站埋深的增加及周边建筑物的影响,明挖法施工存在如下危险因素。

(1)深基坑开挖安全风险:基坑超挖和支撑不及时,存在基坑失稳的风险;基坑周边堆载和超载,存在基坑坍塌风险。

(2)内支撑施工时存在钢支撑拼装、施工、拆除造成的稳定性风险;存在支撑撞弯、断裂、失稳风险;存在立柱及其支撑连接处破坏的风险。

(3)由于基坑变形过大,存在临近建构筑物沉降、开裂的风险;附近管线折断、变形、开裂、渗漏及文物旧址被破坏的风险。

(4)软土地层中,基坑开挖时纵向土坡失稳是一种发生较多,且极易造成人身伤害的风险。

2.2.4 围护结构施工危险因素分析

根据国内城市轨道交通工程施工事故的统计表明,基坑开挖过程中维护结构的施工存在较大的风险,根据维护结构施工方法的不同,其可能存在的危险因素如下。

(1)钻孔灌注桩施工风险:施工过程中桩位与垂直度必须符合设计要求,确保桩与桩之间的密贴,否则在基坑开挖过程中可能会产生涌水、涌砂,造成基坑失稳风险。

(2)地下连续墙施工风险:连续墙墙缝、预埋接驳器部位或槽段接头部位存在渗漏的风险。

(3)人工挖孔桩施工风险:通风不好或存在可疑气体易造成窒息

事故;提升泥土石料,容易造成物体打击事故;潜水泵漏电可能造成触电风险。

(4)为追求经济效益和施工速度,施工单位经常减少支撑个数,给基坑的安全带来严重威胁。

(5)钢支撑连接质量不好、钢支撑截面刚度较小、钢支撑预加轴力过大、钢支撑预加轴力过小及超宽基坑使钢支撑过长等,均会产生失稳风险。

2.2.5　高架线施工危险因素分析

在城市轨道交通工程高架段的施工建设中,由于自然条件、人员素质及安全管理的影响,施工过程中可能存在如下危险因素。

(1)脚手架搭设不规范,造成脚手架变形、失稳等风险。

(2)由于使用时间过长,支架、模板支持强度不够,易造成人员伤害事故的发生。

(3)由于基础强度不够及荷载超计算值等原因,导致施工时沉降变形过大的风险。

(4)施工过程中可能出现模板爆裂或失稳等安全隐患。

(5)施工过程中,安全网、安全带等防护措施不到位时,易造成作业人员高空坠落的风险。此外在安装和拆除钢模板施工时,存在吊装危险等。

(6)由于高压架空线的影响,施工时易造成人员触电风险。

2.2.6　施工环境保护危险因素分析

城市轨道交通工程一般设置在城市中心地区,施工时对地面交通及行人安全将造成较大影响,因此,在施工环境保护方面应注意以下危险因素,确保施工安全。

(1)由于城市轨道交通工程施工过程中临时交通标志设置不当、标线设置不当、施工作业带边界不清、无栅栏挡板等原因,极易造成车辆乱行、人员混入,进而引发交通事故。

(2)城市轨道交通工程施工人员携带火种、打火机等可引起火灾的物品进入工地,可能会引起爆炸、火灾等事故的发生。

(3)城市轨道交通工程施工过程中应妥善处理开挖出的弃土,禁止在基坑顶部堆放弃土及其他附加荷载,以免造成边坡失稳。

2.2.7 地下管线危险因素分析

城市轨道交通工程沿线一般要穿越城市繁华区域,其地下管线复杂。这些地下管线对城市轨道交通工程的施工造成影响,可能存在的危险因素如下。

(1)高压燃气管线一般埋深较浅。在使用期间,它的位移、变形受到严格的限制。如果其位移、变形超过允许限制,那么管道将产生开裂、渗漏等损伤,此时高压可燃气体迅速扩散至地面,如遇明火则发生严重的火灾和连环爆炸,后果十分严重。

(2)上、下水管道虽然埋深较浅,但根据各个城市统计数据,这些管线均存在渗水现象。这种现象在地表不易发现,而且受其影响的周围土体的力学性能急剧下降,当基坑开挖或地下隧道暗挖时,将产生很大危险。

(3)在工程筹划时,高压电力管线一般作悬吊保护或换管悬吊保护。此时,高压电力管线的渗、漏电将给施工现场带来火灾和人身伤亡。

(4)地下通信电缆一般为重要用途的设施,如军事、民用用途。

当基坑施工或暗挖时，对地下通信电缆的损坏将产生不利后果。

2.2.8 临近建筑、构筑物危险因素分析

城市轨道交通工程沿线可能穿越立交桥、桥梁、火车站、机场、人防工程、居民楼、地下工程及文物保护建筑等控制点，城市轨道交通工程施工过程中由于临近建筑、构筑物造成的危险因素如下。

(1)城市轨道交通工程基坑开挖、暗挖施工时给紧邻的地面建筑、构筑物带来风险，地面建筑距离基坑边缘小于基坑开挖深度，且在基坑影响范围之内时，应采取措施保护地面建筑。

(2)城市轨道交通工程施工时将对工程沿线第三方新建、扩建工程将造成影响，存在新建、扩建工程坍塌、开裂的风险。

2.3 运营过程中的危险因素分析

2.3.1 行车危险因素分析

城市轨道交通工程运营安全在很大程度上都取决于行车安全，行车事故的发生会导致十分严重的后果，给乘客出行安全造成严重影响。城市轨道交通工程运营过程中存在的行车危险因素主要包括以下内容。

1)车辆危险因素分析

地铁车辆可能存在的安全危害因素包括如下内容。

(1)车门可能存在的危害因素：车门因电路故障错开车门，导致乘客摔伤；车门检测回路故障，导致车辆开门、夹人行车；车辆外挂门悬挂装置脱落。

(2)车辆走行部可能存在的危害因素:悬挂部件脱落,吊杆断裂及安装紧固件松脱,车轮磨耗。

(3)受电装置可能存在危害因素:集电靴滑板断裂、安装螺母松脱或受到外力影响,与接触网发生刮靴;牵引系统失灵。

(4)车辆制动单元可能存在的危害因素:制动单元功能故障;控制信号失效。

(5)车钩缓冲装置可能存在的危害因素:车钩部件断裂。

(6)辅助设备可能存在的危害因素:高压设备出现故障,设备外壳带电,引发人员触电事故;高压设备放电时间不够,员工急于检修设备,引发人员触电事故。

(7)列车内设置的各种警告标识不完善,容易因乘客不小心或误操作引发事故。

(8)列车的各组成元、部件及其材质,符合防火安全性的要求。车辆采用的所有材料都应满足阻燃、低烟、低毒的排放要求,防止引发火灾事故。

(9)列车错开车门、运行途中开门事故。

(10)车辆重大故障如切轴、轮缘磨损超限、轮缘不合要求及轮轴卡死等,都有可能使车辆出轨,造成严重的伤亡事故。

(11)列车自动控制系统(ATC)意外故障,发生调度错误,引起车辆撞击事故。

2)行车调度指挥和驾驶危险因素分析

(1)向占用区间错发出列车、向占用线路错接入列车、未准备好进路接发列车、未办或错办闭塞发出列车、在实行站间行车等人工组织行车时未办或错办行车手续发出列车或错拿行车凭证或错误办理

行车凭证发车。

(2)列车调度失误,引起运营事故。

(3)控制中心在其他列车发生火灾或事故时,对全线行驶列车未进行合理调度,导致列车仍按原计划出行,则可能发生车辆碰撞事故。

(4)由于晚点,列车需要临时调整其停站时间或发车时间,给中央行车调度的指挥带来难度,易发生行车问题。

(5)由于列车车辆故障造成救援时,因指挥不当可能导致事故的发生。

(6)通信信号系统故障造成列车运营秩序混乱,进而导致行车事故的发生。

(7)列车冒进信号引起行车事故。

(8)司机安全行车思想薄弱、应急处理能力不足和技术业务差均可能引发行车事故。

(9)司机疲劳作业、精神状态不佳、臆测行车可能引发行车事故。

3)轨道和轨旁设备危险因素分析

(1)道岔未设隔挡设施、尖轨和基本轨密贴程度存在差异,车轮从间隙中挤进尖轨可能导致列车脱轨。

(2)线路设计或铺设不合格,道岔损伤、轨枕损伤、道床损伤、钢轨断裂等均可能导致列车脱轨危险。

(3)列车运行时,由于线路设备设施超出限界,可能发生列车刮蹭、碰撞等事故的发生。

(4)地铁轨道周边物体侵入运营线路,如隧道内拱顶异物坠落、抹灰层脱落等,异物侵入可引起列车损坏、列车倾覆、列车脱轨等重大、特大安全事故。

(5)区间隧道段坡度较大,小半径段如果防脱护轮设备设计不合理,轨道磨损严重,可能发生列车脱轨。

(6)小半径曲线段钢轨日常围护不够,未定期涂油,侧面磨损严重可能发生脱轨事故。

(7)线路曲线与 ATP 控制速度不匹配,造成列车脱轨。

(8)车辆检修、停留的线路应平直,如线路纵断面的坡度过大,可能发生车体溜逸脱离轨道。

(9)永久性建筑物变形、断裂、松动、脱落侵入列车限界,临时性线路改造、围护作业时设备和工具侵入车辆限界,若对障碍物不及时处理,可能发生车辆与障碍物相撞事故。

(10)未重视巡道工作,日常围护不及时,使轨道结构处于不良状态,再加上地铁车辆未按规定速度运行,轮缘不合要求,可能引发车辆脱轨。

4)运营围护危险因素分析

(1)由于列车晚点会造成列车运力不足,使车站客流组织难度加大,客运力量薄弱的车站,易发生客流拥挤甚至旅客受伤的情况。

(2)由于突发事件的行车组织不当,会造成突发事件下客流无法及时疏散至安全区域,引发事故的发生。

(3)运营期间面临突发事件时,人员在区间疏散过程中易发生跌落、机械伤害、踩踏等。

(4)车辆维修段、正线如果车挡设置不合理,不能有效阻止列车滑行,可能导致列车撞击车挡后惯性过大脱轨。

(5)在双线区段,转辙机、箱盒等信号设备布置在两正线间,如果

人员检修时背对另一条正线可能发生车辆撞击人体事故。

(6)因施工或维修等原因造成联锁关系不正确或失效,可能导致列车脱轨、撞车和伤人事故。

2.3.2 线路及轨道危险因素分析

城市轨道交通工程线路及轨道系统在运营过程中存在如下主要风险[4]。

1)隧道结构、轨道、轨基危险因素分析

(1)轨道受暴雨等恶劣天气影响、轨道扣件紧固螺栓因频繁受振会产生松动或因线路质量日常检修不到位,引起轨道位移,轨道损伤、轨道因扣件损伤而发生位移。

(2)若深圳城市轨道交通工程隧道结构强度达不到设计及现行标准规范要求,可能造成隧道的坍塌等危险因素,对运营安全造成影响。

(3)轨道结构直接承载着列车的运行,对行车安全起着至关重要的作用,因此设计中应加强轨道设备的选型,以确保轨道结构具有足够的强度和稳定性。

(4)整体道床的施工质量将直接影响轨道的平顺性和稳定性,从而影响列车运行安全。

(5)轨道设备(如钢轨、扣件、道岔、支承块)的质量对行车安全也将产生重要影响。

(6)运营期间可能会出现钢轨断裂、轨道不平顺、扣件松动以及整体道床开裂等病害,危及行车安全。

(7)在小曲线半径区间存在轮轨磨耗,进而引发脱轨等危险。

2)控制保护区及管线危险因素分析

(1)沿线在运营期以及土建结构施工完至运营前的安全保护区内第三方新建、扩建工程将对本工程的隧道稳定性及安全运行造成严重影响,有引发重大地铁事故的可能。

(2)若深圳城市轨道交通工程车站出入口附近有加油站,将对其安全运营构成威胁,一旦加油站发生火灾、爆炸事故,将影响本工程出入口附近乘客的安全。

(3)外来人员进入深圳城市轨道交通工程车辆段、区间,将对人员及地铁安全造成影响。

(4)工程沿线的地下管线(包括雨水、污水、煤气等),在运营期间发生渗漏、破裂等事故时,将会对深圳城市轨道交通工程的运营安全及隧道结构稳定性造成影响。

(5)由于动态限界的影响,造成隧道内设备设施和列车的碰撞。

2.3.3 车站危险有害因素分析

1)建筑防火危险因素分析

根据国内的统计资料,造成地铁的火灾危险主要由设备因素、人为因素、环境因素所致。

(1)设备因素:包括电气设备、客车设备及地铁辅助设备因素等。地铁火灾多由设备因素引发,其中包括电气设备因素、客车设备因素、地铁辅助设备因素。电能是地铁的主要动力源,在地下各车站和行车隧道中,设有变电站、供配电控制设备、各种电缆及通风、照明、调度指挥等电气设备。电气设备种类多,数量大,在运行中发生短路拉弧、过负荷、过热等故障是造成地铁电气设备火灾的重要原因。客车设备引发的火灾，主要集中于客车“受电弓”的支架固定螺栓无绝缘保护，行车中兜挂线路上的导电体，造成“受电弓”短路拉弧，引发火灾。还有客车蓄电池受启动电阻高温影响，发生壳体破碎，电解液外溢造成蓄电池短路起火。地铁辅助设备火灾，主要是指在地铁工作人员值班室、生活用房、设备间、宿舍、仓库等地，由于乱拉电气线路，电热器、电炉等用电器具发生故障而引发的火灾事故。

（2）人为因素：主要包括工作人员违章操作、用火不慎、旅客携带易燃易爆物品乘车、人为纵火等因素。地铁建造时对工作人员生产生活设施考虑较少。随着时代发展，工作人员及乘客对地铁的环境有更高要求，因此，地铁内部使用了大量的除湿器、电热器等电器。有些工作人员违反安全用电制度，乱拉电线，擅自安装大功率设备，引发了不少火灾。此外，由于旅客在地铁里吸烟、乘车时携带易燃易爆物品引发的火灾也时有发生。

（3）环境因素：主要包括地铁内部潮湿、高温、粉尘大、鼠害等因素。由于地铁内部通风不畅，洞体散热不良等原因，地铁内部温度逐步升高；工程结构出现多处漏水，地下湿气不易排出，地下相对湿度达85%；地铁内部老鼠等小动物啃咬电缆电线。上述原因都造成电气设备、线路绝缘性能下降，极易造成短路引起火灾。

（4）车站内的建筑物装修材料选用不当，会发生火灾，且产生有毒烟气，加重事故后果。

（5）火灾探测报警不能及时报警，火灾时不能有效启动防灾设施，造成火灾伤亡事故。

（6）车站设置防火分区及防烟分隔设施不当，造成火灾事故发生后不能有效控制事故扩大。

2)建筑防淹危险因素分析

(1)遇暴雨、洪水等恶劣自然天气,若排水设施存在缺陷可能造成车站内设备设施被淹,严重时可能影响地铁正常运营。

(2)暴雨天气中若出现严重结构渗水,积水进入站台站厅造成地面湿滑,影响乘客安全。

(3)暴雨天气中若出现严重结构渗水,进入重要电气设备房如高低压室、信号设备室等,可能会对电气设备造成危害,进而影响运营安全。

3)车站设备设施危险因素分析

(1)在自动扶梯运行中,发生反转、梯级下陷、驱动链断裂,梯级下滑、扶手带断裂等故障,有可能对乘客(特别是老人、小孩)造成伤害。此外,自动扶梯在输送旅客时,如果旅客偶尔将头、手或胳膊伸出扶手以外,就有被扶梯周围建筑碰伤或挤伤的危险。

(2)车站地面材料不防滑或防滑效果不明显,导致乘客及工作人员滑倒。

(3)站厅、站台内的盲道设置不齐全或设置不当,会给盲人造成不便,进而会引发意外事故的发生。

(4)本工程车站出入口玻璃雨棚存在被行人碰坏破损,进而有伤害乘客的危险。

(5)安全指示、疏散标志、安全出口标志设置不完善,突发事件下不能及时诱导人员疏散,引发人员伤亡事故发生。

(6)消防栓设置不完善,不能及时扑救灭火,导致火灾扩大。

(7)公共区的供电插座没有加保护罩,乘客使用可能引发触电事故。

(8)PIS 系统灾害下若不能发布灾害信息,不能及时诱导人员疏散。

(9)CCTV 系统监控不完善,导致突发事件情况下不能尽快监控处置。

4)踩踏危险因素分析

城市轨道交通工程在突发大客流,火灾、爆炸、大面积停电等突发事件下都将导致发生人员踩踏,具体原因包括:

(1)由于地铁、城市轨道的客流密集,易发生人员踩踏事故。

(2)由于疏散标志、指示不清,在突发事件下大量客流聚集发生踩踏事故。

(3)由于自动扶梯运行中发生反转,导致乘客踩踏事故。

(4)换乘车站高峰、突发大客流时,如果设置的运营组织方案不完善,导致人员踩踏事故发生。

2.3.4　供电系统危险有害因素分析

地铁工程供电系统是轨道交通的能源保证,地铁工程属一级用电负荷,必须有可靠的电源保证。地铁工程从城市电业电网取得电源,然后通过供电系统,向地铁车辆提供牵引动力电源;同时为轨道交通其他各种不同的设施提供安全、可靠的电源,使其发挥各自的功能和作用,实现轨道交通畅通无阻、安全正点、快捷地运送旅客。

供电系统是正常运营的能源保证,运营属一级用电负荷,必须有可靠的电源保证。首先从电网取得电源,然后通过供电系统,除了为列车提供电力牵引动力的电能外,还为运营服务的辅助设施包括动力、照明、通风、空调、排水、通信、信号、防灾报警、自动扶梯等提供安

全、可靠的电能。在运营中，供电一旦中断，不但会造成交通运输的瘫痪，而且还会危及旅客生命安全和造成财产损失。因此，高度安全、可靠而又经济合理的供给电力是正常运营的重要保证和前提。供电系统，一般存在以下危害因素或风险：

1）高压配电装置危险有害因素分析

（1）断路器危险因素分析

①断路器切断容量不够，开关分断时间过长等原因不能切断电弧。

②检修工艺不良，操作机构调整不当、部件失灵，合闸接触不良。断路器失灵，操作机构卡涩，跳（合）闸线圈烧毁等，引起拒分或误动，历年来断路器事故的比例最大。

③操作不当或误操作导致事故。

④断路器连接部分发热、闪弧，引起弧光接地过电压，使其相间、对地短路，甚至爆炸着火。

⑤操作电源故障，操作电源电压降低，熔断器熔断，辅助接点接触不良，引起断路器故障时拒动。

⑥小动物、金属杂物跨接或单相接地，引起闪弧、过电压、相间短路，使断路器爆炸。

（2）配电系统危险因素分析

由于配电装置的容量较大，存在短路、接地的危险因素，一旦发生短路、接地，事故后果将十分严重，除发生火灾爆炸事故外，对深圳城市轨道交通工程的安全运行带来较严重影响。

2）过电压的危害

电力系统过电压主要有雷电过电压、操作过电压和谐振过电压；

其中谐振过电压在正常运行操作中出现频繁,其危害性较大;过电压一旦发生,往往造成电气设备损坏和大面积的停电事故。特别在中低压电网中过电压事故大多数都是由谐振现象引起的。

3)继电保护系统危险有害因素分析

继电保护装置是保证电网安全稳定运行的重要设施,在运行中发生误动或拒动,将可能导致电力系统稳定破坏、造成相关重大设备严重损坏或电网瓦解的大面积停电事故。

4)接触网危害因素分析

接触网是沿轨道线路架设,一旦出现故障将会造成停电,局部中断行车,甚至全线瘫痪,给地铁的正常运营造成极大影响。

(1)刚性接触网在运营中存在的风险

①锚段关节、线岔及分段处拉弧。拉弧现象的产生有两方面原因:一方面是由于列车在运行过程中转向架本身产生振动以及受电弓的偏移,使得受电弓碳板工作面在列车运行中不可能一直和轨道面保持水平状态;另一方面是由于刚性接触网技术参数未调整到位,接触线与受电弓碳滑板为面接触,容易出现离线。在多种原因作用下导致受电弓在锚段关节、线岔及分段等处拉弧。

②锚段关节处汇流排绝缘子倾斜、脏污、破损、炸裂及脱落。汇流排绝缘子倾斜原因一般是由于汇流排定位线夹设计不合理以及列车行进方向及隧道风亭排风共同引起。

列车滑板粉尘及隧道施工作业会导致汇流排定位绝缘子脏污及破损。绝缘子炸裂一方面由于绝缘子质量不过关,另一方面绝缘子因水垢、流水成线等原因而产生过电流瞬时击穿。

汇流排定位绝缘子脱落现象包括定位绝缘子与汇流排定位线夹

脱落、定位绝缘子与定位槽钢脱落，其原因在于受电弓不断地撞击及刚性悬挂本身无缓冲作用造成刚性悬挂不断的振动。一般情况下，刚性悬挂连接点多采用螺纹连接，在连续的振动作用下，螺纹逐渐松脱，从而造成定位绝缘子脱落。

③接触线与汇流排结合处存在脱槽，导致拉弧。

刚性接触网在安装过程中接触线出现硬弯，汇流排钳口处存在异物，加上在运营中，隧道漏水导致的水垢、膨胀使接触线脱槽，从而出现拉弧。

④刚柔过渡处、刚性接头处及受电弓磨耗异常。

刚柔过渡处连接电缆较多，同时，列车在刚性与柔性接触网使受电弓瞬时弹性力不均等易造成刚柔过渡处磨耗异常。

⑤中间接头螺纹滑牙、T 形头螺栓松动。刚性悬挂没有抬升量，受到电弓的接触压力和冲击力无法缓解，整个悬挂处于振动的状态，列车造成的振动幅值较小，相应能量也不大，但行车密度增加后，能量就会叠加，振动合成后能量要释放到刚性悬挂系统中去，从而会对悬挂系统造成很大的影响，中间接头是整个悬挂系统中最易产生弛度的地方，在受电弓接触压力和冲击力的作用下，就会造成中间接头螺纹滑牙。滑牙会造成接头处产生硬点，对受流质量产生较大不利的影响。

T 形头螺栓一般应用在刚性接触悬挂的定位底座槽钢上，随着列车运营时间的延长，T 形头螺栓由于其结构作用，会在列车运行过程中由于振动作用发生偏转，偏转累积到一定程度便从定位底座槽钢中松动以致最终脱落。

(2)柔性接触网在运营中存在的风险

①柔性接触网接触线断线事故，可能造成以下后果：

直接造成供电中断。如果断线处的断头未落地并未引起变电所跳闸，则因接触线张力的变化及弛度变化，可能会造成刮弓事故。

如果断线处的断头落地会造成接触网对地短路，甚至可能烧伤承力索或其他接触网设备及零部件。接触线断线后，如果锚段关节处补偿装置的制动装置失灵，事故范围将扩大。

如果接触线断线因刮弓造成，则整个事故范围大、接触网设备损坏程度严重、事故抢修所用的时间长。

②柔性接触网承力索断线事故，可能造成以下后果：

承力索断线后，其断头松弛至接触线下部甚至落地，一方面直接造成接触网对地短路放电，烧坏接触线或钢轨；另一方面承力索断线处部分吊弦失力并随承力索断部松弛到接触网下部，对经过的车辆短路，扩大事故甚至危及人身安全。

承力索断线后，如果锚段关节处补偿装置的制动装置失灵，扩大事故范围。造成刮弓事故。

(3)分段绝缘器故障可能造成的后果

①若分段绝缘器损坏，与受电弓发生碰撞，可能使受电弓受损，受损的受电弓运行过程中导致其他接触网部件的损失，最终导致严重的弓网故障。

②若分段绝缘器损坏，与受电弓发生碰撞，发生刮弓等严重弓网故障，甚至将接触网拉断，中断行车。

③分段绝缘器故障，可能使停电的接触网异常带电，或造成短路跳闸。

(4)供电系统接触网有高压电，在正常情况下，对周围的金属结构物会产生感应电压，一旦发生接触网断线或绝缘子损坏，接触到金属结构物就会使其带电，将危及人身安全。

(5)人为事故,如检修质量不过关造成的事故,违章挂地线造成接触网跳闸等。

5)牵引变电所危害因素分析

(1)牵引变电所整流机组、1500V 直流开关发生严重故障时,巨大的短路电流会烧融直流开关的触头,整流器的熔断器熔断,甚至击穿整流二极管,烧坏二极管保护模块,这将使整个牵引所退出运行,短时中断供电后进入越区供电的紧急非正常模式。必须对有故障的部件进行快速更换,恢复正常供电。

(2)设备因绝缘下降或鼠害而发生短路,造成开关跳闸,甚至设备烧毁,影响牵引供电。

(3)直流 110V 充电机故障退出运行,变电所的控制、保护、信号电源由蓄电池组提供,若充电机不能及时修复,蓄电池电压下降到一定程度,将导致全所高压开关跳闸,影响正常的运营。

(4)变电所、配电室中的电气设备由于短路过载、接触不良、散热不良、照明、电热器具安置或使用不当,违章作业等均会引起电气火灾、触电等事故。

(5)违章作业或人为误操作,造成牵引供电设备跳闸停电。

(6)由于电业部门的供电线路故障、日常围护等原因造成 35kV 主变电所进线断电。

(7)由于环网电缆故障或整流机组故障造成牵引变电所直流馈线断电,从而影响地铁的正常运营。

6)动力照明系统危害因素分析

地铁的动力照明是从变电所(牵引混合变电所或降压变电所)获得电源。动力照明供电系统负责为地铁的动力设备及照明系统的供电，主要包括动力、照明、通风、空调、排水、通信、信号、防灾报警、自动扶梯、自动售检票等负载。它保证了地铁系统动力照明设备供电安全可靠及地铁系统照明正常与应急照明设置合理。地铁工程动力照明供电系统可能存在的危险因素有：

（1）电气设备、配电线缆等发生故障（如短路、过载等），造成停电，使地铁系统不能正常运营，甚至瘫痪。

（2）电气设备或用电设备老化、绝缘下降，发生漏电现象，造成人员触电事故。

（3）电气设备、配电线缆等由于过载、短路等原因发生火灾事故。

（4）违章作业或人为误操作，造成电气设备停电。

（5）触电事故。事故统计说明，人体与带电设备直接接触的事故，大多数发生在380V及以下设备系统中，这一方面是由于现场工人们经常接触和使用的电气设备与电动工具大都是低电压的；另一方面有的人认为低压电气设备电压低，伤害不大，从而思想麻痹大意，当设备的绝缘破损而不及时修理，有时甚至用手去直接触摸电气设备的方法检查设备是否带电。

7）电力调度系统危险因素分析

（1）电力调度系统可能发生的故障包括：网管主板故障、数据库故障、监控系统软件故障、监控板卡故障、网络配置软件故障、界面属性故障、网络数据包出错、网络连接故障、主电源故障备、用电源故障，导致SCADA系统失效。

（2）PSCADA系统纳入综合监控系统（ISCS），一旦ISCS某个子系统感染病毒，很容易导致整个综合监控系统内的计算机全部感染，且清除困难。

(3)PSCADA系统可能存在漏报警的现象,当供电系统继电保护装置切除事故状态的电气设备时,PSCADA系统无报警,应选择成熟的技术工艺,避免漏报警。

(4)PSCADA系统内各通信接口驱动程序发生故障,直接影响系统运行的稳定性与可靠性。

(5)PSCADA系统采用系统冗余的结构,如果冗余机制不合理或系统内的多层冗余之间配合不好,就会导致故障发生。

(6)地铁车站变电所内安装有大功率的变压器、整流机组等设备,其PSCADA通信通道所处环境存在较强的电磁干扰。

8)其他用电危险因素分析

(1)地下车站设备房及车辆段内不同电压的配电装置和用电设备应尽量减少多种电压带来的不安全因素,不同电压的电气线路应采用不同的色标。

(2)生产场所的检修中用到的一些手持电动工具和移动式电气设备存在漏电、触电危险。

(3)有触电危险环境中的携带式照明灯和局部照明灯应采用安全电压。

(4)安全要求较高的场所应装设事故照明或应急照明。潮湿环境应有防潮措施。

(5)由于运营环境、经济及其他方面限制,回流轨不可能完全绝缘于道床结构,因此回流轨(钢轨)不可避免地向道床及其他结构泄漏电流,即杂散电流。杂散电流对土建结构钢筋、设备金属外壳及其他地下金属管线产生的电化学腐蚀,影响深圳城市轨道交通工程的安全运行。

2.3.5 通风排烟系统危险有害因素分析

通风系统由车站公共区通风系统、区间隧道通风系统以及设备及管理用房通风空调系统组成。其中,车站公共区通风系统、区间隧道通风系统集成设置,通过运行模式的转化,可以实现车站与区间的开式运行、闭式运行、区间阻塞通风、区间火灾排烟和夜间通风。地铁的地下线部分是一个大型狭长的地下空间,仅有车站出入口、风亭、隧道洞口等少数部位与地面大气相通。密集的乘客、高速运行的列车、各种机电设备的运行,以及连续的照明都会产生很大热量,不及时有效地排除就会导致地铁地下线部分温度逐年上升和环境的恶化。所以,应采用空调通风的手段来保证乘客、工作人员以及机电设备的环境要求。此外,地铁地下线内的各种设备及列车运行产生的噪声、有害气体、列车活塞效应对车站空气环境的扰动,以及隧道内因潮湿所造成的霉烂气味等都会使地下环境不断恶化。因此,地铁地下线空调通风系统还承担着对地下空间的空气温度、湿度、空气流速和空气品质进行控制的作用。

(1)在通风系统管理上的缺陷,会妨碍通风系统的正常工作。如对风亭、风道的行人出入口等方面的管理。

(2)由于通风排烟模式设计不合理,当地铁发生火灾时,积聚的高温浓烟很难排除,并迅速在地铁隧道,车站内蔓延,给人员疏散和灭火抢险带来困难,严重威胁乘客,地铁职工和抢险救援人员的生命安全。

(3)对部分重要的设备用房如变电所等房间设置气体灭火设施,对于此类房间,送、排风口应设置电动风阀,火灾时关闭通风机及风口电动风阀;灭火后,开启相应的排风机排除该房间的废气,同时空调机组或送风机补风。

(4)排烟设施,排烟设施发生故障,隧道火灾时不能排烟,对隧道内的工作人员或乘客生命安全产生威胁。

(5)工作人员因紧张而操作错误,导致隧道火灾反向排烟,对隧道内的工作人员或乘客生命安全产生威胁。

2.3.6 给排水系统危险有害因素分析

(1)当排水泵发生故障、管道堵塞、设备及管道材质老化损坏时,导致无法正常排水,进而造成车站隧道积水,严重时影响运营。但遇上暴雨车站进水时,可能延误紧急疏散,导致大量乘客不适或受伤。

(2)给、排水管道的防腐,绝缘效果不佳发生泄漏现象。

(3)给、排水管道存在被杂散电流腐蚀的危险性。

(4)地面出入口的地坪高度低于洪水设防要求,导致涝灾或地表水侵入。

(5)污水乱排以及污水、垃圾排入地铁隧道等会影响地铁环境卫生。

(6)由于排水设备故障未及时修复或给排水管清洗不当,大量石灰岩结附水管内壁,致使水管口径变小,从而因排水不畅可能造成水浸隧道。

(7)由于设计、施工材料等方面的原因,混凝土结构本身往往会产生各种裂缝,因密实度不够而导致地下水的漏入和渗入。

(8)在设备运营阶段应注意对给排水管道及设备的围护和保养,围护、保养不及时,可能会造成给排水管道漏水。

2.3.7 通信信号系统危险有害因素分析

1)通信系统危险因素分析

(1)调度电话故障或者功能不完善,在紧急情况下不能传达调度指令,影响事故应急处置。

(2)车站视频监控系统不完善,导致突发事件下不能及时监控和应急处置。

(3)通信系统使用的电缆,如遇明火或火灾时,电缆遭受破坏,设备系统功能就不能正常工作。

2)信号系统危险因素分析

(1)信号设备本身发生故障,或出现光缆中断、信号联锁失效、列车自动防护系统失效、程控交换机中断、无线通信中断等情况,就不能保证各种行车信息及控制信息不间断地可靠传输,从而引发事故的发生。因此应采取严格的机房管理、交接班管理、技术培训措施,来保证设备的物理安全性,非可信任人员不能接近设备、线路和相关的基础设施,杜绝人为因素导致的网络故障、网络中断、网络管理的漏洞。

(2)信号系统使用了大量的电缆,如遇明火或火灾时,电缆遭受破坏,设备系统功能就不能正常工作。

(3)信号机、道岔转辙机出现假表示,可能会造成列车挤岔、列车冲突、列车脱轨、列车颠覆、列车追尾的安全事故。

(4)由于违章操作、人为因素的网络故障、网络管理的漏洞而造成通信、信号设备不能正常工作,进而影响行车安全。

(5)如果信号系统的 ATC(ATO、ATP、ATS)功能不能完全实现,影响安全运营。

(6)如果信号系统降级、备用模式不完善或功能不能完全实现,影响信号系统故障情况下的行车调度,引起行车事故。

(7)防雷设施不完善,雷击导致系统故障,引起行车事故。

(8)信号系统受外界干扰(如外界人为对信号系统的干扰、外界设备对信号系统的干扰),导致信号系统安全保护功能启动,列车紧急制动,造成列车因重新启动而晚点或清客。

(9)电磁干扰的防护。电磁干扰可引起设备误动,造成故障,甚至引发事故。应对措施一是设备选型上采用抗干扰性好的设备,二是机房做屏蔽防护。

(10)运营围护人员的培训。人员业务能力不高,容易造成设备故障延时甚至故障升级。因此应充分做好运营前人员培训工作。

(11)无线电频率是一种易受干扰、易受污染的资源。电磁波除用于通信外,还广泛用于医疗、气象、冶金、导航、测向、遥感等其他许多领域,尤其在大都市,干扰种类较多,强度大,电磁环境随着地区活动的活跃而变坏。最普遍的电磁"垃圾"就是带外功率辐射及三阶互调,往往是实际存在的问题比想到的更为严重。本线路沿线电磁环境较为复杂。专用无线通信的电波传播经常受到邻近建筑物或自然物体的反射或阻挡,导致电波的多径反射,使场强有较大的起伏,结果可能会造成实际接收场强值与按某些理论模型计算所得到的理论场强值相差较大。

(12)信号系统受 WiFi 干扰致列车紧急制动,列车运行时,信号系统数据在列车与地面间进行无线数据传输过程中,受 WiFi 设备所产生的同频段信号干扰,引起数据包延时传输或堵塞,导致信号系统安全保护功能动作使列车紧急制动。

2.3.8 防灾报警系统危险因素分析

防灾报警系统主要用来负责本工程设施的火灾进行自动探测及报警,控制防灾设备的运行,及时排除灾害,组织指挥抢险救援工作。

防灾报警系统潜在的主要风险因素有:

(1)控制中心主机或通信通道发生故障。

(2)系统对火灾信息产生误报或漏报。

(3)系统发生人为误操作。

(4)系统配线发生火灾等。

2.3.9　自动售检票系统危险有害因素分析

(1)地铁运营过程中,AFC 系统直接处理现金和有价车票、各种财务、票务数据、统计报表等,不仅存储现金和车票的各种终端设备容易受到暴力攻击,而且中央财务、票务数据等也可能受到网络病毒、黑客等侵入,引起系统瘫痪,给运营部门带来重大损失。

(2)如果 AFC 灾害模式下不能联动,影响应急疏散。

(3)AFC 的数量和通过能力不足,影响运营组织。

2.3.10　屏蔽门系统危险有害因素分析

(1)由于屏蔽门的安全标志不清,造成人员伤害事故。此外,在发生火灾等突发事故时,不利于事故救援,人员疏散。

(2)屏蔽门操作工程中,应确保活动门与列车门一一对应,在列车的停车误差范围内,屏蔽门不应阻碍乘客和列车司机的上下车,以防发生意外事故,造成人员伤害。

(3)由于屏蔽门与列车门之间的间隙,存在乘客上下车时卡在屏蔽门与列车门之间,造成人员伤亡的危险。

(4)屏蔽门机械故障或电气故障导致开关动作失灵,影响列车正常运营安全,紧急情况下使门打不开、关不上,门轧人等造成乘客恐慌,混乱、挤压等事故。

(5)屏蔽门紧急按钮失效,导致紧急情况下门打不开,人员无法

逃生。

(6)屏蔽门接地断线或接错、接地电阻失效,导致屏蔽门带电,造成人员被电击伤亡。

(7)当屏蔽门与信号、车门无法联动时,导致紧急情况下屏蔽门打不开、关不上,造成乘客恐慌,混乱、挤压伤亡等事故的发生。

2.3.11 控制中心危险因素分析

(1)控制中心是对地铁全线所有运行车辆、区间和车站及乘客进行总的监视、控制、协调、指挥、调度和管理的中心,如果设计功能满足不了运营的各种功能要求,可能会给运营指挥调度、事故应急救援造成较大影响。

(2)中央控制室 OCC 是调度的中心,其照明、噪声等需严格满足职业安全卫生要求,否则会影响指挥调度人员的正常工作。

(3)控制中心使用较多的电气设备设施,容易引发火灾等事故,OCC 设置的防排烟设施不当,造成火灾事故发生后不能有效控制事故扩大。

2.3.12 车辆基地危险因素分析

(1)大空间厂房,存在受雷击的危险。由于直击雷放电、二次放电、球雷侵入、雷电流转化的高温、冲击电压击穿电气设备绝缘而短路,可能引起爆炸、火灾、事故停电或设备、设施的毁坏等危险事故的发生。

(2)停车场内设置的牵引变电所、降压变电所等存在有火灾、人员触电等危险因素。电器设施故障易引起火灾,危害极大;由于电气设备损坏和使用不当常有触电伤亡事故发生。

(3)停车场内各生产生活房屋的布置以及工艺布置充分考虑防火的要求,结合道路情况设置环形的防火通道,并与城市主道路连通。

(4)停车场内蓄电池间、检修间等车间易产生有毒气体,对工作人员健康造成影响。月修库设有高层作业检修平台,工作人员在高空作业时如不作好安全防护工作会发生事故。具有较深基础坑的设施,如不落轮镟车床、车轮车床等,工作人员如不慎落入易造成事故。

(5)停车场内使用的起重设备;由于设备质量缺陷、安全装置失灵、操作失误、管理缺陷等因素均可发生起重机械伤害事故。起重机械伤害主要有:重物坠落。吊具或吊装容器损坏、挂钩不当、电磁吸盘突然失电、制动器失灵、钢丝绳断裂等都会引起重物坠落;挤压。起重机轨道两侧安全通道及安全距离不符合规定,使运行和回转的金属结构对人员造成夹挤伤害;运行机构的操作失误或制动器失灵引起溜车,造成碾压伤害等;高处坠落;触电。

(6)进入停车场的机动车辆,由于视野受阻、车况不好、路况缺陷、道路安全设施不全、司机违章操作、行人违章等原因可发生车辆伤害危险。

(7)在停车场内的检修车间若没有常规防护设施或设置不当会造成人员伤害(如:各检查坑内两侧设安全照明插座以保证作业安全;月检库检修平台需设置安全防护设施,安全防护设施符合国家有关规定;具有较深基础坑的设备、设施,如不落轮镟车床、车轮车床等基础周围设置必要的安全护栏,防止人员坠入等)。

(8)在停车场内的设备维修间、机械加工间和综合维修中心机电车间的冲压设备均属于易出事故的关键工位,直接威胁操作人员的人身安全:如手指被压、卡断事故较多。

(9)高处坠落是在在高处作业中发生坠落造成的伤亡事故,不包括触电坠落事故。车辆段及停车场场内凡在高度基准面 2m 以上(含 2m)的高处进行定点操作或巡检的作业位置,存在高处坠落危险。

2.4 自然灾害危险因素分析

地铁在施工及运营期间可能发生洪涝水淹、地震、雷电等自然灾害,这些灾害会对地铁项目造成影响,而且自然灾害还会引发次生灾害,造成更大的危险。各种灾害对地铁项目的人员、设备、设施破坏状况可见表 2-2。

自然灾害对地铁破坏程度　表 2-2

灾害类型	土建工程			设备安装工程					人员
	地下车站	隧道	轨道结构	车辆	电气	环卫	通信	信号	
地震	○	○	□	□	○	○	○	○	◇
洪涝	○	○	○	○	◇	◇	◇	◇	○
台风	△	△	◇(高架结构)	△	△	△	△	△	□
雷击	○	○	□	□	◇	□	◇	◇	◇
泥石流滑坡	○	◇	○	△	△	△	△	△	○
冰雪低温	△	△	△	◇	△	△	△	△	○
雾霾	△	△	△	◇	△	△	△	△	○
备注	◇—产生严重破坏;○—一般性损坏;□—轻微损坏;△—基本无损坏								

影响深圳城市轨道工程的主要自然灾害有:地质灾害、地震、台风、暴雨、雷电、高温、高湿[3]。

2.4.1 地质危险因素分析

(1)人工填土:深圳城市轨道交通工程沿线揭露的填土主要有素填土、杂填土及填石层。填土层对区间施工影响不大,对站位施工应重视填土不均匀性带来的不利影响,对于填石段基坑的开挖,应设专题研究,以便确保合理设计和施工,确定工程和周边环境的安全。

(2)软土:深圳城市轨道交通工程软土为海相淤泥和淤泥质土层<2-1>及冲积相淤泥和淤泥质土层<3-1>,淤泥、淤泥质土具有含水率高,孔隙比大,压缩性高,抗剪强度低,灵敏度高的特点。软弱土地层易发生地面建筑物沉降变形,易导致基坑失稳,在施工中易产生流泥,地震或震动力作用时可能发生震陷,不利于车站及隧道的开挖和稳定。

(3)残积土:深圳城市轨道交通工程残积土类型主要有混合岩和花岗岩残积的砂质黏性土和砾质黏性土及混合岩残积的粉质黏土。砂质黏性土或砾质黏性土的物理力学性质较好,但水理性质差,其特点是岩石中的长石及云母已风化成黏性土,包裹在很难风化的石英颗粒周围,在遇水的情况下,黏性土会逐渐脱离对石英颗粒的包裹,而发生崩解。在该层土中揭露了孤石,施工和设计时应引起注意。另外,砂质黏性土及砾质黏性土层经扰动后黏结强度降低快,扰动后的土层的性质接近砂层,可能引起基坑失稳、地面沉降等灾害,施工风险大。混合岩残积的粉质黏土或粉土物理力学性质较好,属于非饱和土,遇水易变软。全、强风化岩薄厚不均,给隧道施工带来一定的风险。

2.4.2 地震危险因素分析

自新第三纪以来,为深圳市现代地貌主要形成期,此期的新构造运动,受北东及北西向两组断裂的联合控制,主要表现为区域性不均衡间歇上升、第四纪断陷盆地、深圳断裂束的继承性活动。深圳断裂束较强烈的最后构造活动其是晚更新世。晚更新世晚期以来,深圳断裂束的构造活动已经显著减弱,区内尚未发现全新世沉积层为断裂切割现象及断裂活动形成的构造地貌。构造基本稳定,不会发生突发性构造运动。

地铁的车站和隧道包围在围岩介质中，地震发生时地下构筑物随围岩一起运动。地下结构存在地震破坏的可能性。

(1)地面桥梁、建筑受损。

(2)列车脱轨、碰撞。

(3)区间结构局部受损，隧道错位，出现地下冒水漏水现象。

(4)钢轨及以下部建筑扭曲，供电支架损坏、接触网线脱落。电缆、上下水管道受损，供电、供水中断。

2.4.3 台风、暴雨危险因素分析

深圳市属亚热带海洋性气候。由于受海陆分布和地形等因素的影响，气候具有冬暖而时有阵寒，夏长而不酷热的特点。雨量充沛，但季节分配不均、干湿季节明显。春秋季是季风转换季节，夏秋季有台风。影响深圳的主要气象灾害有台风、暴雨、洪涝、干旱等。

台风影响时间为5—12月，以6—10月较多，尤以7—9月为高峰期。1952—1978年，台风共121次，平均每年4.5次，78%集中在7—9月。最多年份有7次(1958)，最少年份只有1次(1976年)。1997年、1999年、2000年每年两次台风对深圳造成严重影响，深圳均出现6~9级大风及强降雨过程。台风大风的最大风速(2min的平均风速)和极大风速(瞬时风速)的风向都以北东东和北东为主，占42%~48%。最大风速主要是11~20m/s，占80%，极大风速主要是10~29m/s，占82%。最大风速也有大于30m/s的，共有2次；极大风速也有大于40m/s的，共有4次。

本地区的降水主要是锋面雨，其次是台风雨。全区平均最大暴雨量为282mm/d，最大值达385.8mm/d，历年平均降水量1800~2200mm。降水主要集中在夏季(占45%~47%)和秋季(占34%~

36%),其次是春季(占12%~16%),冬季为旱季(占4%左右)。

台风、暴雨对深圳城市轨道交通工程造成的危险因素主要有以下几点:

1)台风造成的影响

(1)地铁车辆被强风刮倒。

(2)车站出入口飞顶被强风破坏:顶盖铝板松脱、掉落或钢化玻璃掉落破碎。

(3)因台风乘客长时间滞留车站,运营结束时无法清站。

(4)台风将树木、其他杂物等吹落到高架区间轨行区,对列车安全运营造成危害。

2)暴雨造成的影响

(1)本工程地下的车站、隧道处于地面高程以下,一方面受到洪涝灾害积水回灌危害,另一方面受到岩土介质中地下水渗透浸泡危害。

(2)地下水或地表水进入地铁车站和隧道内,可以使装修材料霉变,电气线路、通信、信号元件受潮浸水损坏失灵,造成工程事故。地下水积存,使地铁内部潮湿度增加,使进入车站的乘客胸闷,不舒适。

(3)暴雨造成车站站台层的湿滑,易造成乘客滑到。

(4)排水不畅造成水淹钢轨、隧道。

(5)车站排水不畅造成水浸站台、站厅。

(6)因暴雨乘客长时间滞留车站,运营结束时无法清站。

2.4.4 雷电危险因素分析

自然界中的雷击有直接雷击和间接(感应)雷击两类,由于直击雷放电、二次放电、球雷侵入、雷电流转化的高温、冲击电压击穿电气设备绝缘而短路,可能引起火灾、事故停电或设备、设施的毁坏等危险事故的发生。目前,直击雷造成的灾害已明显减少,而随着科技和经济的发展,感应雷和雷电波侵入造成的危害却大大增加。据统计,直击雷的损坏仅占15%,而间接(感应)雷击的损坏占85%。

雷电对运营过程中引起的危害,主要是对供电系统、主变电所、牵引降压变电所、接触网(轨)等设施造成破坏,从而对地铁的安全运行造成影响:

(1)工作人员因触摸绝缘损坏而带电的金属结构或外壳以及接触带电部件而造成的人身伤亡事故。

(2)无法将由各种原因产生的接地故障电流引向大地,不能保证在故障影响区内的人员所承受的跨步电压和接触电压被限制在一个安全数值内。

(3)不能有效将通过安装于各建筑物上的避雷装置吸引雷电放电产生的雷电流导入大地。

(4)感应雷产生的过电压和地电位升高反击带电设备。

(5)打雷时,建筑物下人员容易遭遇雷击,雷击轻则致伤重则死亡。

(6)根据《建筑物电子信息系统防雷技术规范》(GB 50343—2012)地区雷暴日等级划分,该工程区域属多雷区,需要保护的电子信息系统必须采取等电位连接与接地保护措施。

(7)建构物防雷措施不当或防雷设施缺失,极易受到雷击的危害。

(8)雷电造成设备损害,进而引起大面积停电,将严重影响行车安全。

2.4.5 高温、高湿危险因素分析

高温、高湿对深圳城市轨道交通工程的安全运营造成的危险因素包括:

(1)由于外界气温过高造成工程场地人流过大,员工中暑及病患乘客在车站晕倒的可能性增加。

(2)高温主要影响人体的体温调节和水盐代谢及循环系统,还可以抑制中枢神经系统,使工人在作业中注意力分散,准确性下降,易疲劳,而引发工伤事故。

(3)湿度大、气温高使作业场所内易产生雾气,会导致工人视线不清,注意力不集中,反应迟钝,从而导致操作失误,发生伤亡事故。

(4)环境湿度大可使电气设备受潮、绝缘下降,引起触电事故。

(5)高温导致钢轨胀轨跑道的危险。

(6)各种电气设备受高温影响,散热困难导致热量积聚,容易引起电气火灾。

2.4.6 大雾、灰霾危险因素分析

(1)因大雾影响导致钢轨湿滑,影响轮轨关系,导致列车空转滑行。

(2)因大雾影响导致能见度下降,导致司机的瞭望距离减少,给司机确认线路状况、信号及行车标志等造成困难。

(3)因大雾、灰霾天气引发车厂及地面车站FAS系统探头误报火警户外施工作业人员受影响,电气设备容易受潮,影响设备使用。

2.5 社会环境危险因素分析

城市轨道交通工程全部处于由车站和隧道构成的相对封闭的空间内,人和设备高度密集,在这种特殊的环境中,一旦发生综合治安事

故,地下空间狭窄大大增加了救援的困难:乘客容易发生惊慌,相互拥挤而造成践踏伤亡;爆炸、毒气产生的烟气在相对封闭内弥漫,容易造成人员窒息死亡。此外,地铁还是陌生人聚集最多的场所,由于客流量巨大,相关人员很难对每一个进入地铁的人进行检查,不法分子比较容易混入。

影响地铁综合治安的危害因素主要有:

(1)毒气袭击:根据当前防恐形势,车站是恐怖袭击的目标,因此存在车站受到毒气袭击的可能。

(2)人为爆炸:根据国内外经验,车站等公共设施容易受到极端分子的破坏,因此存在车站受到人为爆炸的可能。

(3)人为纵火:公共设施也是极端分子破坏的目标,因此车站存在受到人为纵火破坏的可能。

(4)劫持人质、列车:由于公共场所容易发生治安或恐怖事件,因此车站存在劫持人质或列车的可能。

(5)聚众闹事:由于社会矛盾或经济纠纷等原因,车站有可能出现聚众闹事的可能。

2.6 作业场所有害因素分析

2.6.1 噪声有害因素分析

噪声是一种在生产劳动中普遍存在的物理性危害因素。生产性噪声由于产生的动力和方式不同,一般分为机械性噪声、空气动力性噪声、电磁性噪声。根据噪声在时间上的分布特点,可将噪声分为稳态噪声和非稳态噪声。

噪声能引起人听觉功能敏感度下降，甚至造成噪声性耳聋。能引起神经衰弱、心血管疾病及消化系统疾病。高噪声影响信息交流，还可导致设备、仪表精度下降，而引发设备损坏或工伤事故。

1）施工期噪声影响分析

施工场地噪声主要来自于各种施工机械作业和车辆运输，如大型挖土机、空压机、重型运输车辆、风镐等施工机械。

2）运营期噪声影响分析

运营期间可能产生噪声危害的场所如下：

（1）车辆段、停车场的空压机、水泵、鼓、引风机、气动电动工具等设备噪声源会对人体造成一定影响。

（2）车站环控设备、列车运行及广播或人流噪声，会对人的感觉造成不良影响。

2.6.2　振动有害因素分析

1）施工期间振动影响分析

在城市轨道交通工程施工方法，产生作业振动的机械主要有挖掘机、推土机、压路机、钻孔机、混凝土输送机、空压机、风稿及重型运输车等。施工作业过程中产生的振动不可避免地给市民的生活带来影响。

2）运营期间振动影响分析

在城市轨道交通工程运营期间的振动主要由车辆运行中车轮与钢轨撞击产生，经轨枕、道床传递至隧道衬砌或桥梁基础，再传递至地面，从而引起地面建筑物的振动，对周围环境产生影响。地铁产生的振动是地下区段最突出的环境污染源。

2.6.3 辐射有害因素分析

大功率高频电磁波对人体有害,通信信号系统在设计时,在满足工程需要的前提下,应采用发射功率小的设备,控制和减少电磁波辐射,以降低对人体伤害。

2.6.4 有毒有害气体分析

(1)地下车站内由于通风不良而造成高温、高湿,或由于建筑装修所用材料不当而散发各类有害气体,对站内旅客造成危害。

(2)城市轨道交通工程车辆段、停车场作业场所、电焊、除锈、吹扫、充电产生的各类废气、烟尘、废热污染。

第3章 城市轨道交通工程安全评价体系

城市轨道交通工程各个阶段的安全评价工作包括安全条件论证、安全预评价、施工安全评价、试运营前安全评价、安全验收评价及现状安全评价等[5]，其体系框架如图3-1所示。

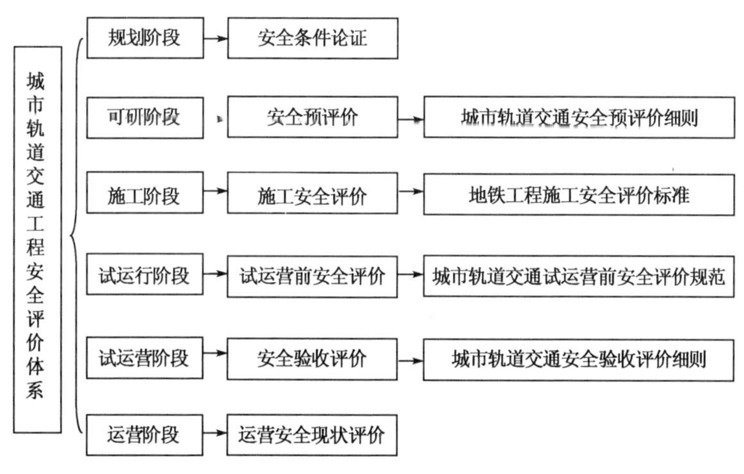

图3-1 城市轨道交通工程各阶段安全评价体系框架

3.1 城市轨道交通工程安全条件论证评价

城市轨道交通工程安全条件论证主要从城市轨道交通工程的内在危险有害因素及其对周边单位生产、经营活动或者居民生活的影响;周边单位生产、经营活动或者居民生活对本工程的影响;城市轨道交通工程沿线自然条件对本工程的影响等三个方面论证工程是否具备安全生产条件。

城市轨道交通安全条件论证报告内容包括工程危险、有害因素分析辨识;工程对地方政治经济的影响分析评估;工程与周边设施、经营活动、居民生活的相互影响分析评估等内容,具体如下。

(1)工程危险、有害因素分析辨识:主要包括国内外城市轨道交通工程典型事故案例统计与分析;工程建设期间危险有害因素分析辨识;工程运营期间危险有害因素分析辨识等内容。

(2)工程对地方政治经济的影响分析:主要包括建设项目采用的设备设施及工艺符合性论证;建设项目对国家及地方政治、经济的影响分析论证等内容。

(3)工程与周边设施、经营活动、居民生活的相互影响分析。

(4)自然条件对工程的影响分析:主要包括地质条件的影响分析;水文条件的影响分析;地震的影响分析等内容;气象条件的影响分析。

(5)工程主要控制点模拟计算分析:工程主要控制点指城市轨道交通采用地下敷设时下穿地表水系、既有建构筑物,以及深埋、复杂结构形式车站等,在进行安全条件论证时,应至少选择一个典型的工程主要控制点,进行数值模拟计算分析,从应力、位移等指标论证该控制点的安全性。

3.2 城市轨道交通工程安全预评价

3.2.1 安全预评价内容

城市轨道交通工程安全预评价是在工程可行性研究阶段,依据工程可行性研究报告及其他相关专项研究报告，对城市轨道交通工程在施工及运营阶段存在的危险有害因素进行分析辨识及定性定量评价，提出安全对策措施，为编制工程初步设计及安全专篇提供依据。

根据《城市轨道交通安全预评价细则》，城市轨道交通工程安全预评价主要包括危险有害因素的分析辨识、工程总体评价、系统安全检查评价及典型车站隧道的火灾模拟及地压稳定性评价等内容[6]，其评价体系如图 3-2 所示。

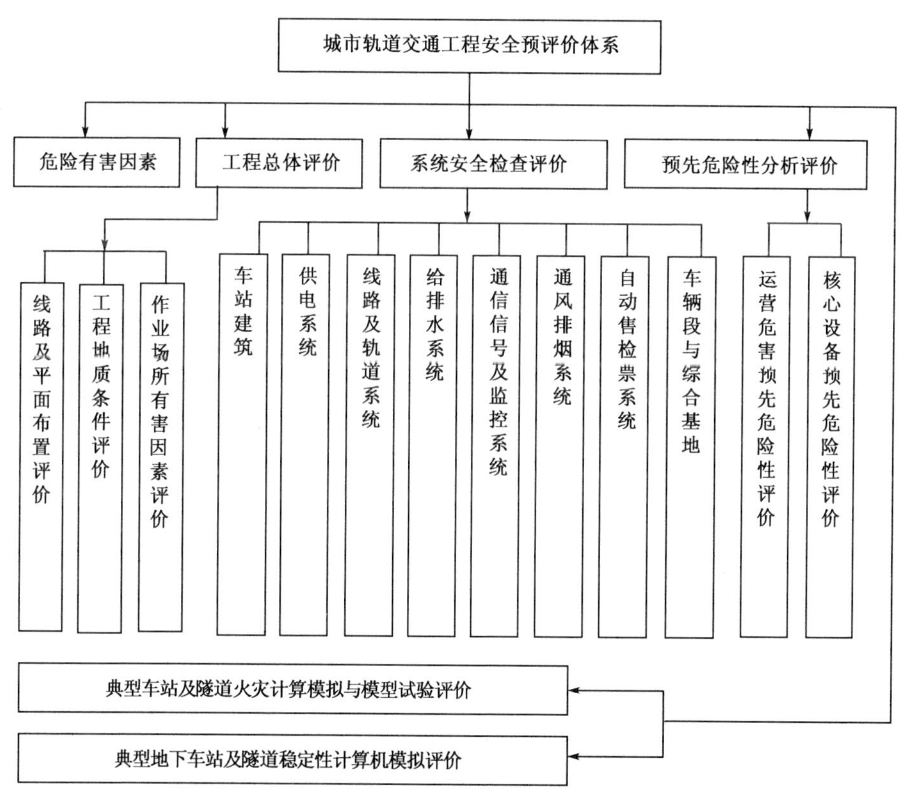

图 3-2 城市轨道交通工程安全预评价体系框架

此外，结合深圳市地铁集团有限公司开展的深圳城市轨道交通 1 号、2 号、3 号、4 号、5 号、6 号、7 号、9 号、11 号线工程安全预评价工

作,在今后的城市轨道交通工程安全预评价过程中应注意以下方面:

(1)现阶段城市轨道交通工程系统安全检查评价主要采用安全检查表的方法,但由于本阶段的评价主要依据工程可行性研究报告,各系统的设计方案并不深入,只涉及相关的设计原则。对于各系统的安全检查只需对照现行《地铁设计规范》(GB 50157—2013)、《城市轨道交通技术规范》(GB 50490—2009)、《建筑设计防火规范》(GB 50016—2006)等中的强制性条文进行检查即可。

(2)针对城市轨道交通工程建成后的运营危害、核心设备危害的分析评价工作,可采用预先危险性分析方法进行分析评价。其中运营危害预先危险性评价可包括行车碰撞、行车脱轨、火灾、爆炸、突发事件、电击、人员碰伤、乘客摔倒/夹伤等方面;核心设备危害预先危险性评价可包括车辆、轨道、屏蔽门、供电设备、信号设备、通信设备、通风排烟设备、消防设备等方面。

(3)由于火灾事故在城市轨道交通工程运营发生的频率较高,且事故后果严重,因此对典型站点及隧道的火灾计算模拟评价是十分必要的,但由于计算软件的自身局限性及边界条件设置的主观性,其计算模拟结果的可信度有待提高。建议在有条件的情况下增加模型试验分析评价,进而对计算模拟结果进行校正。

3.2.2 安全预评价方法

(1)安全检查表法(SCL):自安全评价开展以来,安全检查表法一直是一种被广泛应用的方法,它以系统、完整的特点和简单易行的优点而为人们所接受。利用安全检查表对城市轨道交通工程的线路及平面布置,各系统安全设施设计符合性等方面进行安全检查评价,检查各系统所设计的安全设施是否满足现行标准规范。

(2)工程类比法:工程类比法是根据两个或两类对象在某些属性上相同,从而推出其他属性也相同的一种推理方法。对城市轨道交通工程作业场所的有害因素分析评价可参照已建城市轨道交通工程在施工及运营过程中的实测数据,对照现行国家相关标准规范,对新建工程作业场所有害因素(包括:噪声、振动、照明、粉尘、辐射等方面)进行分析评价。

(3)预先危险性分析法(PHA):预先危险性分析法,较常应用于生产活动开始前,特别是在设计开始阶段、厂址选择阶段或项目发展过程的初期。在项目发展的初期使用 PHA 有以下优点:首先,它能识别可能的危险,用较少的费用和时间就能改正;其次,它能帮助项目开发组分析和设计开发指南,从一开始就能消除、减小或控制主要的危险。对城市轨道交通工程建成后的运营危害、核心设备危害利用预先危险性分析法进行评价。

(4)计算模拟评价方法:利用火灾动力学模拟方法对城市轨道交通标准地下二层岛式车站或典型换乘车站的火灾危险性进行模拟分析评价,明确城市轨道交通工程的防排烟设计方案是否满足《地铁设计规范》(GB 50157—2013)的相关要求;利用 FLAC3D 方法,对城市轨道交通工程地质条件复杂、施工难度较大的典型车站在建设施工过程中土体、结构应力重新分布过程进行数值模拟分析,进而分析典型车站结构稳定性。

(5)模型试验分析评价:根据城市轨道交通工程标准地下二层岛式车站或典型换乘车站的设计参数,搭建一定比例的实验平台,对可能发生火灾的危险点进行试验分析评价,已验证工程通风排烟设计模式是否满足《地铁设计规范》(GB 50157—2013)的相关要求。

3.3 城市轨道交通工程施工安全评价

施工安全评价通过对城市轨道交通工程施工前期或施工期的风险源辨识、安全风险分析等工作，提供城市轨道交通工程施工风险清单，并根据风险发生的概率、风险损失，综合技术、经济等指标进行风险分级，提出风险控制措施建议，将风险控制在源头，为领导决策和指导地铁安全生产的层级化管理提供依据。地铁工程施工安全评价体系应由地铁工程施工安全组织管理评价、地铁工程施工安全技术管理评价、地铁工程施工环境安全管理评价、地铁工程施工安全监控预警管理评价4部分组成[7]，其安全评价体系框架如图3-3所示。

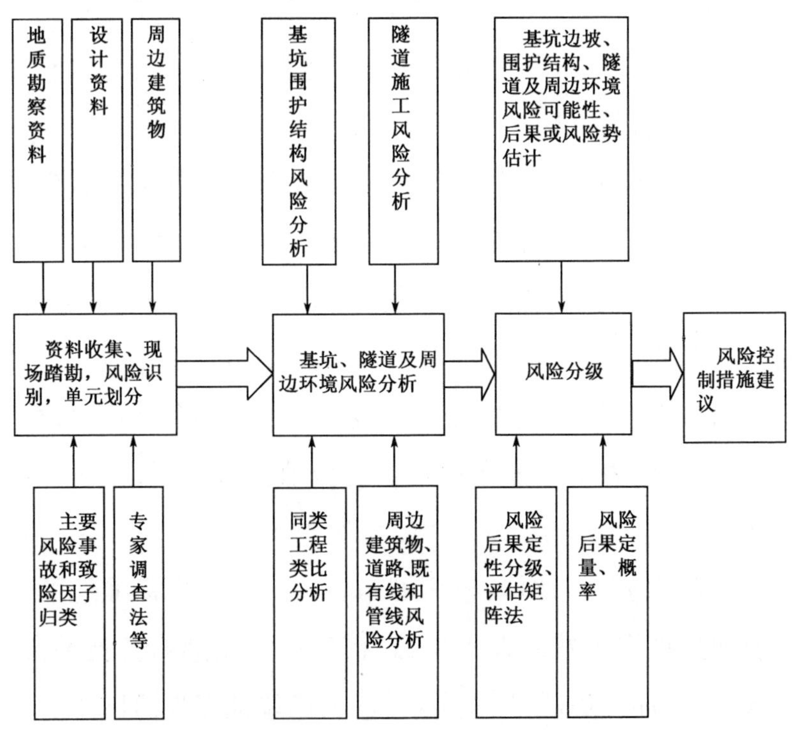

图3-3　城市轨道交通工程施工安全评价体系框架

(1)地铁工程施工安全组织管理评价应基于“以人为本”的指导思想,重点评价项目部履行施工安全管理职责的状况和水平,主要包括安全管理机构与人员管理、安全生产制度和施工现场安全管理等方面。

(2)地铁工程施工安全技术管理评价针对地铁区间和车站采用的主要施工方法及安装工程中与安全相关的技术要求进行评价,评价地铁施工的安全技术管理水平。地铁工程施工安全技术管理评价主要包括施工准备评价和各施工工法评价,具体包括以下内容。

①施工准备工作评价:主要包括施工组织保障措施、施工管理保障措施、施工技术保障措施和施工经济保障措施等内容。

②明挖法施工评价:主要包括围护结构施工、地下水治理、基坑土方工程、交通过渡防护、工程结构施工和盖挖法特殊要求等内容。

③暗挖法施工评价:主要包括竖井及横通道施工、地层超前支护及加固、隧道开挖、初期支护、二次衬砌、隧道内运输、临时设施与通风除尘等内容。

④盾构法施工评价:主要包括盾构选型及配置、盾构工作竖井、盾构始发与到达、盾构掘进、联络通道施工等内容。

⑤高架车站及区间施工评价:主要包括现浇钢筋混凝土结构、区间预制结构、桥面及屋面系统评价等内容。

⑥安装工程评价:主要包括整体道床、自动扶梯、通信及信号、供电、通风空调与给排水等内容。

(3)地铁工程施工环境安全管理评价包括地铁工程施工周边环境和现场环境两个方面的内容,评价其环境安全维护措施的有效性和环境状况的安全水平。评价主要包括工程地质、水文地质评价(主要有地质核查、水文地质核查等内容)、周边建筑物或构筑物评价(主要有周边建筑物或构筑物调查、周边建筑物或构筑物影响等内容)及地下管线评价(主要有地下管线调查、地下管线影响等内容)。

(4)地铁工程施工安全监控预警管理评价应体现“安全第一、预防为主、综合治理”的指导思想,评价其安全监控的全面性和预警措施的有效性。

(5)地铁工程施工安全总体评价应在施工安全组织管理、施工安全技术管理、施工环境安全管理、施工安全监控预警管理评价基础上,进行安全评分汇总和安全管理水平定级。

3.4 城市轨道交通工程试运营前安全评价

城市轨道交通工程试运营前安全评价是在工程建成后,依据城市轨道交通工程设计文件、各专项的验收资料、设备设施的检验检测记录、试运行的故障统计及现场检查,对工程试运营前存在的危险有害因素进行分析辨识,并通过定性定量的分析评价,确定城市轨道交通工程各系统的安全设备设施是否满足试运营的条件,对存在的安全隐患提出安全对策措施,确保城市轨道交通工程试运营的安全[8]。城市轨道交通工程试运营前安全评价体系见图3-4。

3.4.1 试运营前安全评价内容研究

城市轨道交通工程试运营前安全评价应包括以下几个方面。

(1)系统安全检查评价:依据《地铁设计规范》《建筑设计防火规范》《城市轨道交通技术规范》及《地铁安全运营安全评价标准》等标准规范对车辆系统、供电系统、消防系统、线路与轨道系统、机电设备系统、通信系统、信号系统、环控系统、自动售检票系统、车辆段与综合基地、土建等系统的安全设施设计符合性进行检查评价。车辆系统安全

设备设施评价应涵盖安全性能与安全防护设施、车辆防火性能等方面；供电系统安全设备设施评价应涵盖主变电站、牵引变电站、降压变电站、电力电缆等方面；消防系统安全设备设施评价应涵盖火灾报警系统及联动控制、气体灭火系统、通风排烟系统、消防水系统、应急照明及疏散指示、灭火器、建筑与附属设施防火等方面；机电设备系统安全设备设施评价应涵盖自动扶梯、电梯、屏蔽门/安全门系统、给排水系统、通风和空调设备、风亭等方面；通信系统安全设备设施评价应涵盖通信系统技术、传输系统、公务电话系统、专用电话系统、无线通信系统、视频监控系统、广播系统、通信系统电源、通信系统接地等方面；土建工程安全设备设施评价应涵盖地下结构与车站建筑、车站设计等方面。

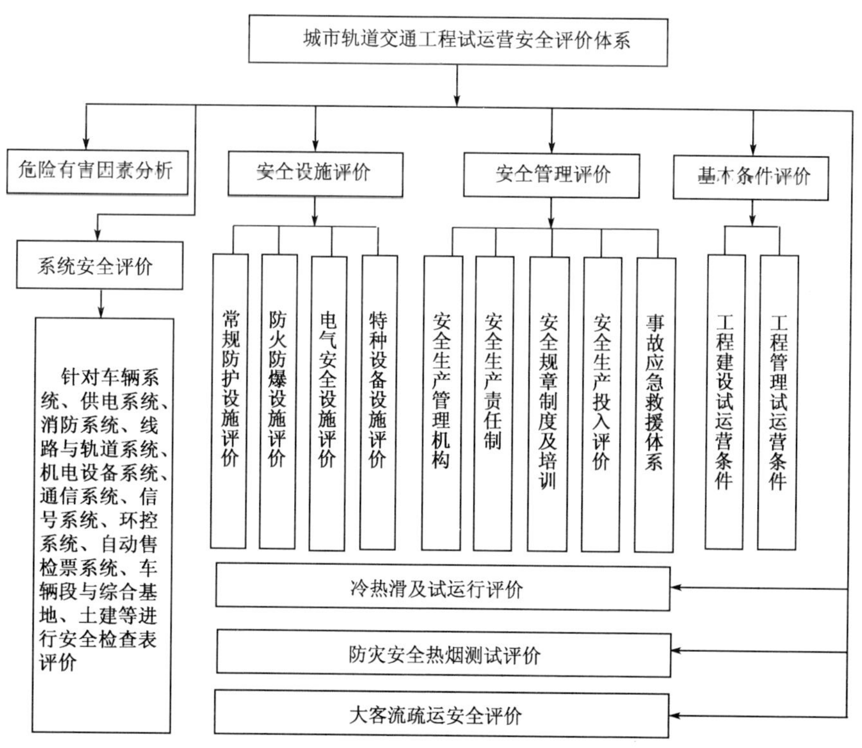

图3-4　城市轨道交通工程试运营前安全评价体系框架

(2)安全设施评价:主要通过现场检查,参照现行标准规范,对城市轨道交通工程常规防护设施(包括安全标示、栏杆、高处坠落防护设施、机械伤害防护设施等)、防火防爆设施、电气安全设施、特种设备设施的有效性进行检查评价。

(3)冷热滑及试运行评价:城市轨道交通冷热滑及试运行安全评价应基于冷滑试验、热滑试验和空载试运行的准备、试验、调试的记录结果,采用故障模式和影响分析、故障趋势分析评价方法对冷热滑、空载试运行过程进行安全评价。冷热滑安全评价应涵盖冷热滑试验准备基本条件、故障分析评价和准备过程安全评价等内容;空载试运行安全评价应涵盖空载试运行记录结果分析和故障趋势分析,空载试运行有效记录应包括三个月的空载试运行记录,空载试运行故障模式和影响分析评价等内容。

(4)防灾安全热烟测试评价:采用现场热烟试验方法,对城市轨道交通防灾系统安全性进行检测和评价,评价地铁车站站台、站厅以及区间隧道的火灾探测报警系统、通风排烟系统、事故照明、疏散通道和疏散指示的工作效果、可靠性及联动状况,判定各消防系统在火灾等事故情况下能否确保乘客安全疏散。防灾安全热烟测试评价的车站和隧道应选取地下敷设形式。至少选择一个车站进行测试,热烟测试内容包括站台热烟测试、站厅热烟测试和区间隧道热烟测试。站台、站厅和区间隧道热烟测试的火源功率应设置为0.7~3MW。燃烧时间应不少于10min。

(5)大客流疏运安全评价:大客流疏运安全评价应选取至少一个具有代表性的车站,基于车站建筑和疏散通道的设计资料及客流预测结果,采用计算模拟的方法对大客流疏运过程进行安全评价。大客流疏运安全评价选取的车站应综合考虑高峰小时客流规模、疏散通道能力和建筑复杂性，选取客流规模较大、建造形式或换乘方式复杂的车站。城市轨道交通大客流疏运安全评价应采用基于个体模拟仿真技术，至少计算模拟1h的大客流疏运过程。模拟包括列车进出站，乘客上下车、候车、购票检票等活动。

(6)安全管理评价：主要查阅现有的管理文件，参照现行标准规范，对运营管理部门制定的安全管理制度及事故应急救援体系进行评价，重点应对新员工及特种作业人员的培训记录，事故应急救援预案的演练等进行检查评价。

(7)试运营基本条件评价：为了更好地分析评价城市轨道交通工程各系统是否满足试运营安全基本条件，类比国内运营成熟的地铁线路的试运营基本条件，对工程建设及管理是否满足要求进行检查评价。其中工程建设的基本条件可包括政府部门认可文件、土建系统、机电设备、信号系统、通信系统、通风空调系统、给排水和消防系统、消防报警系统、设备监控系统、自动售检票系统、屏蔽门、电梯、车辆及系统联调等方面。工程管理的基本条件可包括组织机构和人员、行车组织和客运组织、安全管理组织机构、安全管理制度、安全投入、人员培训、上岗资格、应急救援预案、应急设备设施、应急救援队伍、应急演练及实物接管等方面。

(8)现场隐患分级评价：根据国家现行标准的要求，对工程各车站、车辆段/停车场、主变电站、区间、控制中心的安全防护设备设施查找隐患。现场隐患应根据隐患发生的频率、隐患导致的后果，采用故障模式与影响分析方法确定危险等级。

3.4.2 试运营前安全评价所选用的评价方法

(1)安全检查表法(SCL)：利用安全检查表结合现场检查，对城市轨道交通工程各系统安全设施设计符合性及有效性进行安全检查评价，找出工程各系统安全设施在设计及使用中存在的安全隐患；利用安全检查表及现场抽查，对设置的安全管理机构及相应的安全管理制度进行检查评价。

（2）专家评议法：本方法是一种吸收专家参加，根据事物的过去、现在及发展趋势，进行积极的创造性思维活动，对事物的未来进行分析、预测的方法，是一种集思广益的一种专家评价方法。根据国内运营成熟的城市轨道交通工程在试运营前阶段存在的安全隐患，结合城市轨道交通专家评议对城市轨道交通是否满足试运营的基本条件进行分析评价。

（3）模拟计算法：大客流疏运模拟分析采用人员动力学模型Legion进行模拟分析评价。Legion模型为人员疏散的矢量模型，最大的特点就是基于个体行为和矢量连续空间解析，能够兼顾人员个体行为描述、人员规模和空间区域三个方面，可适用于大规模大区域的人群模拟仿真。模型以每个行人个体为单位，行人的每一步在行走平面路线和方向上都通过计算机算法计算，即每个行人个体有决定自身行动的决策权，在决策时考虑周围环境和与其他行人相互作用和影响，进行信息交流，做出相应的决策。该模型主要用于研究人群疏散行为、疏散时间、疏散策略与技术等。

（4）全尺寸热烟测试评价方法：城市轨道交通防火灾系统涉及的专业系统很多，且相互之间需要联动、通信和监控，这些系统在试运营是否能够达到防灾能力，提供火灾情况下的探测、报警、广播、排烟、疏散、应急照明和指示，需要进行整体性的检测评价，因此采用全尺寸热烟检测法，测试地铁防灾系统的运行状况，检验地铁FAS、BAS、通风排烟等系统的工作效果，并对车站通风排烟模式、气流组织方式及疏

散方案提出合理的措施和建议。

3.5　城市轨道交通工程安全验收评价

城市轨道交通工程安全验收评价是在城市轨道交通工程试运营一年后，依据工程设计文件、各专项的验收资料、设备设施的检验检测记录、试运营记录及现场检查，对城市轨道交通工程运营阶段存在的危险有害因素进行辨识，分析评价城市轨道交通工程设置的安全设备设施的有效性，对存在的安全隐患提出安全对策措施，为城市轨道交通工程安全竣工验收提供依据。

3.5.1　安全验收评价内容研究

城市轨道交通工程安全验收评价主要包括危险有害因素的分析辨识、工程系统安全检查评价、安全设施评价、安全管理评价、试运营情况统计分析评价及典型车站人员疏散计算模拟评价等内容[9]，其评价体系框架如图3-5所示。

此外，结合深圳市地铁集团有限公司开展的深圳城市轨道交通1号、2号、3号、4号、5号线工程安全验收评价工作，在今后的城市轨道交通工程安全验收评价过程中应注意以下方面：

(1)在工程系统安全检查评价中应增加对土建工程、外界环境影响两方面的检查评价。

(2)在《城市轨道交通安全验收评价细则》中，安全管理评价包括对事故应急救援预案的评价，建议调整为对事故应急救援体系的评价(主要包括对应急机构、应急队伍、应急预案、应急设施及应急演练的评价)。

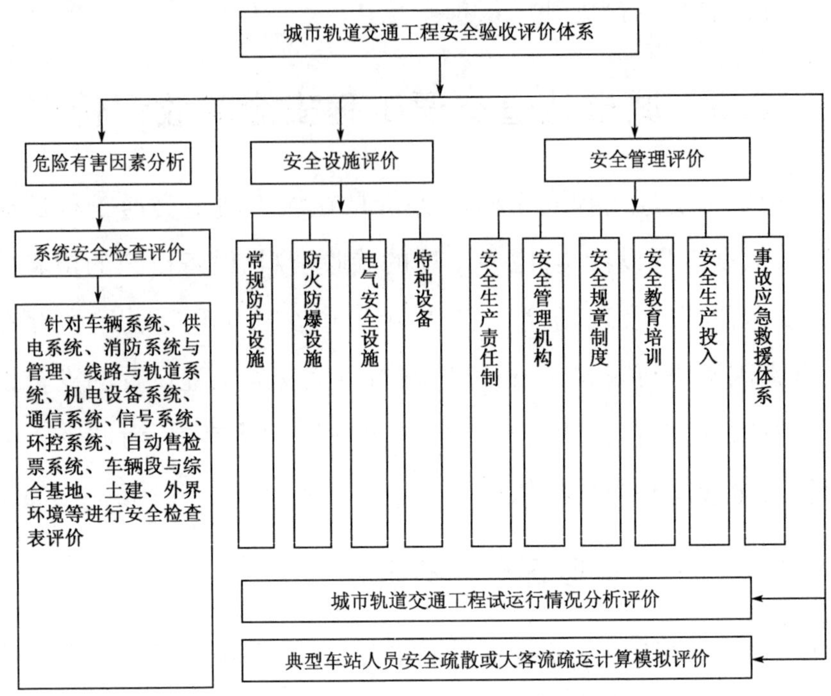

图 3-5　城市轨道交通工程安全验收评价体系框架

3.5.2　安全验收评价所选用的评价方法

(1)安全检查表法(SCL):依据《地铁设计规范》《建筑设计防火规范》《城市轨道交通技术规范》及《地铁安全运营安全评价标准》等标准规范对车辆系统、供电系统、消防系统、线路与轨道系统、机电设备系统、通信系统、信号系统、环控系统、自动售检票系统、车辆段与综合基地、土建等系统的安全设施设计符合性进行检查评价。

(2)统计分析法:对城市轨道交通试运营以来的事故记录进行统计分析,进而对工程在以后运营中可能存在的安全隐患进行预测分析评价,并提出有效的控制措施。

(3)计算模拟评价方法:通过数值分析的方法对城市轨道交通工

程中典型的车站突发事件下的人员疏散进行计算模拟，数值模拟结果应能科学地反映出城市轨道交通在发生突发事件时人员是否能够在规范规定时间内进行安全疏散，疏散通道及出口的设置是否达到规范的要求。

3.6 城市轨道交通工程运营安全现状评价

城市轨道交通工程运营安全现状评价是在工程正式运营后每隔两年，依据地铁工程设计及设计变更文件、工程运营记录及现场检查，对城市轨道交通工程存在的危险有害因素进行分析辨识，并对城市轨道交通工程各系统设置的安全设备设施的有效性进行定性定量评价，对存在的安全隐患提出安全对策措施，确保地铁工程运营安全，为地铁工程运营单位的日常安全管理提供依据。

3.6.1 运营安全现状评价内容研究

根据《地铁安全运营安全评价标准》的要求，城市轨道交通工程运营安全现状评价主要包括危险有害因素的分析辨识、基础安全评价、事故风险水平评价等内容。其中基础安全评价包括对外界环境、安全管理、运营组织、设备设施、从业人员及维修体系等方面的评价[10]。事故风险水平评价主要包括对运营以来人员伤亡、财产损失及行车事故等方面的统计分析评价，在《地铁安全运营安全评价标准》的基础上，城市轨道交通工程运营安全现状评价应增设安全问卷调研（包括对乘客及站务人员的安全调查问卷）分析评价作为基础安全评价的补充。运营安全现状评价框架如图3-6所示。

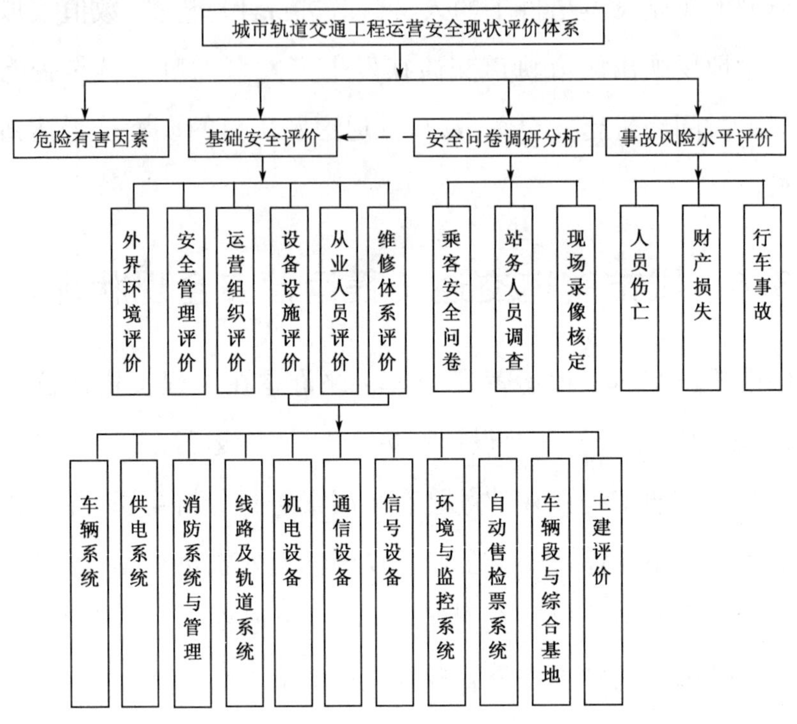

图 3-6　城市轨道交通工程运营安全现状评价体系框架

3.6.2　运营安全现状评价所选用的评价方法

运营安全现状评价主要利用资料分析、现场检查、专家评议及座谈会等方法,依据《地铁安全运营安全评价标准》规定的评价项目对城市轨道交通基础安全及事故水平进行安全检查评价(各评价项目满分分值为 100 分。各评价项目的实得分应为相应评价分项实得分之和;各评价分项的实得分不应采用负值,扣减分数总和不得超过该评价分项应得分值),最后,根据《地铁安全运营安全评价标准》规定进行基础安全、事故水平评价总分计算和风险水平划分,确定城市轨道交通工程的运营安全现状水平。

第4章 城市轨道交通火灾风险评价方法及工程示范

4.1 城市轨道交通火灾风险评价方法

4.1.1 城市轨道交通工程火灾特殊性分析

城市轨道交通工程运营安全是非常突出的问题,危害最大的主要是站台和隧道内燃烧产生的烟气和毒害物质扩散造成的人员伤亡。城市轨道交通工程火灾与地面或其他地下建筑火灾相比有其特殊性:城市轨道交通工程系统与外界的联系主要为出入口,人员密集,排除热量困难,因此比地面建筑火灾具有更大的危险性,一旦发生火灾,损失往往十分严重。主要表现在:

(1)城市轨道交通里面客流量大,人员集中,一旦发生火灾,极易造成群死群伤。

(2)城市轨道交通列车的车座底部设有大量通信、电力电缆,顶棚及其他装饰材料大多可燃,容易造成火势蔓延扩大;有些塑料、橡胶等新型材料燃烧时还会产生毒性气体,加上地下供氧不足,燃烧不完全,烟雾浓,发烟量大;同时地铁的出入口少,大量烟雾只能从一两个洞口向外涌,与地面空气对流速度慢,地下洞口的“吸风”效应使向外扩散的烟雾部分又被洞口卷吸回来,容易令人窒息。

(3)城市轨道交通火灾报警和自动喷淋等消防设施配置不完善,起火后地下电源可能会被自动切断,通风空调系统失效,失去了通风排烟作用。

(4)当列车停靠在隧道内或在隧道内运行时,列车或乘客所携带的可燃物(大多是固体可燃物)也会由于种种原因而燃烧。此时,由于局部缺氧有可能生成大量的烟气或固体可燃物分解形成大量毒害物质,大量有毒烟雾和黑暗给疏散和救援工作造成困难。

由于火灾发生时,人员的逃生方向和烟气的扩散方向均由下往上,人员的出入口可能就是喷烟口,因此烟气的控制是地铁火灾中非常重要的问题。

作为城市轨道交通工程安全评价的重要环节,必须对城市轨道交通车站的隧道、站台火灾的发生、燃烧过程中烟气的扩散作用机制、范围和影响进行深入细致的研究,分析火灾发生后可能存在的安全问题,并提出相应的对策与措施。

4.1.2 城市轨道交通工程火灾安全评价技术简介

1)评价分析依据

城市轨道交通工程模拟分析依据的材料主要为:

(1)城市轨道交通工程可行性研究报告。

(2)选取的典型车站或区间设计图电子文档。

(3)现场或类比现场情况调研。

2)评价分析方法介绍

基于火灾模拟分析的城市轨道交通安全评价可采用计算流体力

学、计算燃烧学与传热传质学的方法，对列车火灾和站台火灾的燃烧、烟气扩散的影响进行深入的数值模拟研究，给出不同火灾条件下站点内烟气温度、有毒气体浓度、可见度、速度场等特征参数的分布情况。进而分析典型站点在不同功率的站台火灾和列车火灾发生后，在不同排烟送风模式下，着火层内烟气横向流动和不同站层间的烟气纵向蔓延规律，分析排烟送风设计方案是否可以确保楼梯开口形成临界向下空气流速，阻止烟气向上层站厅蔓延。研究地铁车站在火灾事故时的安全、有效的气流组织形式、排烟送风模式，阻止烟气向站台公共区或通过楼梯和自动扶梯向其他站厅层蔓延，阻止烟气进入疏散楼梯，降低重大人员伤亡事故的可能性。分析当火灾发生后，位于隧道内部的通风系统将根据列车在隧道内的方位启动，2m/s 的风速是否可以在隧道内控制烟气向一个方向流动，保证上风段隧道不受烟气的污染。

模拟分析计算采用大涡场模拟软件 FDS(Fire Dynamics Simulator 火灾动力学模拟)进行数值模拟[11]，FDS 是一种火灾驱动流体流动的计算流体动力学软件，由美国国家标准技术局开发。其默认湍流模型采用 Smagorinsky 形式的大涡模型，燃烧模型采用的是混合分数模型，辐射传热通过对非散射灰体近似的气体利用有限体积方法求解其辐射传输方程，大约为 100 个离散角。这一软件可以通过对几何参数和网格数目以及燃烧过程的一些设置，如燃烧反应模型、火源功率与燃烧时间、边界热交换属性、通风口大小与流量等，模拟计算得到一些输出数据，如某点、某条线或某个面上的温度、密度、压力及混合组分在火灾过程中随时间的变化等，再利用一些数据处理工具就可以获得研究所需的数据以及曲线等。FDS 原理是火灾的场模拟计算，场模拟是利用计算机求解火灾过程中状态参数的空间及其随时间变化的模拟方式，场是指状态参数如速度、温度、各组分的浓度等的空间分布。场模拟的理论依据是自然界普遍成立的质量守恒、动量守恒、能量守恒以及化学反应的定律等。火灾过程中状态参数的变化也遵循着这些规律,因而可以用场模拟方法求解火灾过程。FDS 通过大涡模型对连续方程、动量方程、能量方程以及压力收敛方程进行求解,可得到温度、压力、气体成分、可见度等参数的空间分布。

3)基本控制方程求解过程

(1)计算求解的控制方程

质量守恒方程:

$$\frac{\partial \rho}{\partial t}+\nabla\cdot\rho\boldsymbol{u}=0 \tag{4-1}$$

组分守恒方程:

$$\frac{\partial}{\partial t}(\rho Y_l)+\nabla\cdot\rho Y_l\boldsymbol{u}=\nabla\cdot\rho D_l\nabla Y_l+m_l''' \tag{4-2}$$

动量方程:

$$\rho\left[\frac{\partial \boldsymbol{u}}{\partial t}+(\boldsymbol{u}\cdot\nabla)\boldsymbol{u}\right]+\nabla p=\rho g+f+\nabla\cdot\tau \tag{4-3}$$

能量方程:

$$\frac{\partial}{\partial t}(\rho h)+\nabla\cdot\rho h\boldsymbol{u}=\frac{\mathrm{d}p}{\mathrm{d}t}-\nabla\cdot\boldsymbol{q}_{\mathrm{r}}+\nabla\cdot k\nabla T+\sum_l\nabla\cdot h_l\rho D_l\nabla Y_l \tag{4-4}$$

状态方程:

$$p_0=\rho TR\sum\left(\frac{Y_i}{M_i}\right)=\rho T\frac{R}{M} \tag{4-5}$$

通过耦合连续方程、能量方程、状态方程,可以得到速度散度方程为:

$$\nabla\cdot\boldsymbol{u}=\frac{1}{\rho c_{\mathrm{p}}T}\left(\nabla\cdot k\ \nabla T+\nabla\cdot\sum_{l}\int c_{\mathrm{p},l}\mathrm{d}T\rho D_{l}\ \nabla Y_{l}-\nabla\cdot\boldsymbol{q}_{\mathrm{r}}\right)+$$
$$\frac{M}{\rho}\sum_{l}\ \nabla\cdot\rho D_{l}\nabla\left(\frac{Y_{l}}{M_{l}}\right)-\frac{1}{\rho c_{\mathrm{p}}T}\sum_{l}\int c_{\mathrm{p},l}\mathrm{d}T\nabla\cdot\rho D_{l}\nabla Y_{l}+$$
$$\frac{1}{\rho}\sum_{l}\left(\frac{M}{M_{l}}-\frac{h_{l}}{c_{\mathrm{p}}T}\right)m'''_{l}+\left(\frac{1}{\rho c_{\mathrm{p}}T}-\frac{1}{p_{0}}\right)\frac{\mathrm{d}p_{0}}{\mathrm{d}t}\tag{4-6}$$

进一步对散度方程进行简化：

$$\nabla\cdot\boldsymbol{u}=\frac{1}{\rho c_{\mathrm{p}}T}\left(\nabla\cdot k\ \nabla T+\nabla\cdot\sum_{l}\int c_{\mathrm{p},l}\mathrm{d}T\rho D_{l}\ \nabla Y_{l}-\nabla\cdot\boldsymbol{q}_{\mathrm{r}}+q'''\right)+$$
$$\left(\frac{1}{pc_{\mathrm{p}}T}-\frac{1}{p_{0}}\right)\frac{\mathrm{d}p_{0}}{\mathrm{d}t}\tag{4-7}$$

对整个区域进行积分,得到参考压力方程：

$$\frac{\mathrm{d}p_{0}}{\mathrm{d}t}=\left[\int_{\Omega}\frac{1}{\rho c_{\mathrm{p}}T}(\nabla\cdot k\ \nabla T+\cdots)\mathrm{d}V-\int_{\partial\Omega}u\cdot\mathrm{d}S\right]\Big/\int_{\Omega}\left(\frac{1}{p_{0}}-\frac{1}{\rho c_{\mathrm{p}}T}\right)\mathrm{d}V\tag{4-8}$$

定义 $H=\frac{|\boldsymbol{u}|^{2}}{2}+\frac{\tilde{p}}{\rho_{\infty}}$,经过推导,动量方程最终求解形式为：

$$\nabla^{2}H=-\frac{\partial(\nabla\cdot\boldsymbol{u})}{\partial t}-\nabla\cdot F$$
$$F=-\boldsymbol{u}\times\omega+\left(\frac{1}{\rho}-\frac{1}{\rho_{\infty}}\right)\nabla\tilde{p}-\frac{1}{\rho}\left[(\rho-\rho_{\infty})\boldsymbol{g}+\boldsymbol{f}+\nabla\cdot\tau\right]\tag{4-9}$$

(2)湍流流动模型

默认湍流模型采用 Smagorinsky 形式的大涡模型 LES。

动量方程中的黏性应力张量为：

$$\tau=\mu\left[2\mathrm{def}\boldsymbol{u}-\frac{2}{3}(\nabla\cdot\boldsymbol{u})\boldsymbol{I}\right]\tag{4-10}$$

其中应变张量为：

$$\mathrm{def}\boldsymbol{u}=\frac{1}{2}[\nabla\boldsymbol{u}+(\nabla\boldsymbol{u})^{t}]=\begin{bmatrix}\frac{\partial u}{\partial x} & \frac{1}{2}\left(\frac{\partial u}{\partial y}+\frac{\partial v}{\partial x}\right) & \frac{1}{2}\left(\frac{\partial u}{\partial z}+\frac{\partial w}{\partial x}\right)\\ \frac{1}{2}\left(\frac{\partial v}{\partial x}+\frac{\partial u}{\partial y}\right) & \frac{\partial v}{\partial y} & \frac{1}{2}\left(\frac{\partial u}{\partial z}+\frac{\partial w}{\partial y}\right)\\ \frac{1}{2}\left(\frac{\partial w}{\partial x}+\frac{\partial u}{\partial z}\right) & \frac{1}{2}\left(\frac{\partial w}{\partial y}+\frac{\partial u}{\partial z}\right) & \frac{\partial w}{\partial z}\end{bmatrix} \tag{4-11}$$

根据 Smagorinsky 的分析，湍流黏性系数可以表示为：

$$\mu_{\mathrm{LES}}=\rho(C_{\mathrm{s}}\Delta)^{2}\left[2(\mathrm{def}\boldsymbol{u})\cdot(\mathrm{def}\boldsymbol{u})-\frac{2}{3}(\nabla\cdot\boldsymbol{u})^{2}\right]^{\frac{1}{2}} \tag{4-12}$$

式中：C_{s}——经验系数；

Δ——网格特征尺度。

应变张量与弥散方程有联系：

$$\begin{aligned}\Phi\equiv\tau\cdot\nabla\boldsymbol{u}&\equiv\mu\left[2(\mathrm{def}\boldsymbol{u})\cdot(\mathrm{def}\boldsymbol{u})-\frac{2}{3}(\nabla\cdot\boldsymbol{u})^{2}\right]\\&=\mu\left[2\left(\frac{\partial u}{\partial x}\right)^{2}+2\left(\frac{\partial v}{\partial y}\right)^{2}+2\left(\frac{\partial w}{\partial z}\right)^{2}+\left(\frac{\partial v}{\partial x}+\frac{\partial u}{\partial y}\right)^{2}+\right.\\&\quad\left.\left(\frac{\partial w}{\partial y}+\frac{\partial v}{\partial z}\right)^{2}+\left(\frac{\partial u}{\partial z}+\frac{\partial w}{\partial x}\right)^{2}-\frac{2}{3}\left(\frac{\partial u}{\partial x}+\frac{\partial v}{\partial y}+\frac{\partial w}{\partial z}\right)^{2}\right]\end{aligned} \tag{4-13}$$

在 LES 模拟中，热扩散和物质扩散均与湍流黏性系数的关系为：

$$k_{\mathrm{LES}}=\frac{\mu_{\mathrm{LES}}c_{\mathrm{p}}}{P_{\mathrm{r}}};(\rho D)_{l,\mathrm{LES}}=\frac{\mu_{\mathrm{LES}}}{S_{\mathrm{c}}} \tag{4-14}$$

(3)燃烧模型

燃烧模型采用的是混合分数模型，定义混合分数为：

$$Z=\frac{sY_{\mathrm{F}}-(Y_{\mathrm{O}}-Y_{\mathrm{O}}^{\infty})}{sY_{\mathrm{F}}^{I}+Y_{\mathrm{O}}^{\infty}};s=\frac{v_{\mathrm{O}}M_{\mathrm{O}}}{v_{\mathrm{F}}M_{\mathrm{F}}} \tag{4-15}$$

例如对于丙烷的燃烧来说,其混合分数与气体成分的质量份额关系如图4-1所示。

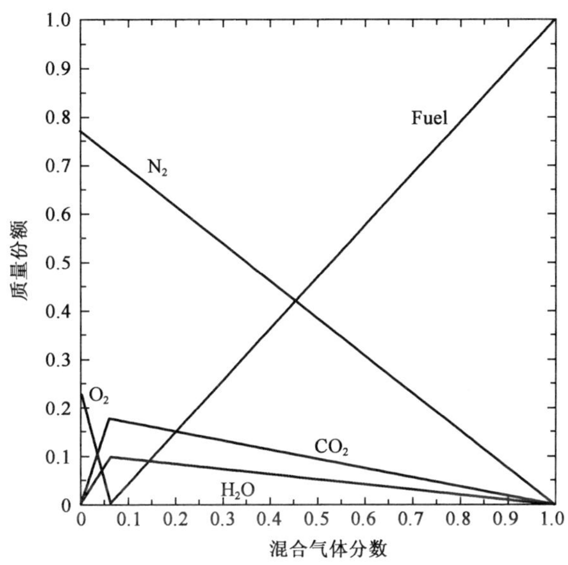

图4-1 丙烷燃烧的状态关系图

求解混合分数传输方程,便可得到燃烧过程的产物浓度的空间和时间的变化:

$$\rho \frac{\mathrm{d}Z}{\mathrm{d}t} = \nabla \cdot \rho D \nabla Z \tag{4-16}$$

并且假设化学反应过程很快,则要求燃料气和氧气不能共存,定义火焰面为:

$$Z(x,t) = Z_f; Z_f = \frac{Y_{\mathrm{O}}^{\infty}}{sY_{\mathrm{F}}^{I} + Y_{\mathrm{O}}^{\infty}} \tag{4-17}$$

因此有以下关系式:

$$Y_{\mathrm{O}}(Z) = \begin{cases} Y_{\mathrm{O}}^{\infty}(1 - Z/Z_{\mathrm{f}}) & Z < Z_{\mathrm{f}} \\ 0 & Z > Z_{\mathrm{f}} \end{cases} \tag{4-18}$$

(4)辐射传输模型

辐射传热利用有限体积方法求解其辐射传输方程：

$$s \cdot \nabla I_\lambda(x,s) = -\left[\kappa(x,\lambda) + \sigma_s(x,\lambda)\right] I(x,s) + B(x,\lambda) + \frac{\sigma_s(x,\lambda)}{4\pi}\int_{4\pi}\Phi(s,s')I_\lambda(x,s')\mathrm{d}\Omega' \tag{4-19}$$

如果近似为非散射灰体的气体，其辐射传输方程（RTE）为：

$$s \cdot \nabla I_\lambda(x,s) = \kappa(x,\lambda)\left[I_b(x) - I(x,s)\right] \tag{4-20}$$

4.1.3 城市轨道交通工程火灾安全评价技术程序

根据现阶段国内各城市的轨道交通安全评价报告及国家相关标准规范的要求，一般采用国际通用的大涡场模拟软件 FDS（Fire Dynamics Simulator，火灾动力学模拟）进行数值模拟来进行城市轨道交通工程火灾模拟分析，其分析评价的基本程序如图 4-2 所示。

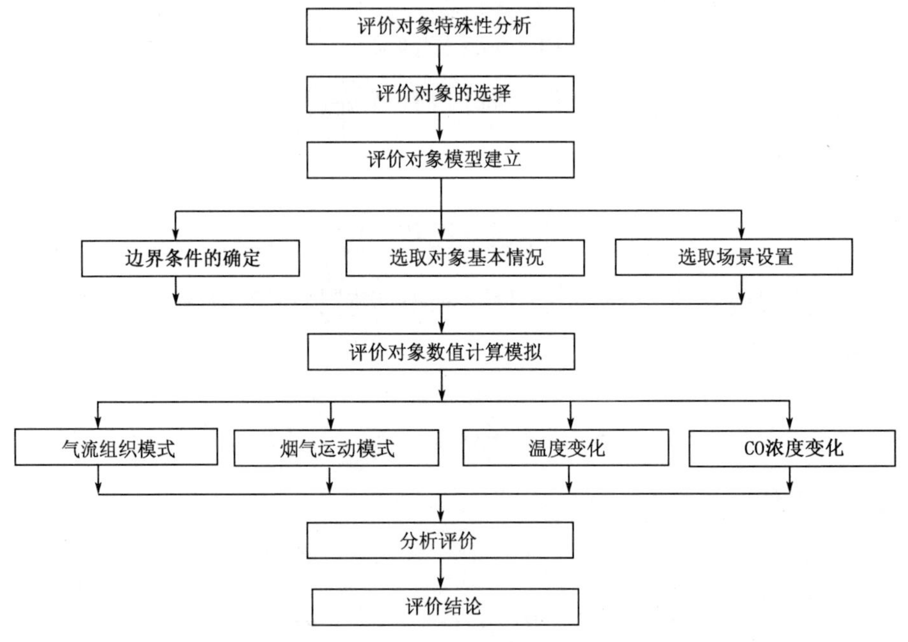

图 4-2　FDS 数值模拟在城市轨道交通安全评价中的基本程序

4.2 城市轨道交通火灾风险评价示范应用

4.2.1 模拟选择车站的基本情况

1)车站空间情况

车站站台计算长度140m,宽度10m。在中间设有1200mm × 800mm的柱。车站沿站台边缘设有屏蔽门,屏蔽门总高度为3m,其中玻璃部分高度为2.2m,上部0.8m为钢结构,屏蔽门的总长度为136m。站台和站厅的有效高度暂按4.6m考虑。站台与站厅之间通过3组扶梯和2组楼梯连接。

2)列车情况

由于深圳地铁2号线东延线工程行车组织初、近、远期按照6辆编组,因此计算考虑6辆编组的情况。列车的全长为140m,宽度为3.1m,高度为3.8m。列车客室内地板面与站台面齐平,离轨面为1.08m。

3)隧道空间情况

在列车正常停车范围内设有轨顶和站台下排风系统,排风口布置长度与列车长度相同。

4)车站、隧道排烟系统情况

在车站公共区设有通风排烟系统,其中排烟风管与空调回风管合用,站台、站厅排烟风量分别为20.2m^3/s(站台)、30m^3/s(站厅),排烟风口利用平时的回风口。

车站两端设有隧道通风系统,每端配置有相互备用的隧道风机两台,每台单独运行时的流量为60m^3/s,风道面积为16m^2;车站隧道通风系统包括轨顶及站台下排风系统，每侧的排风排烟量为 $40m^3/s$，排风与排烟合用，按照 3:2 分配风量。

5）火灾时运行方式

（1）当站台发生火灾时，火灾规模暂按 2～3MW 考虑[12-16]，此种情况主要利用站台排烟系统进行排烟（空调送风系统关闭），同时打开一侧屏蔽门，开启区间隧道风机和车站隧道风机一起辅助排烟。

（2）当列车发生火灾且停在站台停车范围内时，打开屏蔽门，开启起火侧的区间隧道风机各一台（共两台）和车站隧道风机进行排烟，同时开启站台排烟系统（空调送风系统关闭）进行辅助排烟、关闭站厅排烟系统。

（3）当列车在区间隧道内发生火灾，由于某种原因必须停在隧道内部时，位于隧道内部的通风系统将根据列车在隧道内的方位启动，并在隧道内形成一定速度的某个方向的气流。

6）主要考查问题

（1）研究排烟设计方案和排烟量是否足够，楼扶梯开口处是否可以满足 1.5m/s 向下的自然补风。

（2）分析现有排烟量和运行模式下，车站列车火灾、站台行李火灾时，是否有烟气向站厅蔓延，以便对原排烟方案进行优化。

（3）分析现有排烟量和运行模式下，站台火灾时烟气是否沉降到危险高度。

（4）分析隧道内烟气控制的平均风速是否满足至少 2m/s（我国《地铁设计规范》和美国《地铁环控设计手册》要求平均风速两者最大值）。

（5）按照《地铁设计规范》[17]：出口楼梯和疏散通道的宽度，应保证在远期高峰小时客流量时发生火灾的情况下，6min 内将一列车乘客和站台上候车的乘客及工作人员全部撤离站台。通用的火灾发展与人员疏散的时间线如图 4-3 所示。通过模拟计算，分析现有排烟系统设计方案是否能保证人员安全疏散，即：

$$\text{ASET} > \text{RSET} \tag{4-21}$$

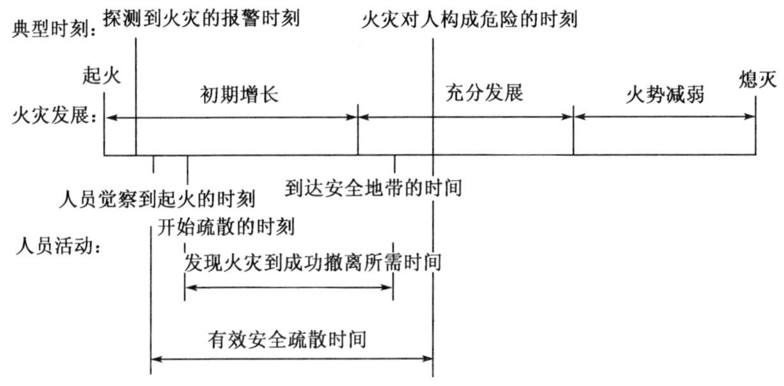

图 4-3 通用的火灾发展与人员疏散的时间线

RSET(必需安全疏散时间)是指从起火时刻起到人员疏散到安全区域的时间。紧急情况下的 RSET 包括火灾探测报警时间(t_{alarm})、预动作时间(t_{pre})和人员疏散运动时间(t_{move})[16,18-20]。

$$\text{RSET} = t_{alarm} + t_{pre} + t_{move} \tag{4-22}$$

美国有轨交通系统的 NFPA130 标准中，对站台上人员的疏散时间以及到达安全地点的疏散时间均给出了明确的规定。NFPA130 标准的 5.5.3.1 规定，应该有充足的出口容量，在 4 min 或更短的时间内，将站台上的人员疏散完毕；5.5.3.2 规定，车站的设计应允许从站台上的最远点到安全地点的疏散在 6 min 或更短的时间内完成。《地铁设计规范》规定：出口楼梯和疏散通道的宽度，应保证在远期高峰小时客流量时发生火灾的情况下，6min 内将一列车乘客和站台上候车的乘客及工作人员全部撤离站台。一般对于站台层火灾来说，站厅层可作为安全区,可见单从疏散至安全区域的时间来说两个规范的时间是一致的。因此地铁车站的防排烟能力设计应确保 ASET≥6min。

4.2.2 火灾模拟计算的设置

1)车站和隧道选取

针对深圳地铁 2 号线东延线工程的特点进行分析,选取具有代表性的车站标准站——地下二层岛式车站(侨城北站、深康站、农园路站、香蜜湖站、上步路站等)。通过计算验证车站的通风排烟系统设计是否满足要求,设置 3 个典型的火灾场景:

(1)车站列车火灾。

(2)车站站台火灾。

(3)区间隧道火灾时,隧道长度取其中一段 500m 长的隧道,取列车位于隧道中央的最不利情况。

2)火源位置与火源功率设定曲线

火灾形式分别为站台列车火灾、站台火灾、区间隧道列车火灾。

(1)列车火灾:由于列车顶部只设有空调器及必要的照明系统,其他列车车载主要设备(如列车驱动系统、控制系统及其他车载的辅助系统等)均位于底部,因此从一般列车本身发生火灾来说,火灾位置主要位于列车底部。根据《深圳地铁 2 号线东延线工程可行性研究报告》,列车火灾模拟按每辆车 5MW,一次列车火灾规模按每小时烧毁 1.5 辆车计算,因此计算的火灾规模约为 7.5MW,着火列车长度范围约为 36m,火源功率增长曲线可按约 10min 达到峰值考虑(图 4-4)。

(2)站台火灾:由于旅客携带较多的行李,不排除会有旅客行李发生着火的情况,假定行李箱着火,最大燃烧功率可达 2.5MW。初始

增长阶段为 t^2 增长火,满足:

$$Q = \alpha t^2 \tag{4-23}$$

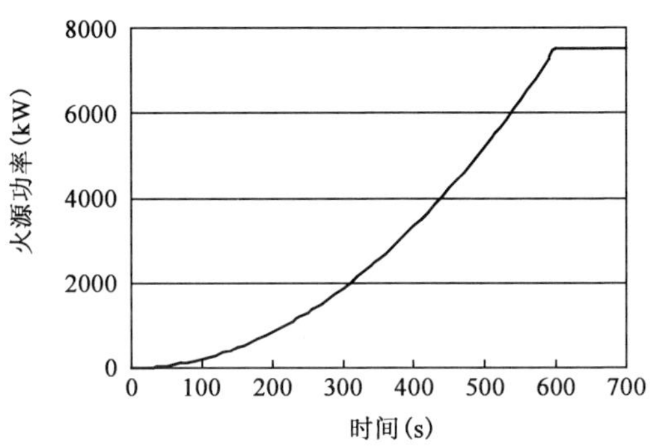

图4-4 列车火源功率增长曲线

式中,α 为火源增长系数。通常,根据 α 的不同,t^2 增长火又可分为慢速增长、中速增长、快速增长和超快速增长四种类型,如图4-5所示。α 的取值是根据火源达到1055kW时的时间得出的,在表4-1中给出。油池火、胶合板做的衣橱等可认为是超快速增长火,板条架、纸壳箱等大致为快速增长火,衣服、聚酯纤维材料类为中速增长火源。

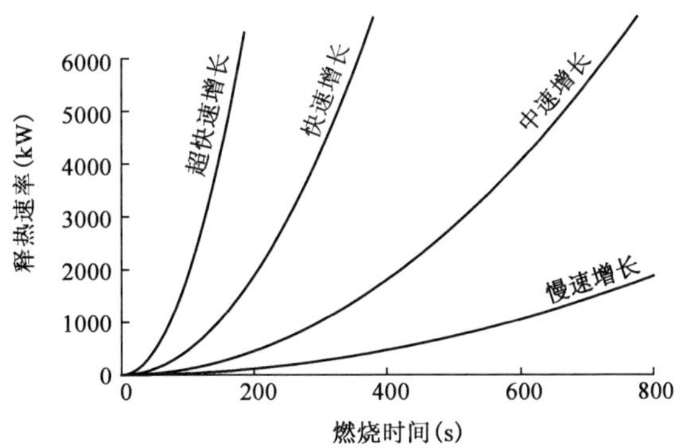

图4-5 t^2 增长火的典型增长曲线

典型 t^2 增长火的功率增长系数 表4-1

慢速增长	中速增长	快速增长	超快速增长
0.002931	0.01127	0.04689	0.1878

假设行李为中速增长火，火源功率增至2.5MW后保持稳定燃烧，算例设定火源功率如图4-6所示。

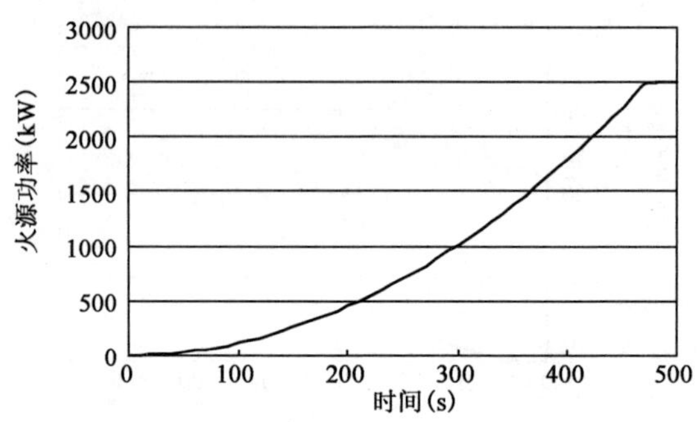

图4-6 算例设定站台火源功率增长曲线

(3)区间隧道列车火灾：本算例考虑燃烧物主要是乘客行李，由木材、尼龙、泡沫塑料等组成。最大火源功率取为7.5MW，隧道长度取其中一段500m长的隧道，取列车位于隧道中央的最不利情况。

3)计算区域网络解析

考虑到网格解析和计算机计算的速度，采用FDS中的Multi-blocking方法，即在流动和热交换迅速的区域采用局部网格加密。对着火区域、站台、隧道、站厅等区域分别设置Mesh和网格解析大小。三种算例的网格数分别为：列车火灾1088928，站台火灾1158048，区间火灾285000。

4)排烟模式

(1)车站列车火灾算例1：起火列车停在车站时，开启区间隧道排烟($60m^3/s$)、车站隧道排烟($40m^3/s$)。由于人员疏散需要，起火侧屏蔽门打开，同时考虑列车火灾会导致屏蔽门破裂(假定为着火车厢长度)，因此需打开站台排烟风机($20.2m^3/s$)，同时关闭站厅排烟。

(2) 车站站台火灾算例 2：站台行李着火，开启站台排烟($20.2m^3/s$)，关闭站厅排烟。同时打开站台一侧活动屏蔽门，开启车站隧道排烟开启区间隧道排烟($60m^3/s$)、车站隧道排烟($40m^3/s$)，进行辅助排烟。

(3) 区间隧道列车火灾算例 3：列车在区间隧道内着火，隧道内具有至少 2m/s 烟控流速。

5) 场景设置

车站的计算机三维模型见图 4-7 ~ 图 4-10。

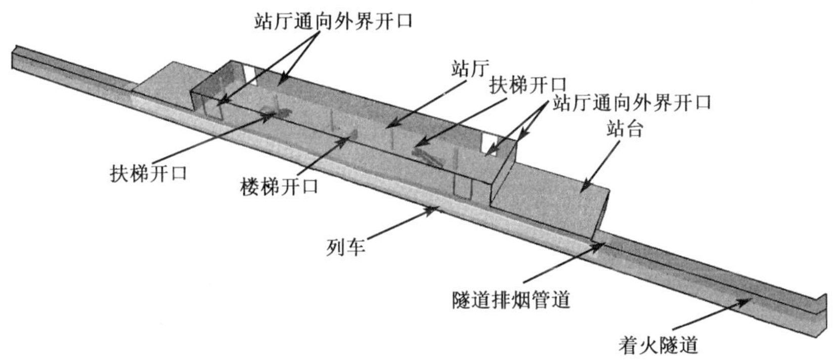

图 4-7　总俯视图

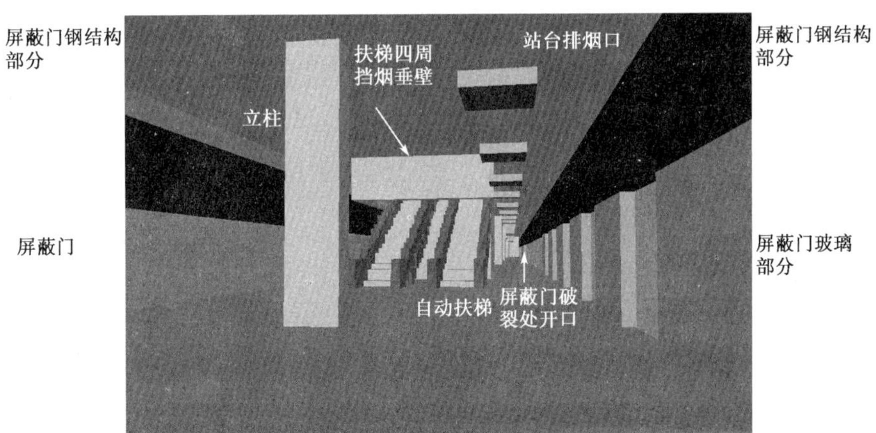

图 4-8　屏蔽门内视图

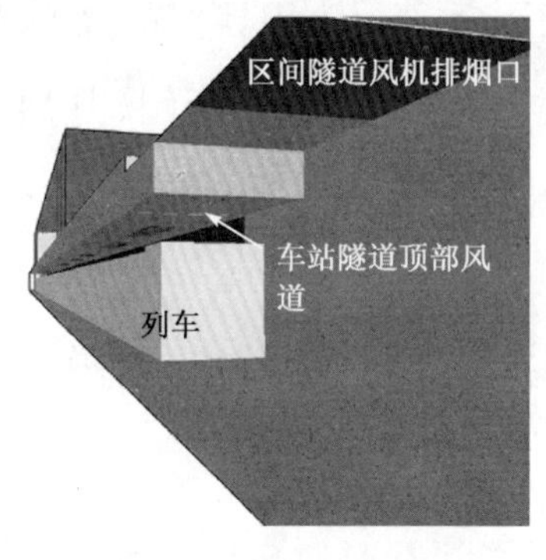

图 4-9　着火侧隧道内视图

图 4-10　站厅内视图

4.2.3　结论与建议

(1)隧道列车火灾排烟系统的运行模式是:①列车在运行过程中发生火灾而驶入前方车站时,将利用车站隧道通风系统进行排烟。②若列车在运行过程中发生火灾且停在区间隧道内,当列车车头或车尾发生火灾时,区间隧道通风系统将按与多数乘客疏散方向相反送风和排烟;当列车中部发生火灾时,近车站端排烟;当列车着火位置不清楚时,按与行车一致的方向送风和排烟;并在隧道内形成一定速度的某个方向的气流。根据美国《地铁环控设计手册》中的要求,在隧道内要控制烟气向某一个方向流动时,必须满足其截面的平均风速大于所要求的危急空气流速;我国《地铁设计规范》则要求隧道内烟气控制的平均风速不可小于 2m/s。通过本章的计算表明,现有隧道排烟量的设计可以确保隧道内的烟气控制的平均风速均远大于 2m/s,满足《地铁设计规范》的要求。

(2)从列车火灾模拟结果来看,轨顶排烟对车站停靠列车火灾产生的烟气起主要排烟作用;区间隧道通风系统起组织气流作用,在屏蔽门开口处形成站台到隧道的气流场,阻止烟气进入站台区。

(3)车站列车火灾和站台火灾发生后,由于通风排烟系统的抽

排,扶梯开口处的流速的至少可达到3m/s左右,满足《地铁设计规范的要求》。

(4)对于7.5MW的列车火灾,分析站台危险高度处的烟气特征参数变化,可以看出:6min时,烟气层在站台中间部位,即屏蔽门破碎开口附近可降到安全高度以下,但在站台两端区域并未降到安全高度。6min时,中间区域2m高处的可见度降到2m以下,但两端的可见度要大于10m,人员可以通过两侧的扶梯开口进入上层站厅层。根据该站台的疏散能力初步设计为:6min内使乘客到达站厅。因此计算得出结论为ASET > RSET,人员可以全部安全逃生。

(5)对于2.5MW的站台火灾,需要开启站台排烟,打开一侧屏蔽门,开启一侧隧道内的车站隧道通风风机和区间隧道通风风机进行辅助排烟。6min时,三个扶梯开口处的烟气可见度并没有降到危险限值,温度没有达到对人员的伤害极限,不影响人员的撤离。因此人员可以安全逃生。

(6)通过区间列车火灾模拟可见,当列车在隧道内以7.5MW起火时,2m/s的风速在隧道内可以控制烟气向一个方向流动,保证上风段隧道不受烟气污染。

第5章 城市轨道交通地压稳定性安全评价方法及工程示范

5.1 城市轨道交通地压稳定性安全评价方法

5.1.1 城市轨道交通工程地压稳定性安全评价内容

城市轨道交通工程地压稳定性研究的主要内容为:基坑开挖后周围地表岩土体的运动规律、破坏和变形特征、围护结构等在开挖过程的受力和位移状态、关键部位与关键工序的应力、位移变化趋势、地下工程主体的稳定性分析,具体包括如下内容:

(1)车站施工过程中,对地表造成的扰动变形分析。

(2)车站施工过程中,围护结构稳定性分析。

(3)车站建成后,车站主体应力结构稳定性问题。

(4)车站建成后地表沉降分析。

(5)最终地表沉降分析。

5.1.2 城市轨道交通工程地压稳定性安全评价技术简介

1)FLAC 3D简介

FLAC3D(Fast Lagrangian Analysis of Continua, 3.0)是由美国

Itasca Consulting Group Inc. 开发的三维有限差分计算软件，该软件主要适用模拟计算地质材料的力学行为，特别是材料达到屈服极限后产生的塑性流动。材料通过单元和区域表示，根据计算对象的形状构成相应的网格。每个单元在外载和边界约束条件下，按照约定的线性或非线性应力—应变关系产生力学响应。由于 FLAC 软件主要是为岩土工程应用而开发的岩石力学计算程序，它包括了反映地质材料力学效应的特殊计算功能，可计算地质类材料的高度非线性（包括应变硬化/软化）、不可逆剪切破坏和压密、黏弹（蠕变）、孔隙介质的应力—渗流耦合、热—力耦合以及动力学问题等。另外，程序设有界面单元，可以模拟断层、节理和摩擦边界的滑动、张开和闭合行为。支护结构，如砌衬、锚杆、可缩性支架或板壳等与围岩的相互作用也可以在 FLAC 中进行模拟。

2）计算本构关系

根据现场取样和岩石力学试验结果，计算中采用莫尔—库仑（Mohr-Coulomb）屈服准则判断岩体的破坏（式 5-1）。

$$f_s = \sigma_1 - \sigma_3 \frac{1+\sin\varphi}{1-\sin\varphi} - 2c\sqrt{\frac{1+\sin\varphi}{1-\sin\varphi}} \tag{5-1}$$

式中：σ_1、σ_3——分别是最大和最小主应力；

c、φ——分别是黏结力和摩擦角。当 $f_s>0$ 时，材料将发生剪切破坏。在通常应力状态下，岩体的抗拉强度很低，因此可根据抗拉强度准则（$\sigma_3 \geqslant \sigma_T$）判断岩体是否产生拉破坏[21]。

3）FLAC3D 的基本原理

（1）离散模型方法。连续介质被离散为若干通过互相连接的六面体单元,作用力均被集中在节点上。

(2)有限差分方法。变量关于空间和时间的一阶导数均用有限差分来近似。

(3)动态松弛方法。应用质点运动方程求解,通过阻尼使系统运动衰减至平衡状态。

5.1.3 城市轨道交通工程地压稳定性安全评价技术程序

根据现阶段国内各城市的轨道交通安全评价报告及国家相关标准规范的要求,一般采用国际通用的 FLAC3D 数值模拟技术来进行城市轨道交通工程地压稳定性分析,相关人员进行了大量研究工作[22-24]。城市轨道交通工程地压稳定性安全评价的基本程序如图 5-1 所示。

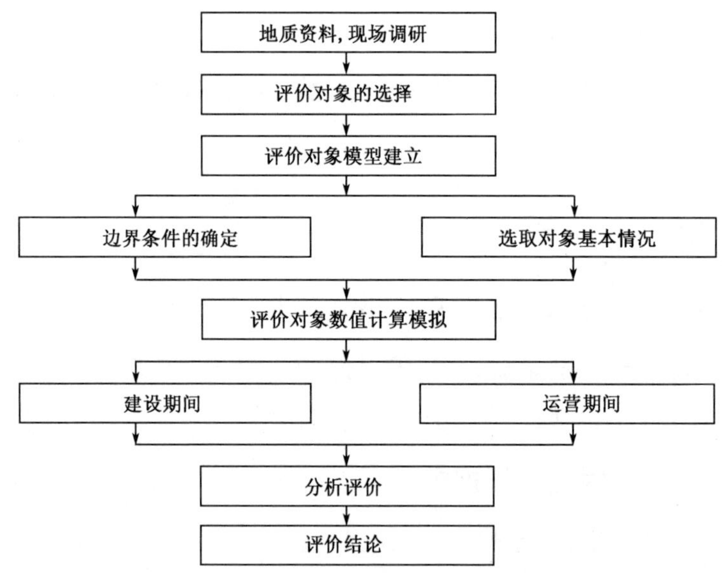

图 5-1 FLAC3D 数值模拟在城市轨道交通安全评价中基本程序

5.2 深圳地铁5号线工程大剧院站地压稳定性安全评价

5.2.1 概述

1)站位及站址环境

深圳城市轨道交通5号线工程大剧院站位于深南中路上、解放北路口,与地铁1号线共厅换乘,与下层2号线上下重叠平行换乘,并下穿1号线隧道,车站埋深大。车站设于深南路偏北侧,北侧管线往解放北路改排,原深南路南侧出入口水平封盖,并利用南侧绿化带及人行道疏解交通。车站平面图见图5-2[25]。

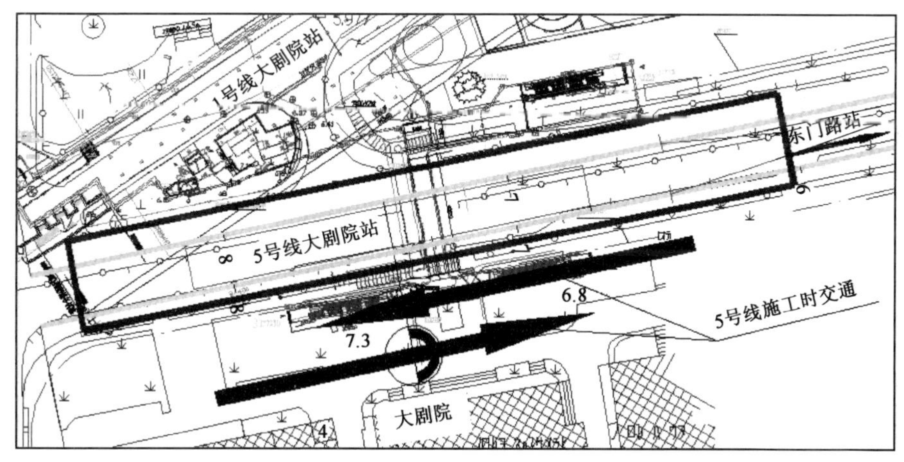

图5-2 大剧院站平面图

2)工程地质条件

深圳城市轨道交通5号线工程大剧院站位于冲积平原,地形平坦。设怡景路、黄贝岭、文锦路、东门路、大剧院5座车站。线路沿怡景路、深南东路行进,距沙湾河较近。交通繁忙,道路两侧管线众多,楼宇林立。本段线路为地下隧道部分。

该地段为罗湖断裂带区,被第四系覆盖。表层素填土层:成分复杂,局部夹碎块石,局部地段分布有杂填土,结构松散,厚0.5~5.6m;冲积淤泥质黏土:流塑,含有机质,厚0.9~1.6m;冲积黏土:硬塑~坚硬,厚3.8~5.0m;冲积粉质黏土:软塑~坚硬,厚0.6~4.3m;冲积粉土:松散~稍密,湿~饱和,厚1.3~4.7m,为地震可液化土层;冲积细砂:中密,饱和,厚0~2.0m;冲积中砂:松散~稍密,稍湿~饱和,厚1.4~2.2m,松散饱和的中砂为地震可液化土层;冲积粗砂:松散,饱和,厚0~4.8m,为地震可液化土层;冲积砾砂:稍密~中密,饱和,厚1.4~5.6m;坡积粉质黏土:可塑,厚0~1.0m;残积砾质黏性土:可塑~坚硬,厚4.3~13.3m;残积黏土:可塑~坚硬,厚3.4~19.05m;残积粉质黏土:软塑~坚硬,厚6.35~17.3m。下伏基岩为燕山期花岗岩,震旦系花岗片麻岩、变粒岩、混合岩及侏罗系石英砂岩、凝灰质砂岩等。花岗岩:全风化带厚0~10.2m,强风化带厚3.2~13.6m,中等风化带厚0~2.7m,微风化带厚5.6~10.2m;凝灰质砂岩:强风化带厚2.5~8.2m,中等风化带厚0.5~8.5m,微风化带厚6.1~12.7m;石英砂岩:强风化带厚0~12.09m,中等风化带厚0~2.69m,微风化带厚0~20.04m;混合岩:强风化带厚0~2.4m,中等风化带厚0~3.3m,微风化带厚0~4.8m;花岗片麻岩:全风化带厚0~6.0m,强风化带厚0~30.05m,中等风化带厚0~3.7m。钻孔揭示,在CK40+010、CK40+660处钻探资料揭露有断层存在,断层内为碎裂岩或断层角砾岩,结构杂乱,松软,含断层泥。地下水类型主要为第四系孔隙潜水和基岩裂隙水,地下水丰富,砂层为主要含水层。地下水埋藏较浅,水位高程为1.9~9.52m。地下水和地表水对钢筋混凝土结构无侵蚀性。仅布吉河水和钻孔 SZM4-Z1-L61 附近地下水对钢筋混凝土中的钢筋在干湿交替时弱～中等腐蚀性，其余地段对钢筋混凝土中的钢筋均无腐蚀性，对钢结构具弱腐蚀性。地下隧道洞身围岩主要为黏性土、砂类土、残积土和全风化～强风化岩，局部为中等风化岩，本段工程地质条件较差。围岩类别Ⅰ～Ⅱ类。车站宜选用明挖法或盖挖法施工，围护结构宜采用排桩或地下连续墙，并加强截排水和围护措施。区间隧道宜采用盾构法或矿山法施工。线路通过古河道区域，沉积漂石，最大直径可达1～2m，对工程施工影响大，设计和施工时应注意。

3）车站推荐方案

深圳城市轨道交通5号线工程大剧院站位于深南中路上、解放北路口，与地铁1号线共厅换乘，与下层2号线上下重叠平行换乘，并下穿1号线隧道，车站埋深大。车站设于深南路偏北侧，北侧管线往解放北路改排，原深南路南侧出入口水平封盖，并利用南侧绿化带及人行道疏解交通。本车站所处地层依次为：填土、砾质黏性土、全风化层、强风化层。车站适宜明挖法施工，主体结构采用三层复合墙结构。

围护结构方案比选：受场地条件限制，不能采用土钉墙放坡开挖；基坑较深，不宜采用SMW工法；由于车站所处环境对围护结构的刚度、止水效果要求高，而“钻孔灌注桩＋旋喷桩”难以保证；钻孔咬合桩、地下连续墙围护结构方案技术上均能满足要求，下阶段根据施工队伍和施工设备情况予以确定，借鉴1号线经验推荐地下连续墙，墙底位于强风化层。

该站要改造既有1号线车站结构，如出入口、站厅侧墙等，同时端部结构近接施工，对既有结构的保护为难点。技术措施：选择止水效果好、刚度大的围护结构，加强内支撑，对1号线改造施工时，要凿除1号线车站部分侧墙，应架设临时竖撑以改善顶板受力状态。

车站推荐方案图见图5-3～图5-6。

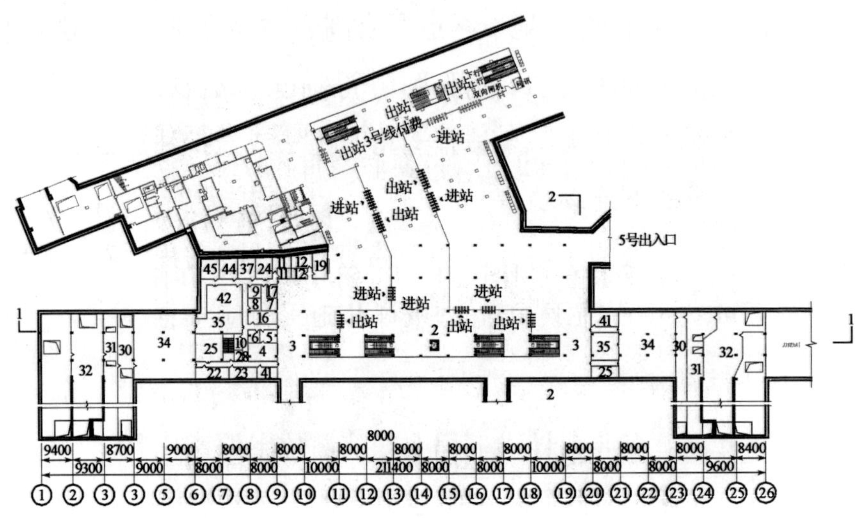

图5-3　大剧院站站厅层平面图(尺寸单位:mm)

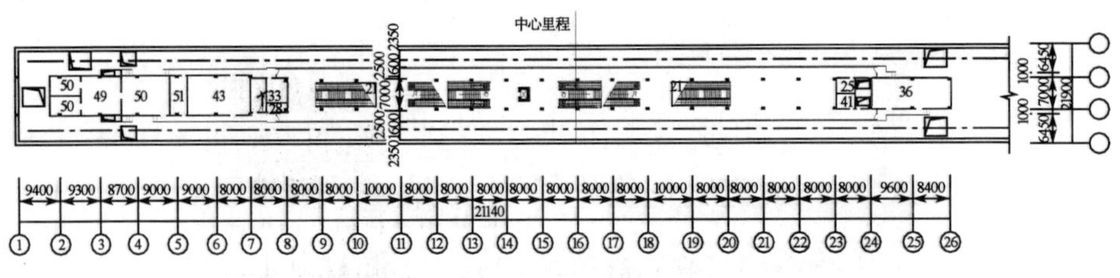

图5-4　大剧院站站台层平面图(尺寸单位:mm)

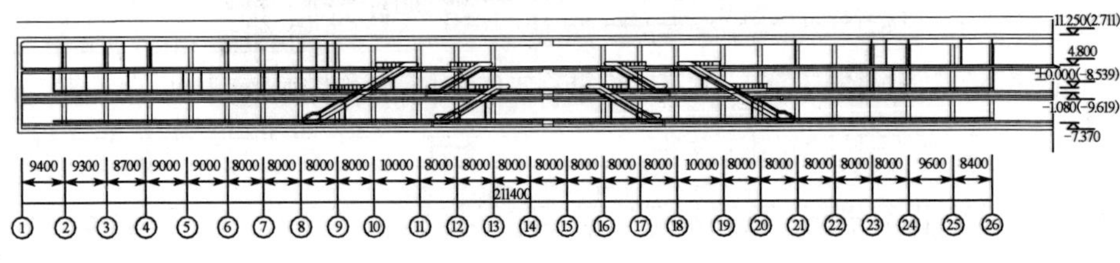

图5-5　大剧院站纵剖面图(尺寸单位:mm)

5.2.2　研究内容

根据现场工程地质条件,结合土工试验和岩石力学试验结果,运用国际先进的大型非线性三维数值计算软件FLAC3D,进行如下内容的数值模拟研究:

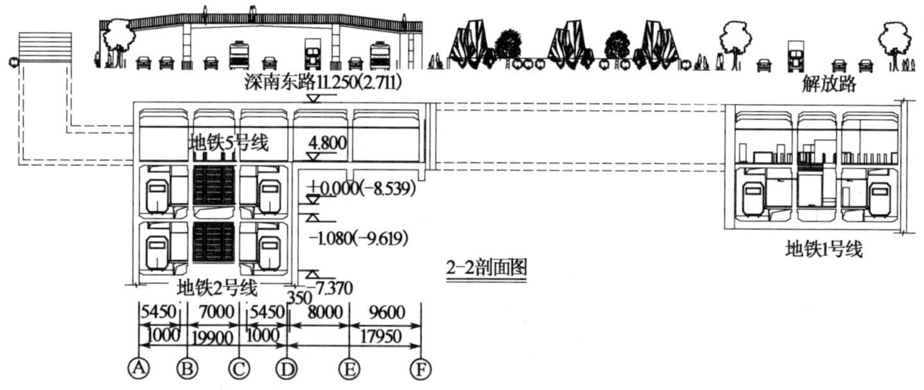

图5-6　深圳城市轨道交通工程5号线大剧院站横剖面图(尺寸单位:mm)

(1)大剧院站明挖施工过程中,对地表造成的扰动变形分析。

(2)大剧院站在明挖施工过程中,围护结构稳定性分析。

(3)大剧院站建成后,车站主体应力结构稳定性问题。

(4)大剧院站建成后地表沉降分析。

(5)5号线车站对1号线车站影响分析。

(6)运营阶段车站稳定性分析。

(7)最终地表沉降分析。

5.2.3　模型建立与参数选取

1)计算模型

为了保证模拟计算的准确性和真实性,同时考虑模型的网格数量,本次模拟计算选取整个车站建立数值计算模型,三维模型沿车站纵向取长度为600m,宽度方向取225m,高度方向取至地面以下100m深处。为了节省计算时间,同时考虑计算机的性能,在模型的建立中做了适当的简化,将地铁1号线设为与5号线平行车站,但简化不会对计算的准确性造成大的影响。模型中均采用8节点六面体单元,为了在优化网格的同时还能满足计算精度的要求,将地铁车站及其周边部分的单元进行加密分布,总体模型的单元总数为176800,节点总数为188786,计算总体模型如图5-7所示,主体结构见图5-8和图5-9,剖面图见图5-10和图5-11。在模型的左右边界,固定X方向的位移,在模型的前后边界,固定Y方向的位移,在模型底部,固定Z方向的位移。

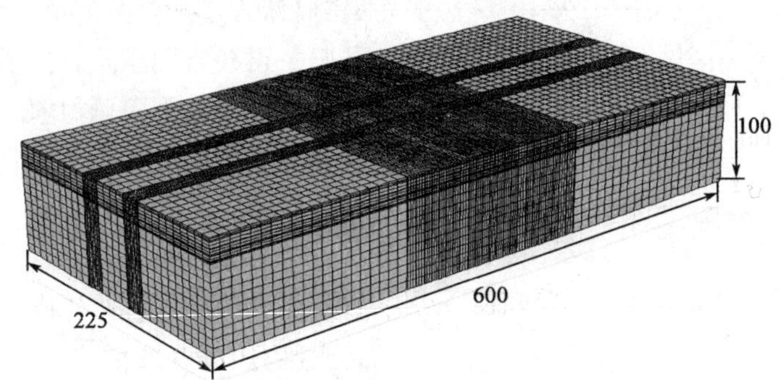

图5-7　总体模型示意图(单位:m)

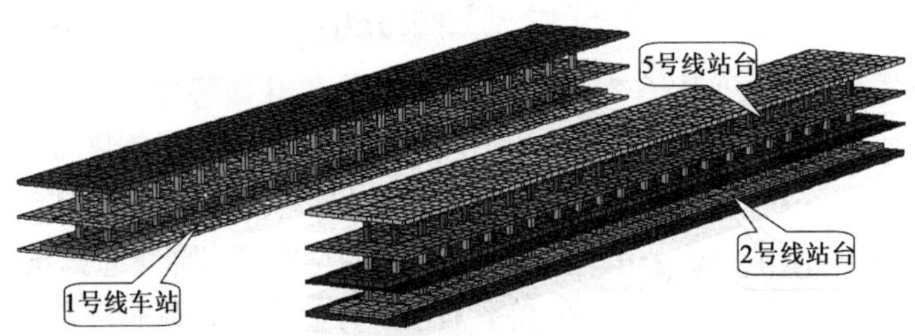

图5-8　计算模拟车站主体结构示意图

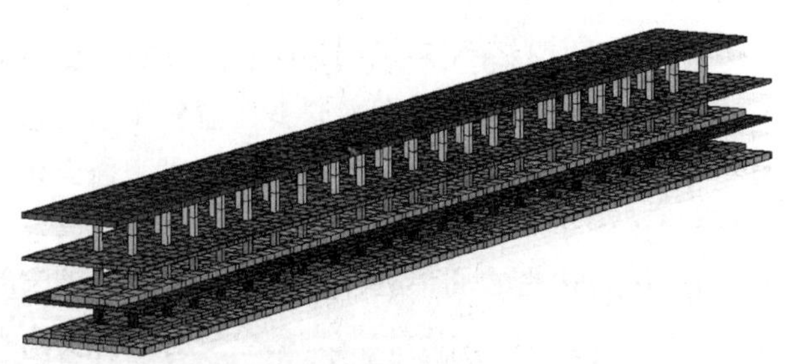

图5-9　5号线车站示意图

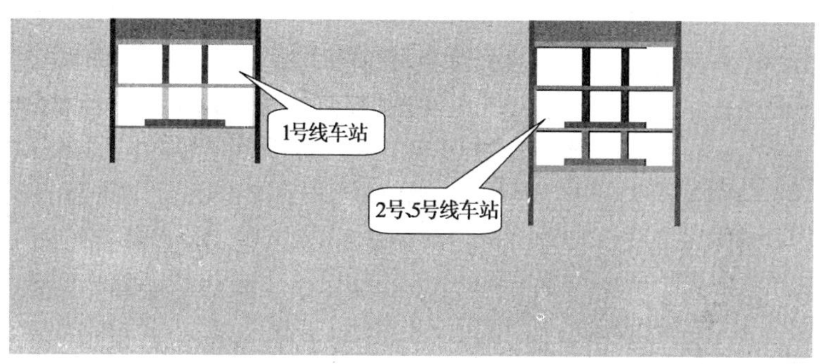

图 5-10 5 号线横剖面图

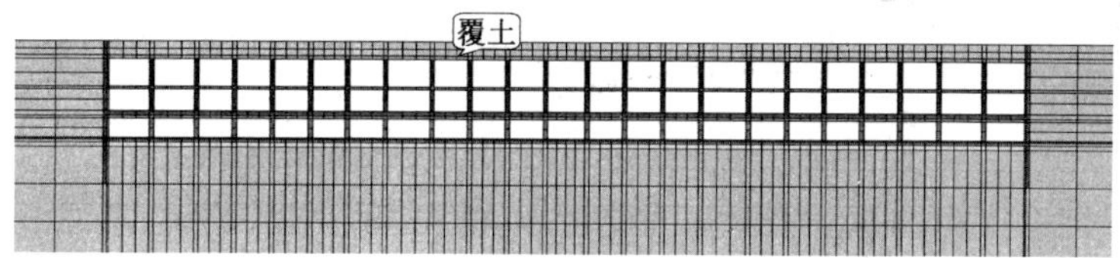

图 5-11 5 号线纵剖面图(过柱截面)

2)力学参数

根据提供的深圳地铁 5 号线沿线岩土参数[26],并参考其他相似性质岩土材料的土工试验和岩石力学试验的结果,见表 5-1、表 5-2。

数值模拟计算所用岩土力学参数 表 5-1

岩土名称	密度(kg/m^3)	弹性模量(MPa)	泊松比 u	黏聚力 c(kPa)	内摩擦角 φ(°)
填土	1820	8.7	0.3	34.3	3.6
砂土	1880	4.74	0.2	26.4	19.1
粉质黏土	1850	4.69	0.33	23.9	23.9
花岗岩	1900	34.3	0.15	37.8	24.3

结构力学计算参数 表 5-2

构件	密度(kg/m^3)	弹性模量(GPa)	泊松比	体积模量(GPa)	剪切模量(GPa)
C20 钢筋混凝土	2460	25.5	0.167	12.8	10.9
C30 钢筋混凝土	2500	30	0.167	15.0	12.9
C40 钢筋混凝土	2548	32.5	0.167	16.3	13.9
钢管支撑	7850	200	0.3	166.7	76.9

5.2.4 岩土沉积构造作用过程

模型在自重作用下的稳定过程实际上是模拟地质历史上土层沉积固结过程,反映在模型上就是最大不平衡力的变化过程,即当最大不平衡力降到一定范围时,模型便趋于稳定。图5-12为模型在自重左右下最大不平衡力随计算时步变化图,从图中可以看出,最大不平衡力不断减小并趋近于0,表明模型在重力作用下内部不平衡力已经趋于稳定。该过程用于模拟原岩土体在重力作用下的固结及沉积过程,构造初始应力场。

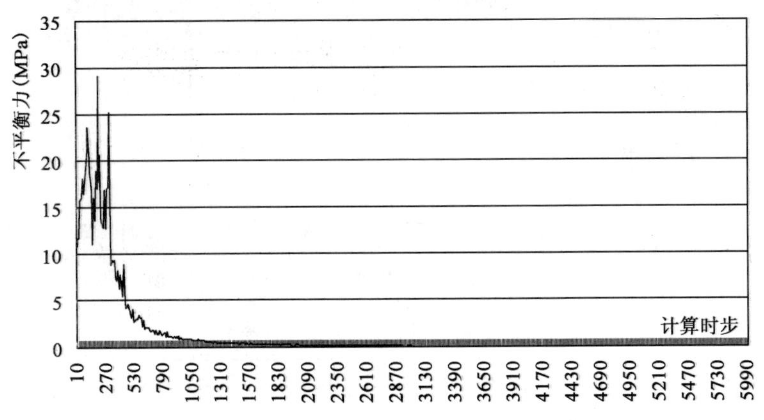

图5-12 构造作用阶段模型最大不平衡力随时步变化图

5.2.5 深圳地铁5号线大剧院站施工地表沉降分析

大剧院站位于深南中路,周围建筑物密集,如果在施工过程中或最终地表沉降过大,可能会对周围建筑物的安全造成影响,严重的还会造成房屋倾斜、倒塌,从而危及人员安全,并造成重大经济损失。因此,本节将重点研究地表沉降问题。

1)基坑明挖施工方案

岩土工程的力学行为与工程的开挖历史和开挖过程有作密切的关系,为了正确模拟车站施工过程中基坑、支护结构以及周围土体、上部地表、下部岩层的应力分布和变形情况,所以本模拟方案严格按照现场实际情况进行模拟计算。

地下连续墙围护方法已比较成熟,在全国各地均普遍采用。深圳地铁一期工程有国贸、老街、大剧院、福民等车站采用地下连续墙的围护方法,地下连续墙是采用泥浆护壁,通过专用的挖(冲)槽设备,开挖沟槽,在槽内设置钢筋笼,灌注混凝土,形成连续的钢筋混凝土地下墙体,用作基坑开挖围护结构。该方案的优点是:结构刚度大,整体性、防渗性和耐久性好;对周边地基扰动小;适用于多种地层条件和各种复杂施工环境;基本上无振动、无噪声;防水效果好;由于不需架设钢围檩,减少支撑施工时间,变形更易控制。因为大剧院站周边建筑较多,对变形控制要求较高,因此,本站围护结构采用地下连续墙形式。

明挖顺作法是先从地表面向下开挖基坑至设计高程,然后在基坑内的预定位置由下而上地施工主体结构及其防水措施,最后回填并恢复路面。其基本的施工步骤为:

①做好基坑围护结构(地下连续墙);②进行基坑外降水;③由上向下边开挖土层边架设支撑至底板处;④自下而上施作结构;⑤回填土方恢复路面交通,本工程具体模拟步骤如下。

(1)以工程勘察报告中的力学参数为基础,构造该区域的初始应力场。

(2)构建地下连续墙围护结构。

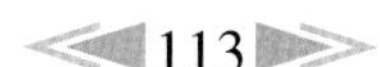

(3)开挖第一层土体至-3.8m深,在-3m处设置第一道横撑。

(4)开挖第二层土体至-10m深,在-6.625m处设置第二道横撑。

(5)开挖第三层土体至-16m,在-12.25m处设置第三道横撑。

(6)开挖第四层土体至-21m,在-18m处设置第四道横撑。

(7)清槽,开挖至设计高程处。

(8)拆除第四道横撑,构建2号线站台层。

(9)拆除第三道横撑,浇注5号线站台层。

(10)拆除第二道横撑,浇注站厅层。

(11)拆除第一道横撑,回填开挖土体直到与周围地表平齐。

围护结构采用ϕ1000mm的人工挖孔咬合桩,横撑采用ϕ600钢管,壁厚14mm,纵向间距8m左右,局部可根据施工情况进行调整。基坑开挖横撑布置图见图5-13。

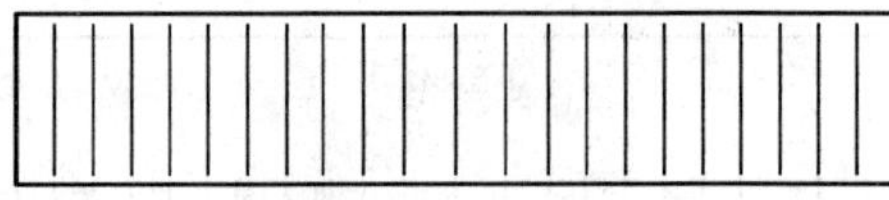

图5-13 基坑开挖横撑布置图

2)基坑明挖施工阶段地表沉降分析

本小节研究内容主要是,在车站基坑开挖过程中车站周围地表沉降,基坑开挖周围土体变形控制保护标准见表5-3[27]。

基坑变形控制等级保护标准 表5-3

保护等级	地面最大沉降量	围护结构水平位移控制	周边环境保护垂直位移要求	周边环境保护水平位移要求
特级	≤0.1%H	≤0.1%H 且≤30mm	基坑0.75H周围有地铁、煤气管、大型压力总水管等重要建筑、市政设施必须确保安全	开挖深度≥18,且在1.5H范围内有重要建筑、重要管线等市政设施或在0.75H范围内有非嵌岩桩基础埋深≤H的建筑物

续上表

保护等级	地面最大沉降量	围护结构水平位移控制	周边环境保护垂直位移要求	周边环境保护水平位移要求
一级	≤0.15%H	≤0.2%H 且≤30mm	离基坑周围H范围内设有重要干线、在使用的大型构筑物、建筑物或市政设施	开挖深度≥14,且在3H范围内有重要建筑、管线等市政设施或在1.2H范围内有非嵌岩桩基础埋深≤H的建筑物
二级	≤0.3%H	≤0.4%H 且≤50mm	仅基坑附近H范围内有必须保护的重要工程设施	
三级	≤0.6%H	≤0.8%H 且≤100mm	环境安全无特殊要求	

注:表中H为基坑开挖深度。

基坑变形外在表现为周边地表沉降、支护结构位移和坑底隆起等三个方面,此三方面紧密联系,又相对独立,主要表现在影响基坑变形因素的一致性和变形不同方面,其主要影响因素侧重不同的特殊性上,其内在表现为土体应力场和应变的重分布。

大剧院站基坑最深处位于地面以下22m,为了更好地模拟实际情况,防止由于土体瞬间卸载过大而使得计算结果不真实的情况,本次模拟计算分五次进行基坑内土体的开挖。根据计算结果,当第五步开挖完成后,由于开挖的卸荷作用,使得原本作用在下部土体上的作用力不再存在,下部土体必然会产生相应的变形,来释放其内部储存的能量,开挖量越大,相应的变形也就越大。所以,第五步开挖完成后,最大垂直位移出现在基坑底部土体内,最大值为6.5cm,表现为向上的隆起,基坑其余位置的垂直位移量则从基坑向外延伸逐渐减小,在基坑外80m区域以外,地表表现为沉降,但位移量很小,在0.1mm以下,如图5-14所示。基坑开挖阶段地表沉降俯视图见图5-15,从图中可以看出,最大位移出现在基坑开挖区域内,主要表现为基坑底部土体的隆起,隆起量在6.5cm以下,从基坑向外延伸,在距离基坑80m内的区域内,基本表现为一定的隆起,但隆起量很小,在1cm以内;继续向外延伸,地表则表现为沉降,但沉降量很小,在0.1mm以下。需要注意的是,由于深圳地处多降水地区,降水可能导致土质疏松,土体自稳能力降低,因此,在设计过程中,应考虑灾害自然条件对工程的影响,加强工程设计的安全可靠度;在施工过程中,应加强监测工作,做好不良气候条件下的灾害预警,确保施工安全进行,保证施工人员的安全。

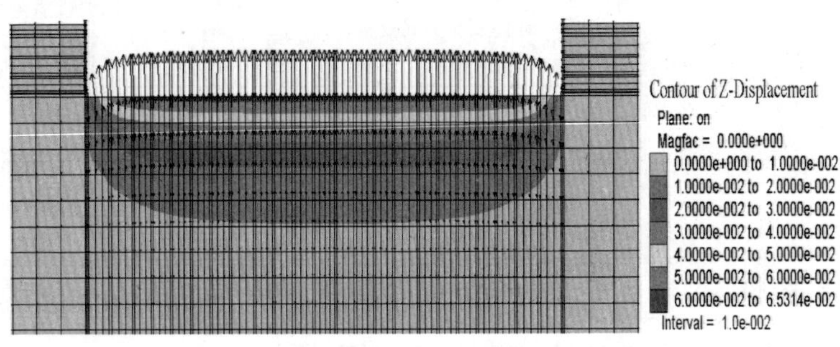

图5-14 基坑开挖阶段地表沉降俯视图(单位:m)

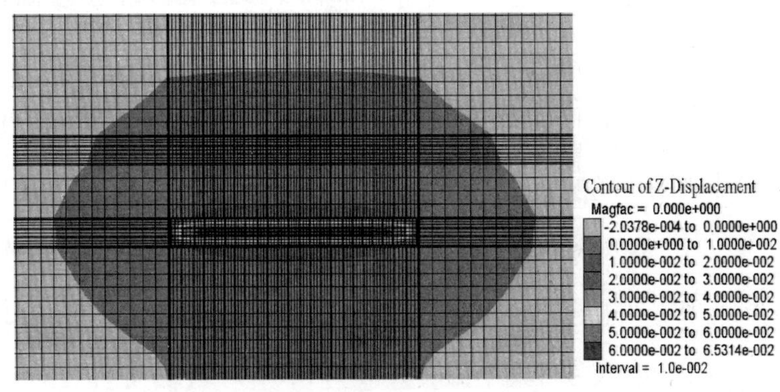

图5-15 基坑开挖阶段地表沉降俯视图(单位:m)

3)建成后地表沉降分析

车站最终地表位移关系到车站周边建筑物的安全及上方道路的

安全畅通,必须严格控制地表最终沉降。图 5-16 为地表最终垂直位移图,从图中可以看出,与结构垂直位移相比,车站结构上部土体地表的沉降量为 4.2cm,明显大于周围土体 1.5cm 的位移量,这是由于回填土自身的固结引起的地表沉降,因此,在回填土的过程中,要对土体进行夯实工作,并且在土体内进行石灰掺入等工作,以保证地表垂直位移量符合规范和设计要求。

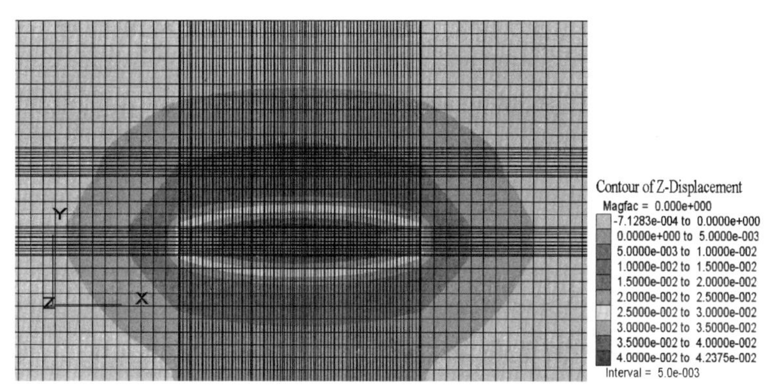

图 5-16　最终地表垂直位移图(单位:m)

图 5-17 为计算模型内沿不同 X 坐标处垂直位移曲线图,从图中可以看出,仅在车站建设区域内,由于回填土体在自重作用下的固结,地表位移较大,在施工过程中,对土体进行适当的夯实等工作,可以免除该处土体的过大沉降。在车站外的区域内,地表垂直位移量都在 1cm 以下,符合规范要求。从图 5-18 所示的模型内不同 Y 坐标处垂直位移曲线图可以看出,在该方向上,也仅在车站建设范围内,存在较大的垂直位移,也是由于土体固结引起,在其余位置,地表垂直位移量在 1cm 以下,符合设计要求。总之,地表最终垂直位移量都在规范要求范围内,不会对车站的正常运营和周围管线的安全造成影响。但也要做好管线沉降监测,尤其是燃气管线,避免因不均匀沉降造成管线

开裂而引发事故。

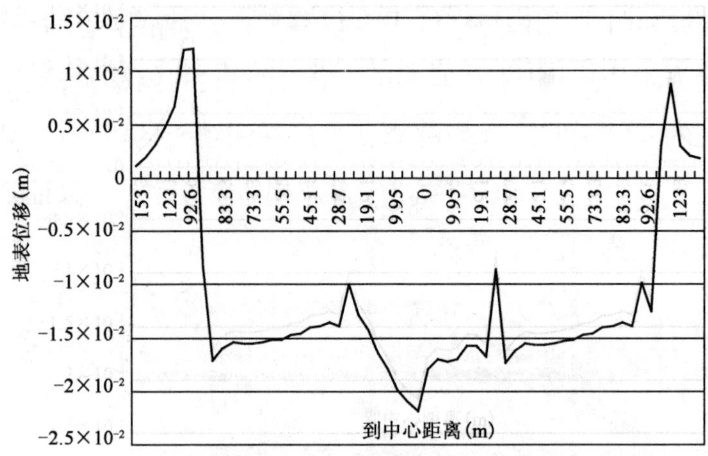

图 5-17　沿 X 方向最终沉降曲线

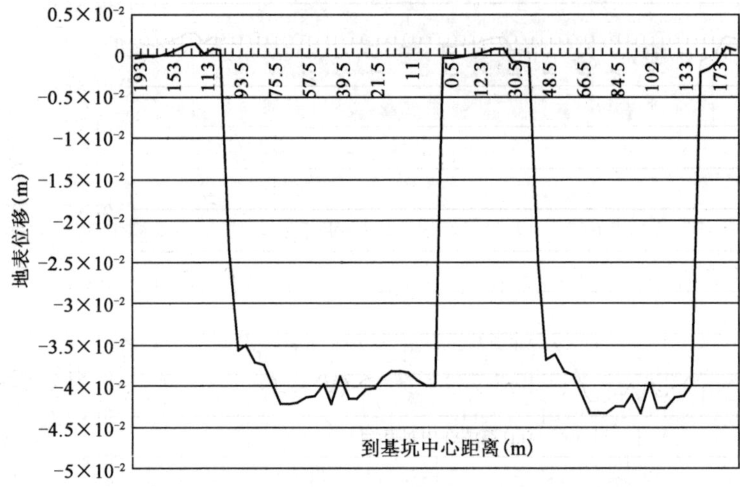

图 5-18　沿 Y 方向最终沉降曲线

5.2.6　围护结构稳定性分析

围护结构的稳定与否关系到整个基坑开挖成败,如果围护结构失稳或变形过大,将会影响到车站主体结构的施工,并且可能对周围建

筑物和构筑物产生不良影响。对于基坑的围护结构主要是从变形上、强度上进行稳定性判断。

围护结构的变形主要体现在沿 X 方向的变形和沿 Y 方向的变形上,任何一个方向的变形过大都可能对基坑的正常施工及周围环境内建筑物产生不良影响。图 5-19 为围护结构沿 X 方向位移图,在垂直于 Y 方向的围护结构中,没有明显的沿 X 方向的位移;在垂直于 X 方向的围护结构中,也没有明显的沿 X 方向的位移,位移最大值出现在围护结构上部,但最大值仅为 2.2mm,不会对整体稳定性和基坑形状造成明显的影响。在沿 Y 方向的位移上,如图 5-20 所示,位移主要出现在垂直于 Y 轴的墙体部分,围护结构可以看作悬臂梁,因此,位移最大值出现在围护结构上部,并且都是指向基坑的位移,位移最大为 5.1mm,也不会对围护结构的整体稳定性产生大的影响。

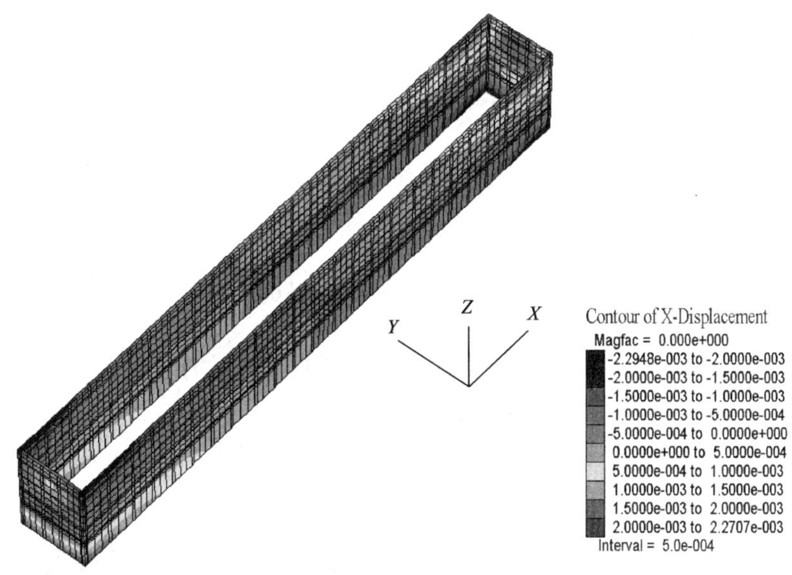

图 5-19 围护结构沿 X 方向位移图(单位:m)

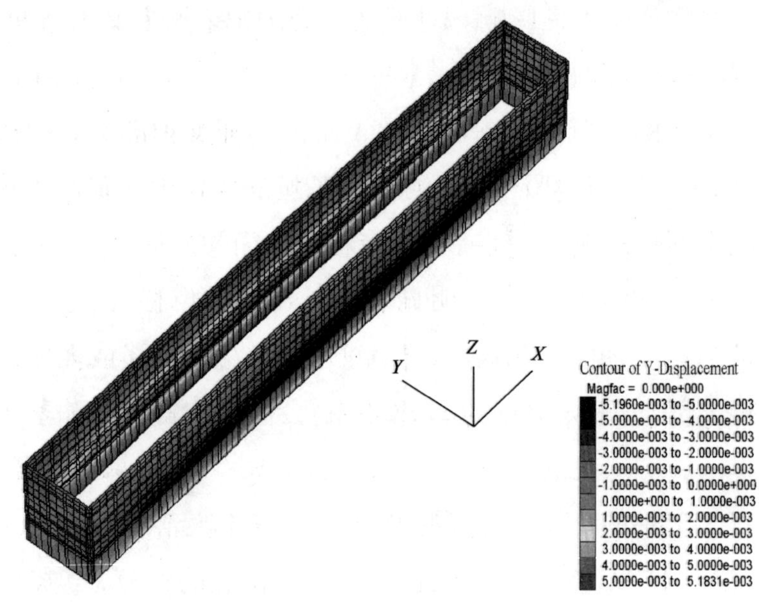

图 5-20　围护结构沿 *Y* 方向位移图（单位：m）

衡量围护结构稳定性的另一个标准是其内部的应力是否大于材料强度，图 5-21 ~ 图 5-23 分别为围护结构最大主应力、最小主应力和主应力矢量场图。从图 5-21 可以发现，最大主应力极值出现在基坑底部地下连续墙插入土体的位置，这是由于地下连续墙一部分深入土体内部，可视为悬臂梁，受到土的侧压左右，从而在该位置产生最大的压应力，但最大值为 3.5MPa 的压应力，低于其设计强度，不会出现由于强度不足而发生的破坏。同时，在主应力分布上，呈现自上而下逐渐增大的趋势，这是由于土的侧向压力对墙体不同位置的压力不同造成的，在围护结构的顶部，基本上没有发现应力的存在。在最小主应力分布上，从图 5-22 可以看出，由于土压力的作用，在围护结构内出现了部分的拉应力，在整个围护结构内都有拉应力的分布，最大值为 3.8MPa，出现在车站两端，由于混凝土的抗拉强度远低于其抗压强度，因此，在地下连续墙的设计施工中，要配以足够的抗拉钢筋，防止由于抗拉强度不足而引

起破坏。同时,要注意做好地下连续墙接口处的处理,防止在该位置出现应力集中。在图5-23所示的围护结构主应力矢量场中,围护结构的下部区域,以压应力为主,而在围护结构的上部,则出现了较大范围的拉应力,这主要是由于土体对围护结构的侧向土压力,使得紧靠土体一侧的围护墙内由于墙体变形而出现了拉应力。

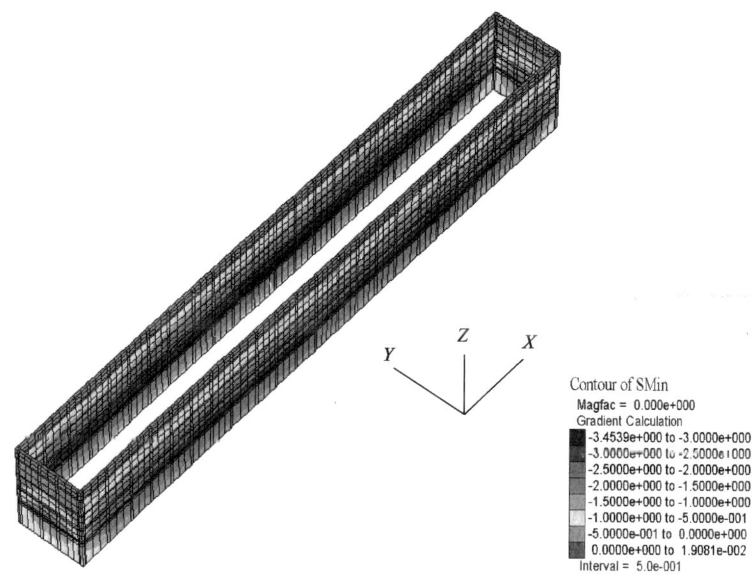

图5-21 围护结构最大主应力图(单位:MPa)

5.2.7 车站建成后结构稳定性分析

深圳市地铁5号线大剧院站是地铁5号线与地铁1号、2号线的换乘站,其中,5号线与2号线采用上下换乘,5号线在上,2号线在下,并采取与1号线同站厅换乘的方式。由于车站采用的是地下3层岛式站台,埋深较大,结构内应力也较大,本节着重研究车站建成后的结构稳定性。

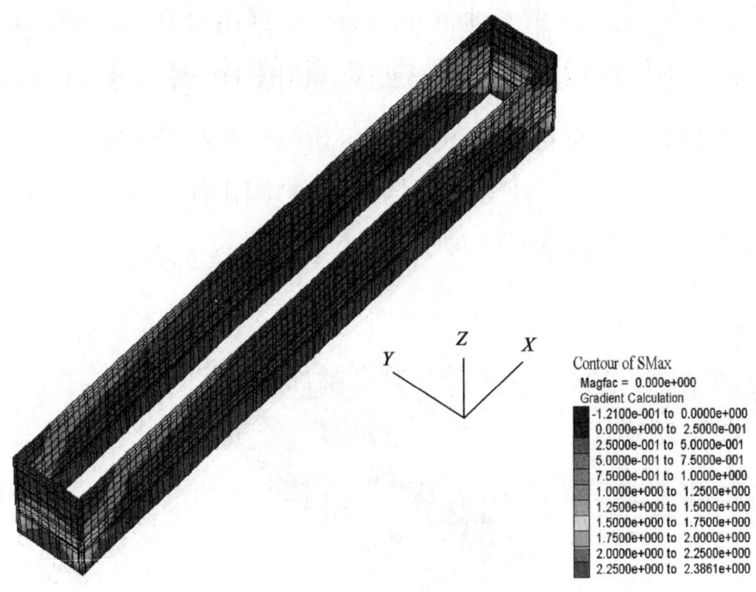

图 5-22　围护结构最小主应力图（单位:MPa）

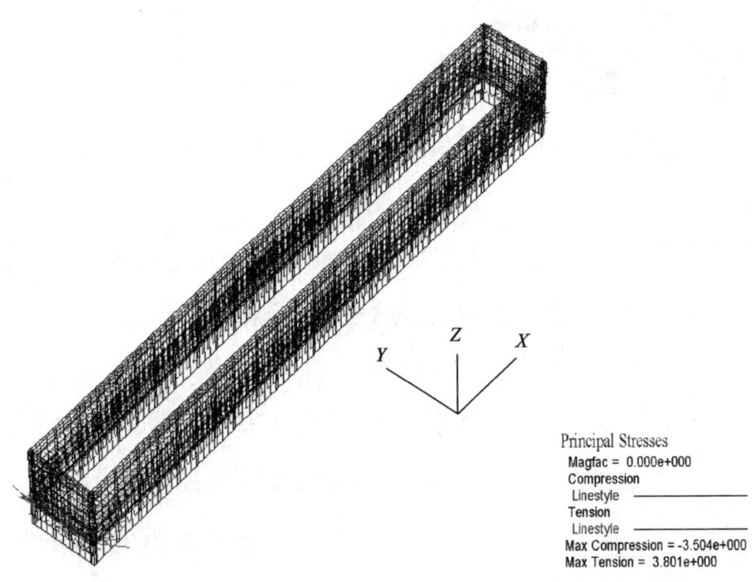

图 5-23　围护结构主应力矢量场（单位:MPa）

1)结构应力分析

由于混凝土的受压强度标准值远远大于混凝土的受拉强度标准值,所以其理想受力状态为压应力状态,而尽量避免受拉,在出现拉应力的部位,应该加强钢筋的配比,以保证整体结构的安全性和稳定性。

大剧院站2号线站台层位于地下三层,承受的上部荷载也最大。图5-24为2号线站台层最大主应力分布图,从图中可以看出,整个结构主体最大主应力以压应力为主,有利于混凝土材料自身性能的发挥。压应力最大为1.78MPa,出现在2号线站台层的柱体内,远小于柱体所使用的C40混凝土强度标准值,不会发生由于强度不足引起的安全问题。在图5-25所示的主体结构最小主应力图中,可以发现,在柱体内,其最小主应力也表现为压应力,表明结构内的柱体完全处于受压状态,有利于混凝土材料自身性能的充分发挥,保证了整体结构的稳定性。在非承重结构体,如站台、轨道面等结构内,最小主应力趋近于0,结构所受的应力基本上完全由其自身重力提供,所以在安全性上,这些构件是完全可以满足的。在底板的下部,由于板体结构一般为上部受压,下部受拉,因此该位置出现了较大的拉应力,拉应力最大为1.19MPa,接近于C30混凝土的抗拉强度标准值,所以,在板体结构的下部,应该加强抗拉钢筋的配比,以保证结构的安全性。除了结构整体的最大主应力和最小主应力外,每个结构单元的受力状态也是需要考虑的因素之一,图5-26为结构主应力矢量场,从图中可以看出,结构单元绝大部分处于双向受压的应力状态,仅在板体结构内存在局部的拉应力区域,与前述结果相吻合。

深圳地铁5号线与2号线采用上下换乘的方式。图5-27为5号线站台层最大主应力分布图,从图中可以看出,结构最大主应力极值

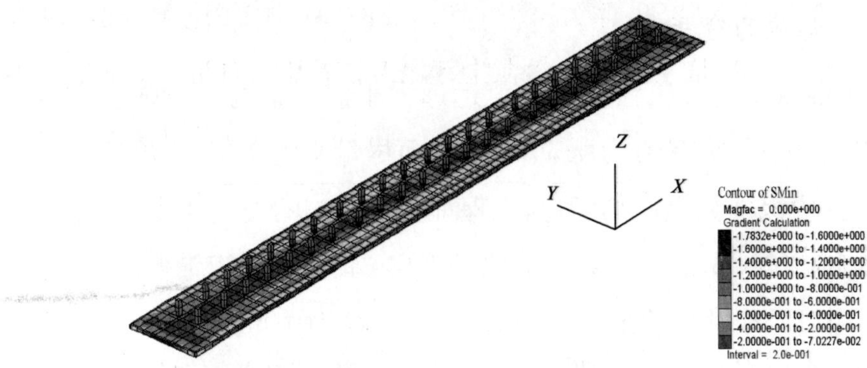

图 5-24　2 号线站台层最大主应力分布图（单位：MPa）

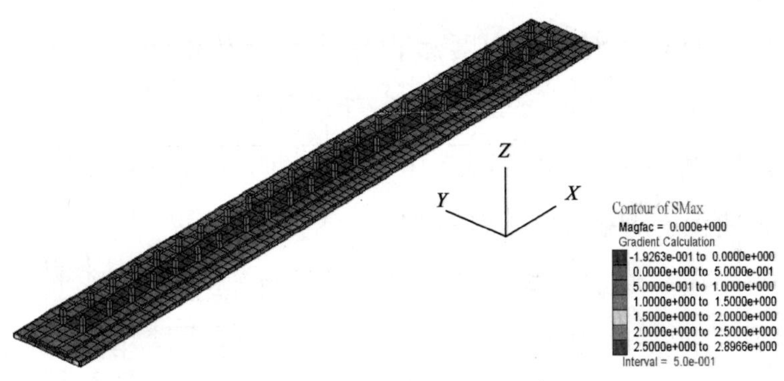

图 5-25　2 号线站台层最小主应力分布图（单位：MPa）

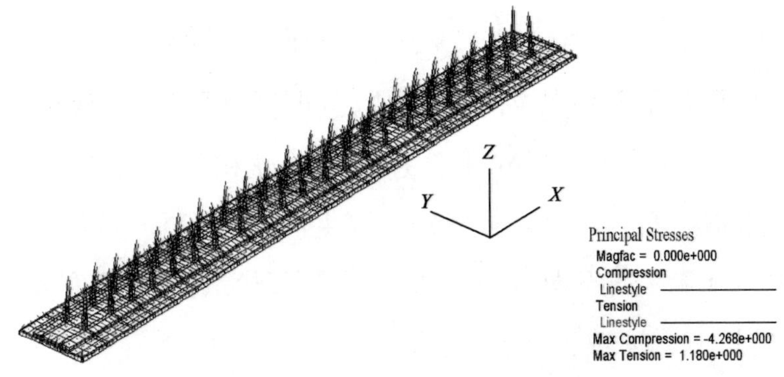

图 5-26　2 号线站台层主应力矢量场（单位：MPa）

仍然出现在5号线站台层的柱体内，最大值为11.9MPa，仍然较大，但小于C40混凝土强度，不会对结构安全构成大的威胁。在最小主应力分布上，如图5-28所示，在5号线站台层主体下方与站台层相交位置，出现了压应力极值，最大为0.19MPa，在其余构建内，最小主应力值都在0.2MPa以下。并且在5号线底板下部，出现了较大的拉应力区域，拉应力最大为0.76MPa，不会对构件的稳定性造成影响。在图5-29所示的1号线站台主应力矢量场中可以看到，柱体内的应力矢量长度明显大于其余位置的矢量长度，在2号线轨道层则出现了较大区域的拉应力区域，与前述结果一致。

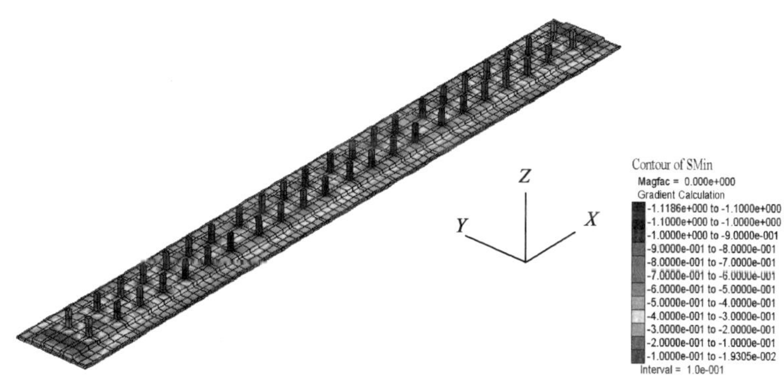

图5-27　1号线站台层最大主应力分布图（单位：MPa）

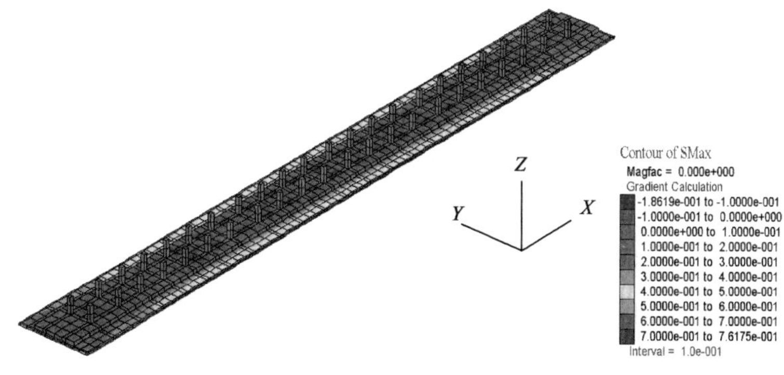

图5-28　1号线站台层最小主应力分布图（单位：MPa）

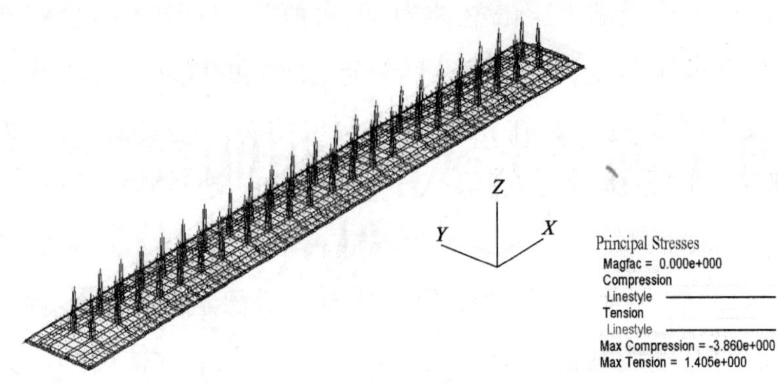

图 5-29　1 号线站台层主应力矢量场(单位:MPa)

深圳地铁大剧院站的地下一层为 2 号线与 5 号线共用的站厅层。图 5-30 为站厅层最大主应力分布图,从图中可以看出,结构最大主应力极值仍然出现柱体内,最大值为 1.1MPa,远小于 C40 混凝土强度,不会对结构安全构成大的威胁。整个站厅层结构内最大主应力都表现为压应力,有利于混凝土抗压性能的发挥。在最小主应力分布上,如图 5-31 所示,站厅层结构内最小主应力都表现为拉应力,拉应力最大为 0.46MPa,出现在展厅层底板中间位置的下部,但应力值较小,不会对结构稳定造成影响。在图 5-32 所示的站厅层主应力矢量场中可以看到,柱体内的应力矢量长度明显大于其余位置的矢量长度,应力

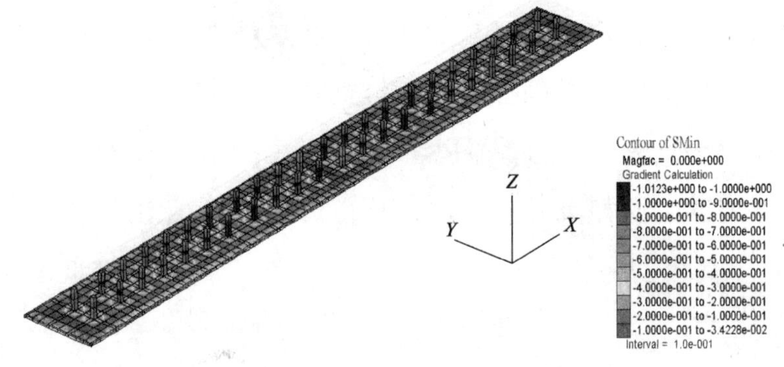

图 5-30　站厅层最大主应力分布图(单位:MPa)

较大,与前述结果一致。另外,在板与边墙相接的位置,应力值也较大,在施工过程中,应做好钢筋的连接工作,保证结构的整体性。

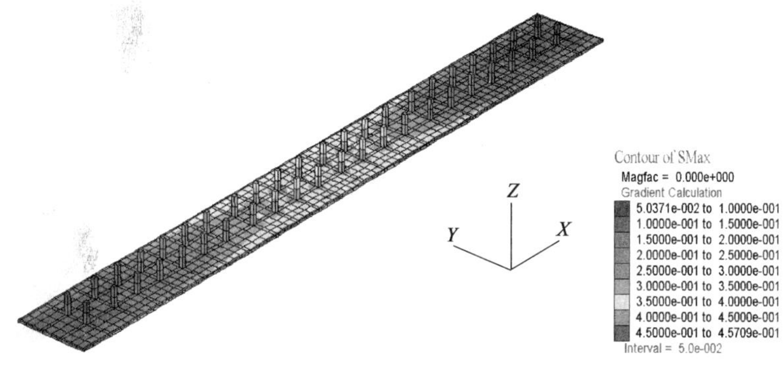

图 5-31　站厅层最小主应力分布图(单位:MPa)

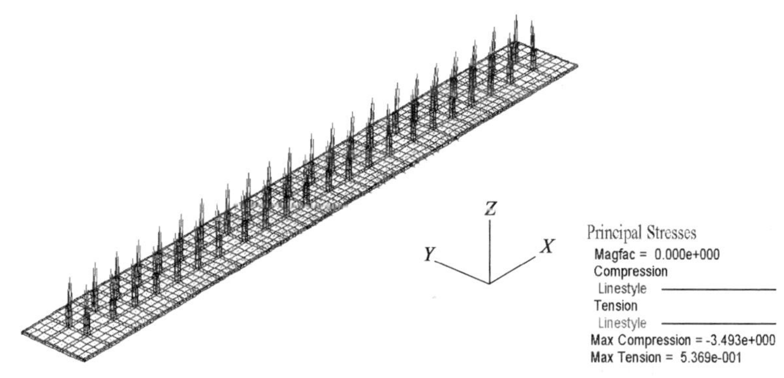

图 5-32　站厅层主应力矢量场(单位:MPa)

2)结构位移分析

在主体结构完成后,在结构及车站上部土体的重力作用下,车站区域内原来由于土体开挖卸荷引起的反拱逐渐变为下沉,如果沉降量过大或者沉降不均匀,都会对车站整体结构及周围管线的正常使用造成不良影响。

本节仍然把位移矢量分解到 X、Y、Z 三个方向,分别研究不同方向上的位移量,图 5-33 ~ 图 5-35 分别为结构建设完成后车站沿不同

方向的位移图。从图 5-33 中可以看出，车站结构沿 X 方向的位移基本上都在 4mm 以下，且由于受两侧土体的挤压作用，结构会有相向的位移，在 X 轴负向侧结构沿 X 方向的位移量为 2mm 左右，另一侧结构沿 X 方向的位移量为 1.5mm 左右，相对于 180m 的车站长度而言，这个位移量是在允许范围内的。同时，在施工的过程中，主体结构内还会设置一定的伸缩缝，防止由于结构变形而出现的变形应力，对结构的安全构成威胁。图 5-34 为主体结构完成后沿 Y 方向的位移图，可以看出，与沿 X 方向的位移相类似，由于土的侧向压力，会对结构形成挤压作用，结构位移仍然都朝向结构中心位置，位移量最大为 5.4mm，仍然建议施工中设置适当的伸缩缝，消除变形引起的结构内应力，防止应力集中而使得结构局部出现破坏。在图 5-35 所示的主体结构完成后沿 Z 方向的垂直位移图中，结构整体沉降基本一致，最大沉降量为 4.3cm，在施工过程中，要采取适当的超挖或加固措施，保证结构的整体沉降一致。

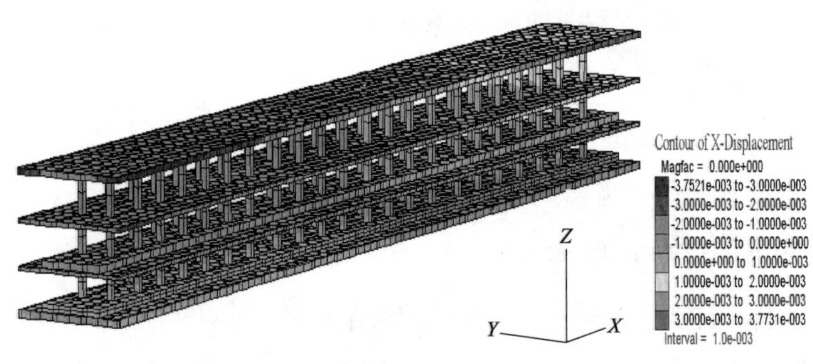

图 5-33　结构沿 X 方向位移图（单位：m）

5.2.8　深圳地铁 5 号线大剧院站施工对 1 号线影响

大剧院站为地铁 1 号线、2 号线及 5 号线的换乘站，由于地铁 1 号线大剧院站已经建成并投入使用，并且 5 号线与 1 号线斜交，距离较

近,5 号线的建设,有可能会对 1 号线车站造成影响,主要体现在沉降方面,如果沉降过大,将会影响地铁正常运营,对周围管线的安全也会造成较大影响。因此,本节将分析研究 5 号线的施工对 1 号线垂直位移造成的影响。

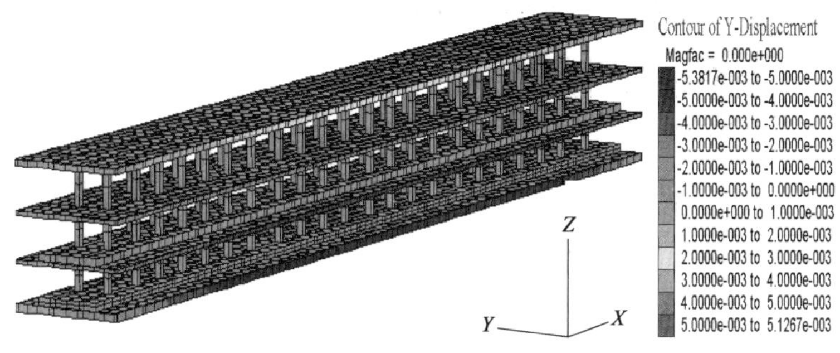

图 5-34 结构沿 Y 方向位移图(单位:m)

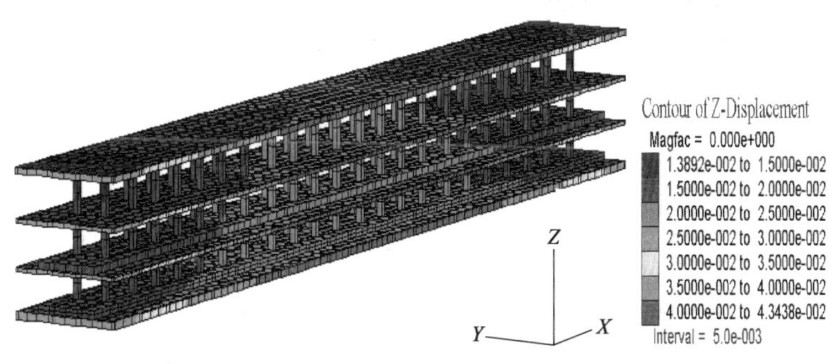

图 5-35 结构沿 Z 方向位移图(单位:m)

本节仍然把位移矢量分解到 X、Y、Z 三个方向,分别研究不同方向上的位移量,图 5-36 ~ 图 5-38 分别为结构建设完成后车站沿不同方向的位移图。从图 5-36 可以看出,1 号线车站结构沿 X 方向的位移基本上都在 1mm 以下,且由于受两侧土体的挤压作用,结构会有相向的位移,在 X 轴负向侧结构沿 X 方向的位移量为 0.64mm 左右,另一侧结构沿 X 方向的位移量为 0.6mm 左右,相对于车站长度而言,这个位移量是在允许范围内的。同时,在施工的过程中,主体结构内还会设置一定的伸缩缝,防止由于结构变形而出现的变形应力,对结构的安全构成威胁。图5-37为主体结构完成后沿Y方向的位移图,可以看出,与沿X方向的位移相类似,由于土的侧向压力,会对结构形成挤压作用,结构位移仍然都朝向结构中心位置,位移量最大为6.7mm,仍然建议施工中设置适当的伸缩缝,消除变形引起的结构内应力,防止应力集中而使得结构局部出现破坏。在图5-38所示的主体结构完成后沿Z方向的垂直位移图中,结构整体沉降基本一致,最大沉降量为1cm,在施工过程中,要采取适当的超挖或加固措施,保证结构的整体沉降一致。由此可见,5号线的施工不会对1号线造成大的影响,不会威胁1号线的正常运营。

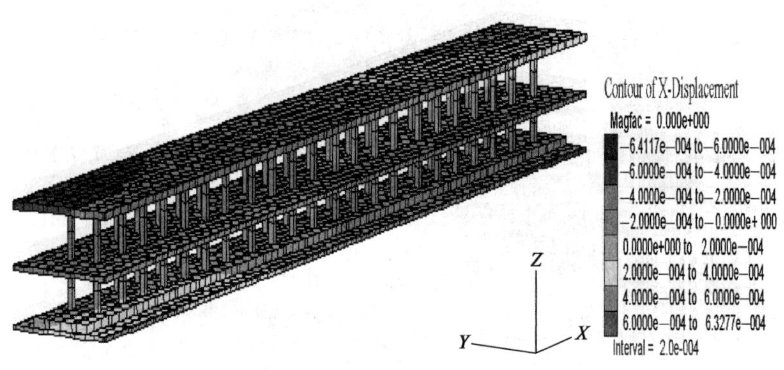

图5-36　1号线结构沿X方向位移图(单位:m)

5.2.9　运营阶段结构稳定性分析

车站建设完成投入运营后,在车站上方的路面会有车辆荷载,在站台层由于乘客、设备等的自重,也会有新的荷载,同时,在轨道面会出现列车的车辆荷载。为了保证一定的安全储备,在路面及轨道面施加大小为0.04MPa的静载,在站台层施加大小为0.01MPa的静载。

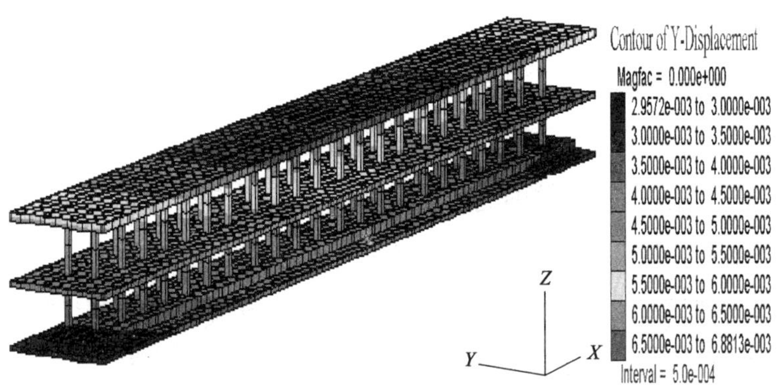

图 5-37 1 号线结构沿 Y 方向位移图(单位:m)

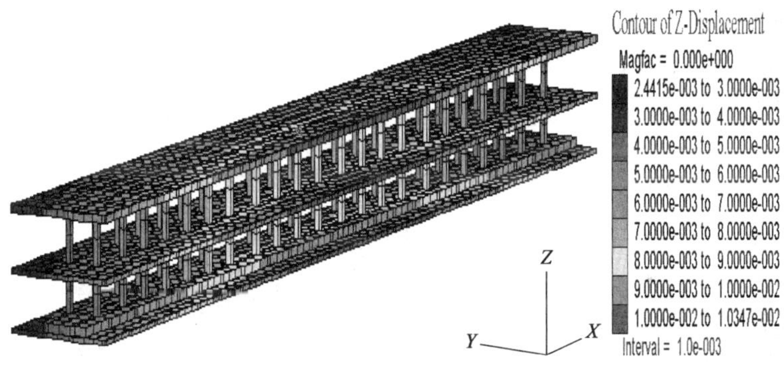

图 5-38 1 号线结构沿 Z 方向位移图(单位:m)

1)结构应力分析

在各种运营荷载的作用下,车站结构内必然会出现新的应力,以维持结构整体的平衡,这时结构内的应力也大于车站建成后的应力值,本节仍然从最大主应力、最小主应力等来分析运营阶段车站结构稳定性。图 5-39 为运营阶段结构最大主应力图,从图中可以看出,最大主应力极值仍然出现在 2 号线站台层柱体内,达到 2.34MPa,较运营前的 1.78MPa 有所增大,其余位置的最大主应力也有不同程度的增大,但仍远小于混凝土材料强度标准值,不会出现结构失稳或破坏。

在站台边缘,由于形状突变引起的应力集中,局部仍然出现了部分拉应力,拉应力最大值为0.16MPa,由于该位置抗拉钢筋的存在,仍然可以保证安全稳定。图5-40为运营阶段最小主应力图,从图中可以看出,在柱体内,最小主应力表现为压应力,压应力最大为0.34MPa。其余位置的最小主应力大都表现为拉应力,拉应力最大为1.3MPa,出现在2号线站台层底板的局部区域,在施工中一定要在板体结构内配以足够的抗拉钢筋,以保证结构的稳定性。在主应力矢量场中可以看出,如图5-41所示,柱体内的应力远大于其余位置的应力值,说明上部荷载均通过柱体传递给下部结构,而柱的受力面积小,所以其应力值明显大于其余部位的应力,局部压应力可达6.01MPa,仍然小于柱体混凝土的强度,满足安全要求。在板体结构内,有局部的受拉区域,拉应力最大为1.3MPa,满足强度要求。

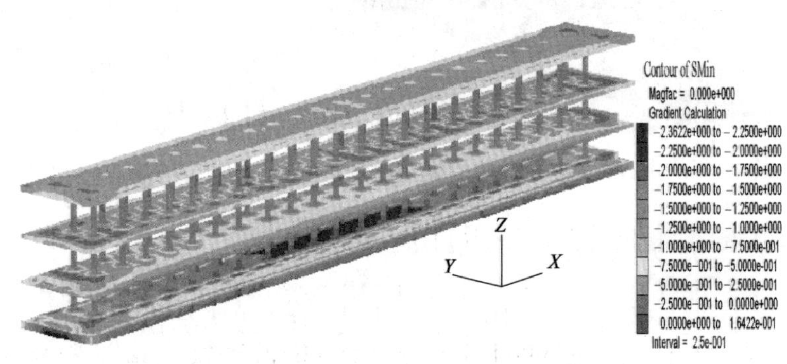

图5-39 运营阶段结构最大主应力分布图(单位:MPa)

车站在运营阶段施加各种荷载后,各结构单元内的应力都较运营前有不同程度的增大,但结构内应力均小于结构设计强度,不会对结构安全造成影响。

2)结构位移分析

由于运营阶段施加了各种荷载,结构会产生进一步的变形和移

动，为了防止运营阶段车站不均匀变形或沉降过大，影响车站功能的正常发挥或使得周围管线错位甚至断裂，本研究报告还分析了运营阶段结构沿不同方向的位移。

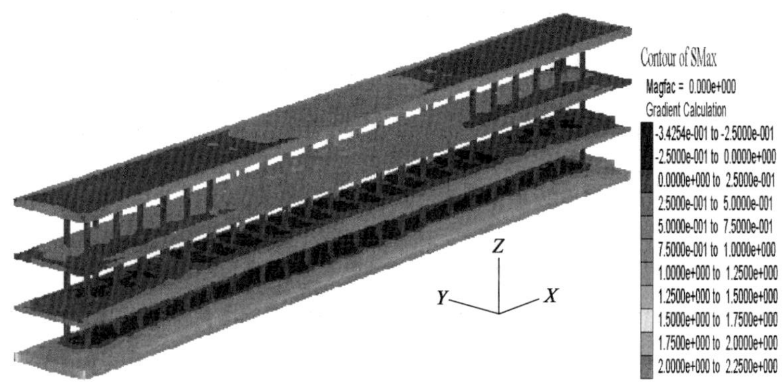

图 5-40　运营阶段结构最小主应力分布图(单位:MPa)

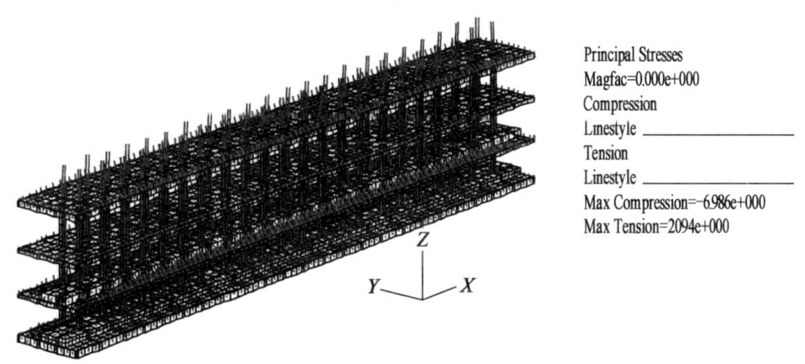

图 5-41　运营阶段结构主应力矢量场(单位:MPa)

图 5-42 ~ 图 5-44 分别为运营阶段结构沿 X 方向、Y 方向和 Z 方向的位移图。从图 3-38 可以看出，在运营阶段，由于施加的是垂直方向的位移，对结构沿 X 方向的位移影响不大，所以，在该方向上的位移与运营前相比没有明显的变化。结构沿 X 方向的最大位移量为 3mm，只要设置了变形缝，对结构整体影响不大。同沿 X 方向的位移相类似，由于运营阶段在车站结构上施加的为竖直方向荷载，对 Y 方

向位移影响不大,故在运营阶段沿 Y 方向的位移变化不大,不会对车站的正常使用造成大的影响。在运营阶段,由于施加了竖直方向的荷载,下部土体的一部分反拱作用被抵消,车站结构沿 Z 方向的位移量有所减小,沉降量由 4.3cm 减小到 2.3cm。总之,运营阶段由于施加了 Z 方向的荷载,结构在 X 方向和 Y 方向的位移没有明显变化,沿 Z 方向的沉降略有减小,最大为 2.3cm,在施工过程中,要采取适当的超挖或加固措施,保证结构的整体沉降一致。

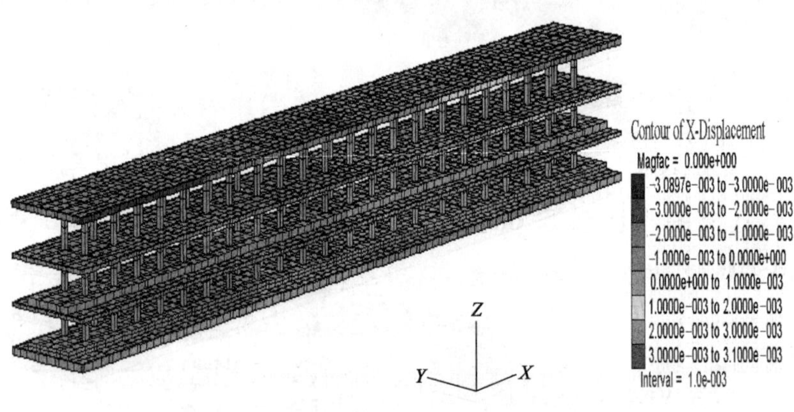

图 5-42　运营阶段结构沿 X 方向位移图(单位:m)

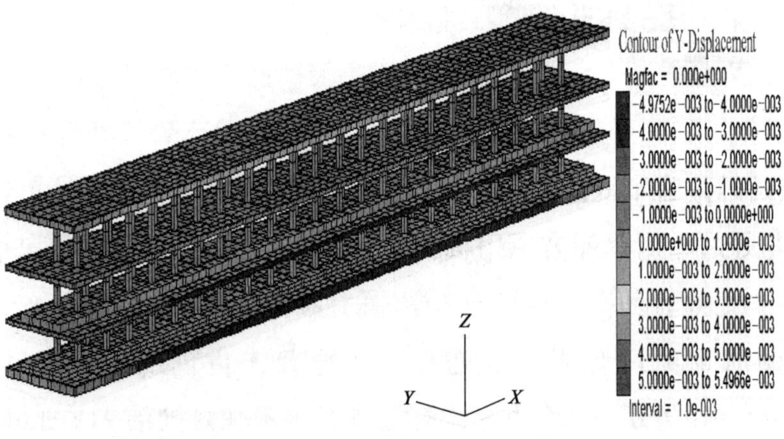

图 5-43　运营阶段结构沿 Y 方向位移图(单位:m)

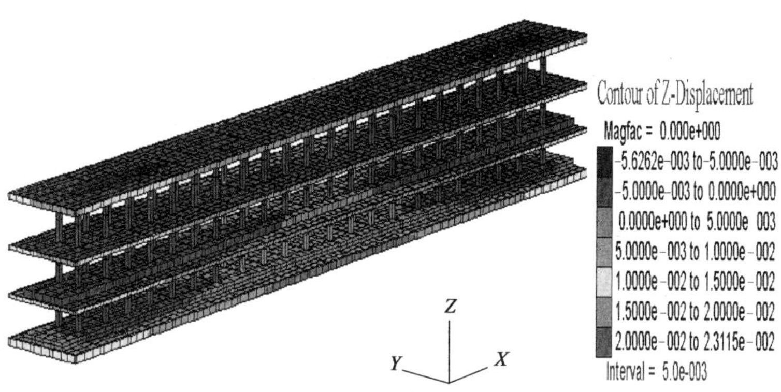

图 5-44 运营阶段结构沿 Z 方向位移图(单位:m)

5.2.10 结论和建议

1)主要结论

本报告采用国际先进的地下工程行业计算机软件 $FLAC^{3D}$,以深圳市地铁 5 号线大剧院站工程地质条件与深圳市地铁 5 号线大剧院站详勘工程地质说明书为背景,对大剧院站基坑开挖后周围地表岩土体的运动规律、破坏和变形特征、围护结构等在开挖过程与运营过程的受力和位移状态进行了三维非线性数值计算分析。全程记录了关键部位、关键工序的应力、位移变化趋势,揭示了地铁施工过程中土体内应力的重新分布过程,分别从强度控制与变形控制两方面来对开挖过程中的围护结构、主体结构的稳定性进行了定性的分析,并为地铁车站在设计施工过程中可能出现的问题提出了相应的建议、措施,计算结果统计见表 5-4。根据计算结果,可得出以下主要结论:

(1)由于深圳市地下水位较高,水量丰富,在基坑开挖前,应预先做好基坑降水工作,以免在基坑开挖过程中出现流沙、管涌等危害,增加施工成本,对施工进度造成影响。

大剧院站计算结果统计表　　表 5-4

阶段	最大压应力(MPa)	出现位置	最大拉应力(MPa)	出现位置	沿 X 方向最大位移(mm)	沿 Y 方向最大位移(mm)	沿 Z 方向最大位移(mm)	最大地表沉降(mm)
基坑开挖	3.5	1、2 号线相交处	3.8	围护结构上部	2.2	5.1	—	10
结构施工完成	1.78	1、2 号线相交处柱体	1.19	2 号线站台层底板下部	4	5.4	43	—
运营阶段	2.34	1、2 号线相交处柱体	1.3	2 号线站台层底板下部	3	4.9	23	42

(2)站区范围内土的工程地质条件较差,在基坑开挖过程中,要对开挖进行合理的设计,做到多次分布少量开挖,避免大量开挖造成土体应力的突然释放而导致出现较大的回弹,同时,在开挖到基坑底部时,保证土体充分变形,保证设计标高,并且防止车站建成后结构内出现变形应力,对结构稳定造成危害。

(3)在基坑周围的土体内,会出现一定的土体隆起,在距离基坑 80m 以外的地方,基坑的开挖对围岩土体的影响已经很小不会对其上部建筑物造成影响,基坑开挖完成后,由于开挖的卸荷,使得基坑内及靠近基坑的土体出现了隆起,基坑底部隆起量最大为 6.5cm;基坑周围土体隆起量最大为 1cm,地表沉降也均小于 0.3cm,符合规范设计要求。

(4)围护结构会产生一定的位移、变形,但位移和变形量均较小,不会对围护结构的功能造成大的影响;在应力方面,围护结构内的压应力大大小于设计强度,不会出现由于强度不足引起的破坏,但在围护结构上部,会出现局部的拉应力,在咬合桩的设计和施工中,应该考虑足够的抗拉验算,在该位置配以适当的抗拉钢筋,保证围护结构的稳定性和正常使用。

(5)主体结构施作完成后,在水平方向,由于受到土体侧向土压力的作用,会出现一定的位移,但位移量较小,完全可以由变形缝来消除这部分位移,不会在结果中产生变形应力,也不会对结构的使用造成大的影响。结构垂直方向的位移在4.3cm以下,且结构整体位移基本一致,不会出现不均匀沉降;但要做好基坑底部土体的加固工作,以降低沉降量。

(6)在2号线站台层柱体内出现较大的应力集中,压应力最大为1.78MPa,不会对结构稳定性造成大的影响。在2号线站台层底板的下部,会出现局部的拉应力,拉应力最大达到1.19MPa,可在该位置设置适量的抗拉钢筋,以保证结构稳定性。

(7)车站投入运营后,结构位移及应力均不同程度的有所增大,应力仍以压应力为主,在板体结构底部出现局部拉应力,但均在材料强度范围内;车站沿竖直方向的位移较运营前略有减小,减小到2.3cm,在施工中要加强监测,防止由于不均匀沉降对周围管线造成影响。

(8)车站周围土体最终沉降量都在1cm以下,在车站顶部,由于回填土自身的固结作用,存在较大的沉降,在施工中可通过夯实、掺加其他材料来减小该位置的土体沉降,以满足规范要求。

通过本项研究,结合国内地铁车站明挖顺法做施工等理论与实践,最后认为:深圳城市轨道交通二期5号线工程大剧院站工程从强度控制要求上分析,各主要受力构件均未达到极限强度,整个车站不会发生结构失稳破坏;从变形控制要求上分析,建成后的大剧院站结构变形不大、周围地表沉降量不大,满足结构变形与周边建筑物的差异沉降变形控制要求。

2)建议措施

(1)场地中的填土局部含块石和建筑垃圾,应选用适当的施工措施。

(2)加强基坑支护工作,充分考虑花岗岩残积层或风化带中存在的囊状或球状风化对施工的影响。

(3)开挖后基坑周围不宜堆放土方或其他材料、设备。当不可避免时,则必须控制地面载荷在设计允许范围值以内,以免边坡失稳坍塌。

(4)加强基坑截水、排水措施,及时封闭基坑,确保施工安全,严防地下水浸泡基坑,造成土体强度降低、基底松软,产生翻浆冒泥、基坑坍塌等不良地质灾害。若采用降水措施,应注意对周围建筑物的影响。应注意降水引起周边地面开裂或下沉,注意保护相邻建筑物基础及地下管道、管线的安全。需加强地表沉降、水平位移及周围建筑的监测。

(5)中砂、粗砂、砾砂及中等风化花岗岩中的地下水对混凝土结构具弱腐蚀性,应采取相应的防护措施。

(6)在施工过程中加强监测工作,及时根据监测数据修正施工方案,对于发现的问题,要及时提出解决方案,保证施工的正常进行和结构的安全性。

(7)在施工期间应注意雨季等不良气候条件下的应急措施,防止由于雨水使土质疏松、土体流失等给工程带来的威胁以及其他不良气候条件给工程带来的安全隐患。

(8)施工时,应加强施工中地质工作,作好地质验槽。

(9)建议在条件允许的情况下,对每个车站及区间进行围岩稳定及地表沉降模拟计算,给实际施工以必要的支持。

(10)在施工阶段,除非非常有必要,建议不对设计进行较大的改动。

5.3 深圳地铁6号线工程松岗站地压稳定性安全评价

5.3.1 概述

1)站位及站址环境

松岗站设在宝安大道和沙江路交叉路口,周边以旧村和工业区为主,兼有少量商业设施。该站与地铁11号线地下车站换乘,车站周边规划为围绕车站进行大力度的商业开发,车站在地面设置换乘大厅,利用车站与周边物业结合,对车站的换乘空间进行有效的过渡。工程地质条件较差。松岗站施工用地条件较好,宝安大道与沙江路交叉口范围内道路两侧建筑较少,但因松岗站位于沙江路与宝安大道交叉口上方,松岗站6号线主体施工需倒边施工,以保证宝安道路与沙江路交叉口正常通行,车站站位示意图见图5-45[28],现场照片见图5-46。

2)工程地质条件

本车站为地下车站,车站范围地层岩性自上至下为:素填土、海积淤泥质土、冲洪积砂层和黏性土、残积层砾(砂)质黏性土及混合花岗岩。素填土厚2~4m,淤泥质土厚2~6m,黏性土厚1~8m,砂层厚2~8m,覆盖层厚约10~22m,中风化埋深大于25m,车站底板位于残积层及全风化层中,站内无不良地质,特殊岩土为人工素填土、淤泥质土、残积土与风化岩及花岗岩球状风化体，地下水对混凝土结构具有微腐蚀性，工程地质条件较差。

图 5-45　松岗站站位示意图

图 5-46　现场照片

3）车站推荐方案

本站为地下二层三跨现浇钢筋混凝土矩形框架结构。本站拟采用明挖顺筑法施工，基坑支护拟采用“地下连续墙 + 钢管内支撑”方案，与 11 号线松岗站基坑支护形式相同。

车站推荐方案图见图 5-47 ~ 图 5-50。

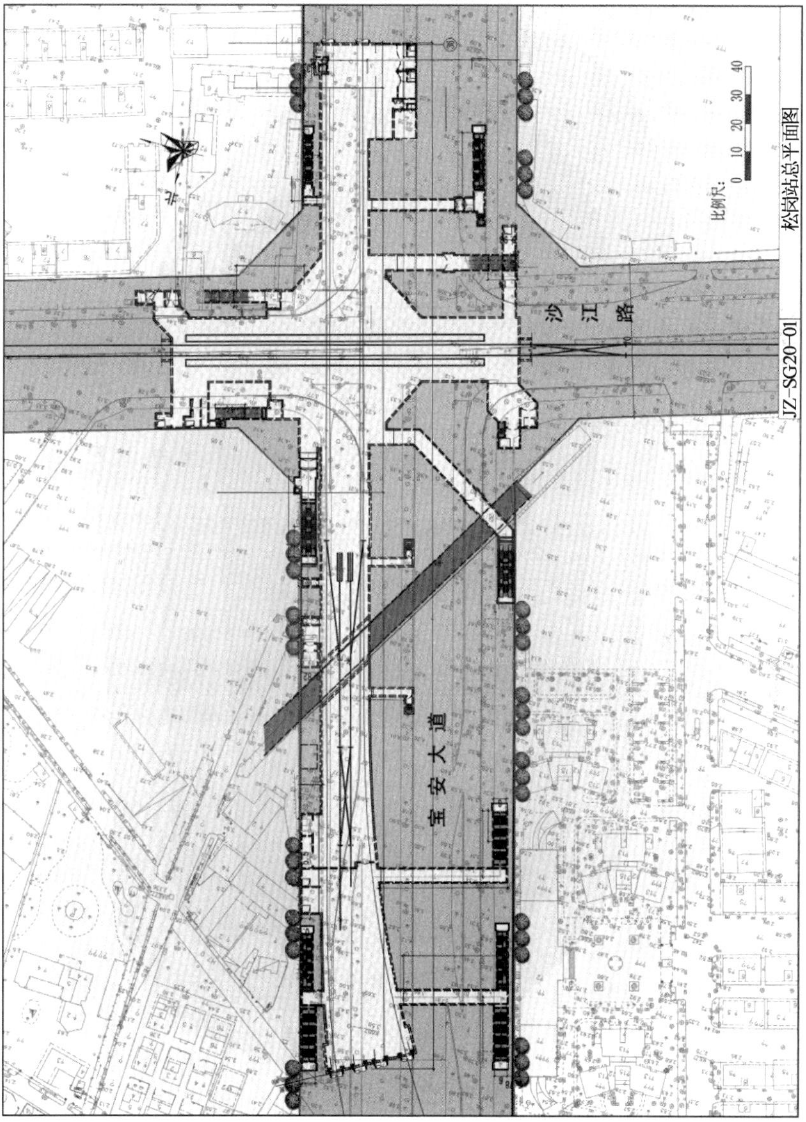

图5-47 车站总平面示意图

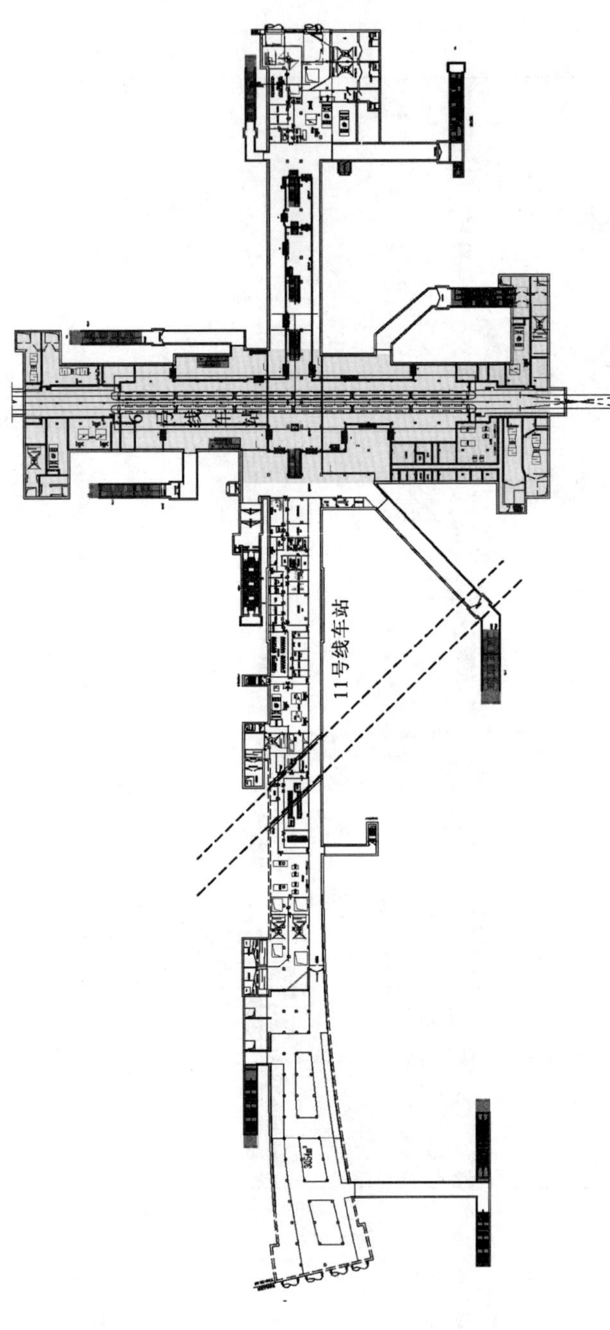

图5-48 松岗站站厅层平面示意图

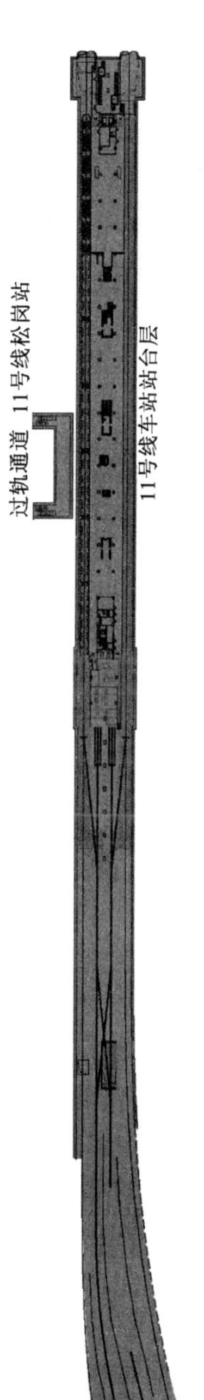

图5-49 松岗站站台层平面示意图

图5-50 松岗站纵剖面示意图

5.3.2 研究内容

根据现场工程地质条件,结合土工试验和岩石力学试验结果,运用国际先进的大型非线性三维数值计算软件 FLAC3D,进行如下内容的数值模拟研究:

(1)松岗站明挖施工过程中,对地表造成的扰动变形分析。

(2)松岗站在明挖施工过程中,围护结构稳定性分析。

(3)松岗站建成后,车站主体应力结构稳定性问题。

(4)松岗站建成后地表沉降分析。

(5)最终地表沉降分析。

5.3.3 模型建立与参数选取

1)计算模型

为了保证模拟计算的准确性和真实性,同时考虑模型的网格数量,本次模拟计算选取整个车站建立数值计算模型,三维模型沿车站纵向取长度为 640m,宽度方向取 400m,高度方向取至地面以下 70m 深处。模型中均采用 8 节点六面体单元,为了在优化网格的同时还能满足计算精度的要求,将地铁车站及其周边部分的单元进行加密分布,总体模型的单元总数为 319040,节点总数为 357480,计算总体模型如图 5-51 所示,主体结构见图 5-52 和图 5-53,剖面图见图 5-54 和图 5-55。在模型的左右边界,固定 X 方向的位移,在模型的前后边界,固定 Y 方向的位移,在模型底部,固定 Z 方向的位移。

2)力学参数

模拟计算所用岩土参数依据《深圳市轨道交通三期 6 号线工程可行性研究报告》和《深圳市轨道交通三期 6 号线工可阶段岩土工程勘

察报告》而确定，并参考了其他相似性质岩土材料的土工试验和岩石力学试验的结果[29]，见表5-5，表5-6。

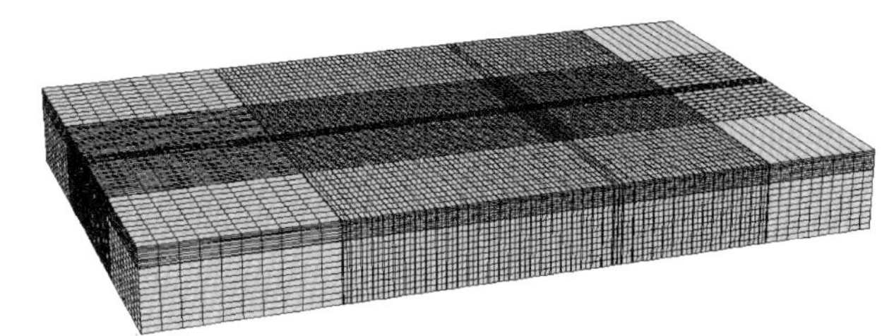

图5-51　总体模型示意图

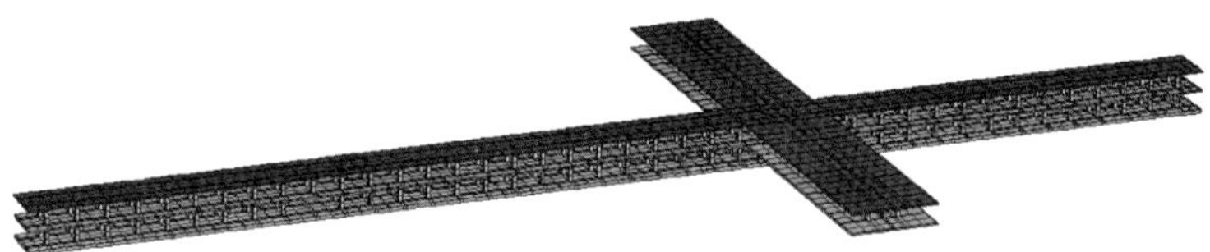

图5-52　车站主体结构示意图

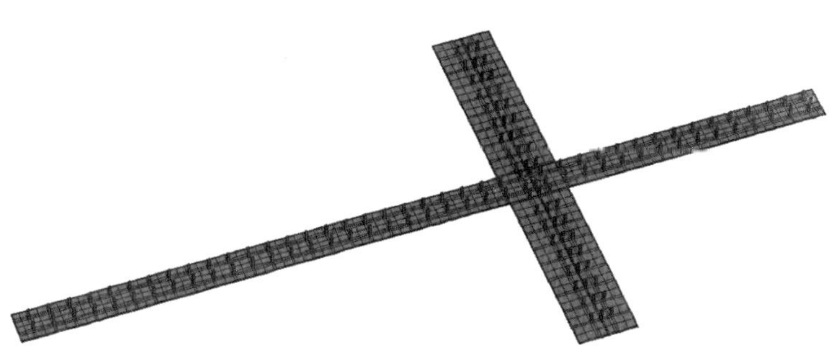

图5-53　站台层示意图

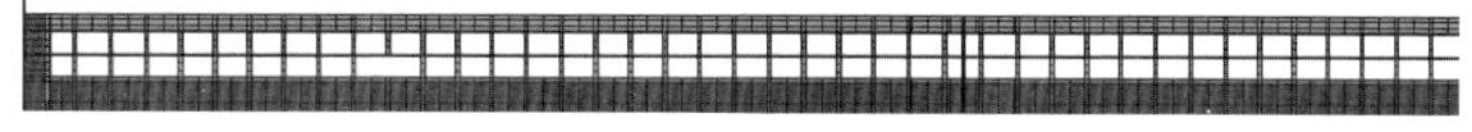

图5-54　横剖面图

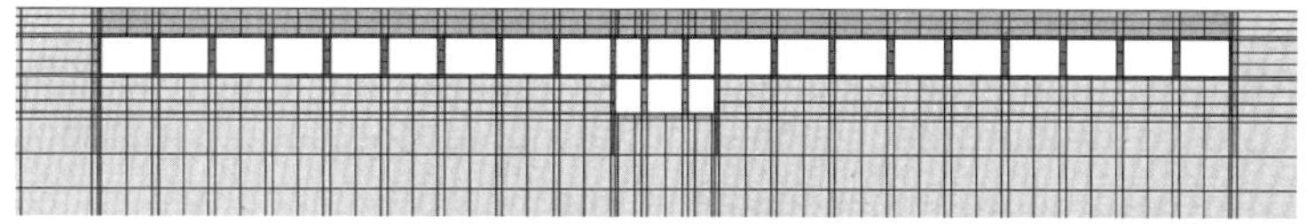

图5-55　纵剖面图（过柱截面）

数值模拟计算所用岩土力学参数

表 5-5

地层代号	岩土名称	时代与成因	重度	凝聚力(直剪)	内摩擦角(直剪)	计算摩擦角	岩石饱和单轴极限抗压强度	地层代号	岩土名称	时代与成因	重度	凝聚力(直剪)	内摩擦角(直剪)	计算摩擦角	岩石饱和单轴极限抗压强度
			(kN/m^3)	(kPa)	(°)	(°)	(MPa)				(kN/m^3)	(kPa)	(°)	(°)	(MPa)
〈1-1〉	素填土	Q_4^{ml}	18.8	31.78	17.16	—	—	〈8-3 >	中风化砂岩	T_{3x}	24.90	—	—	50	12
〈2-1〉	海积淤泥质粉质黏土	Q_4^{ma}	16.2	14.7	6.4	—	—	〈8-4〉	微风化砂岩	T_{3x}	27.10	—	—	60	35
〈3-1〉	冲洪积淤泥质粉质黏土	Q_4^{al+pl}	18.7	12	7	—	—	〈9-1〉	全风化混合花岗岩	Mγ	18.1	45.73	19.57	—	—
〈3-2〉	冲洪积粉细砂层	Q_4^{al+pl}	19	—	—	29	—	〈9-2-1〉	强风化混合花岗岩(土状)	Mγ	18.30	—	—	35	—
〈3-3〉	冲洪积中粗砂层	Q_4^{al+pl}	19.5	—	—	36	—	〈9-2-2〉	强风化混合花岗岩(半岩半土状)	Mγ	23.00	—	—	40	—
〈3-4〉	冲洪积砾砂层	Q_4^{al+pl}	22	—	—	38	—	〈9-3〉	中风化混合花岗岩	Mγ	26.5	—	—	55	25
〈3-6〉	冲洪积硬塑状粉质黏土层	Q_4^{al+pl}	19.5	40.28	17.17	—	—	〈9-4〉	微风化混合花岗岩	Mγ	27	—	—	70	50
〈3-7〉	冲洪积软塑状粉质黏土层	Q_4^{al+pl}	18.6	24.13	11.72	—	—	〈10-1〉	全风化花岗岩	Mγ	18.60	33.74	23.08	—	—

续上表

地层代号	岩土名称	时代与成因	重度	凝聚力(直剪)	内摩擦角(直剪)	计算摩擦角	岩石饱和单轴极限抗压强度	地层代号	岩土名称	时代与成因	重度	凝聚力(直剪)	内摩擦角(直剪)	计算摩擦角	岩石饱和单轴极限抗压强度
			(kN/m^3)	(kPa)	(°)	(°)	(MPa)				(kN/m^3)	(kPa)	(°)	(°)	(MPa)
〈4-3〉	冲洪积粉细砂层	Q_3^{al+pl}	19.2	—	—	36.44	—	〈10-2-1〉	强风化花岗岩(土状)	Mγ	20.00	—	—	35	—
〈5-2〉	残积层(硬塑)	Q^{el}	18.1	30.94	19.56	—	—	〈10-2-2〉	强风化花岗岩(半岩半土状)	Mγ	22	—	—	40	—
〈6-1〉	全风化花岗岩	γ_5^3	18.60	33.74	23.08	—	—	〈10-3〉	中风化花岗岩	Mγ	25.70	—	—	55	30
〈6-2-1〉	强风化花岗岩(土状)	γ_5^3	20.00	—	—	35	—	〈10-4〉	微风化花岗岩	Mγ	26.40	—	—	70	60
〈6-2-2〉	强风化花岗岩(半岩半土状)	γ_5^3	22	—	—	40	—	〈11-1〉	全风化混合片麻岩	Zh	18.1	35	18	—	—
〈6-3〉	中风化花岗岩	γ_5^3	25.70	—	—	55	30	〈11-2-1〉	强风化混合片麻岩(土状)	Zh	18.30	—	—	35	—
〈6-4〉	微风化花岗岩	γ_5^3	26.30	—	—	70	60	〈11-2-2〉	强风化混合片麻岩(半岩半土状)	Zh	23.00	—	—	40	—

续上表

地层代号	岩土名称	时代与成因	重度	凝聚力（直剪）	内摩擦角（直剪）	计算摩擦角	岩石饱和单轴极限抗压强度	地层代号	岩土名称	时代与成因	重度	凝聚力（直剪）	内摩擦角（直剪）	计算摩擦角	岩石饱和单轴极限抗压强度
			（kN/m^3）	（kPa）	（°）	（°）	（MPa）				（kN/m^3）	（kPa）	（°）	（°）	（MPa）
〈7-1〉	全风化泥质粉砂岩	T_{3x}	19.50	19.7	16.2	—	—	〈11-3〉	中风化混合片麻岩	Zh	26.5	—	—	55	25
〈7-2〉	强风化泥质粉砂岩	T_{3x}	19.8	—	—	35		〈11-4〉	微风化混合片麻岩	Zh	27	—	—	70	50
〈7-3〉	中风化泥质粉砂岩	T_{3x}	25.1	—	—	50	10	〈14〉	糜棱岩	Fr	21.00	—	—	35	—
〈7-4〉	微风化泥质粉砂岩	T_{3x}	27	—	—	60	30	〈15〉	碎裂岩	Fr	20	—	—	30	—
〈8-1〉	全风化砂岩	T_{3x}	19.10	25.2	22.4	—	—	〈16-2〉	强风化断层角砾岩	Fr	19.80	—	—	40	—
〈8-2〉	强风化砂岩	T_{3x}	19.20	—	—	38	—	〈16-3〉	中风化断层角砾岩	Fr	25	—	—	45	—

结构力学计算参数 表5-6

构件	密度 (kg/m³)	弹性模量 (GPa)	泊松比	体积模量 (GPa)	剪切模量 (GPa)
C20 钢筋混凝土	2460	25.5	0.167	12.8	10.9
C30 钢筋混凝土	2500	30	0.167	15.0	12.9
C40 钢筋混凝土	2548	32.5	0.167	16.3	13.9
钢管支撑	7850	200	0.3	166.7	76.9

5.3.4 松岗站建设地表沉降分析

如果在施工过程中或最终地表沉降过大,将对周围建筑物和居民的安全性造成巨大影响。本节将重点研究地表沉降问题。

1)基坑明挖施工方案

岩土工程的力学行为与工程的开挖历史和开挖过程有作密切的关系,为了正确模拟车站施工过程中基坑、支护结构以及周围土体、上部地表、下部岩层的应力分布和变形情况,所以本模拟方案严格按照现场实际情况进行模拟计算。

明挖顺作法是先从地表面向下开挖基坑至设计高程,然后在基坑内的预定位置由下而上地施工主体结构及其防水措施,最后回填并恢复路面。明挖施工的特点是可以适用于各种不同的地质情况,减少线路埋深,施工工艺简单,技术成熟,特别是北京地铁、上海地铁以及广州地铁的成功建设,积累了非常丰富的工程经验。在有能力进行交通疏解、有施工场地并不受地下管线影响的条件下,尽可能采用明挖法施工,有利于节约投资。

其基本的施工步骤为:①做好基坑围护结构(地下连续墙);②进行基坑外降水;③由上向下边开挖土层边架设支撑至底板处;④自下而上施作结构;⑤回填土方恢复路面交通。

围护结构采用地下连续墙，横撑采用 $\phi600$ 钢管，壁厚 14mm，纵向间距 8m 左右，局部可根据施工情况进行调整。基坑开挖横撑布置图见图 5-56。

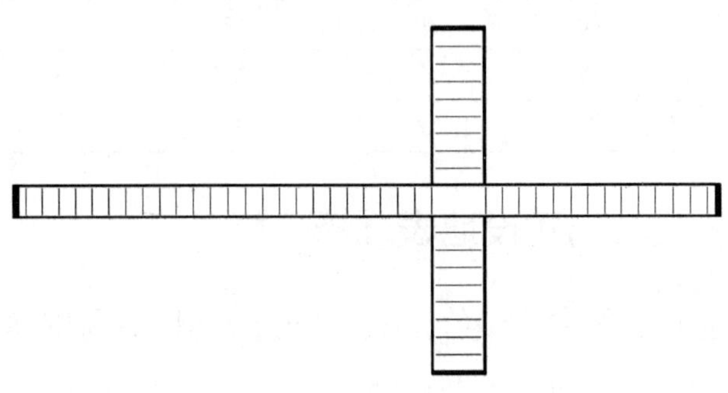

图 5-56　基坑开挖横撑布置图

2）基坑明挖施工阶段地表沉降分析

本小节研究内容主要是，在车站基坑开挖过程中车站周围地表沉降，对于基坑开挖周围土体变形控制保护标准见表 5-3。

结合松岗站情况，确定其基坑保护等级为一级，基坑最深 17m，因此，沉降量最大允许量为 26mm，水平位移最大允许量为 30mm。

基坑变形外在表现为周边地表沉降、支护结构位移和坑底隆起等三个方面，此三方面紧密联系，又相对独立，主要表现在影响基坑变形因素的一致性和变形不同方面，其主要影响因素侧重不同的特殊性上，其内在表现为土体应力场和应变的重分布。

松岗站基坑最深处位于地面以下 17m，为了更好模拟实际情况，防止由于土体瞬间卸载过大而使得计算结果不真实的情况，本次模拟计算分 4 次进行基坑内土体的开挖。根据计算结果，当第四步开挖完成后，由于开挖的卸荷作用，使得原本作用在下部土体上的作用力不再存在，下部土体必然会产生相应的变形，来释放其内部储存的能量，

开挖量越大,相应的变形也就越大。所以,第五步开挖完成后,最大垂直位移出现在基坑底部土体内,最大值为3.8cm,表现为向上的隆起,基坑其余位置的垂直位移量则从基坑向外延伸逐渐减小,在基坑外区域,地表表现为沉降,但位移量很小,在5mm以下,见图5-57。基坑开挖阶段地表沉降俯视图见图5-58,从图中可以看出,最大位移出现在基坑开挖区域内,主要表现为基坑底部土体的隆起,隆起量在4cm以下,从基坑向外延伸,在距离基坑40m内的区域内,基本表现为一定的沉降,但沉降量很小,在1cm以内;继续向外延伸,地表则表现为垂直位移已经不明显,基坑开挖造成的影响已经可以忽略。

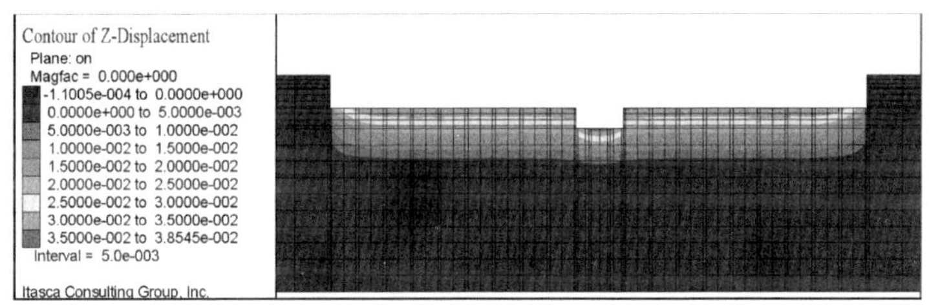

图5-57 基坑开挖阶段地表沉降图(单位:m)

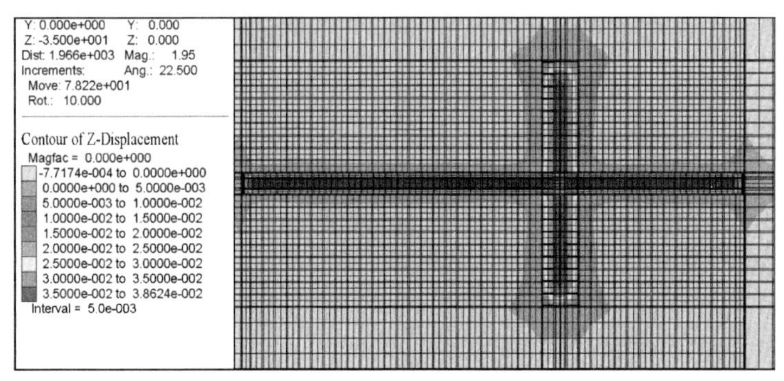

图5-58 基坑开挖阶段地表沉降俯视图(单位:m)

5.3.5 围护结构稳定性分析

围护结构的稳定与否关系到整个基坑开挖成败,如果围护结构失稳或变形过大,将会影响到车站主体结构的施工,并且可能对周围建筑物和构筑物产生不良影响。对于基坑的围护结构主要是从变形上、强度上进行稳定性判断。

围护结构的变形主要体现在沿 X 方向的变形和沿 Y 方向的变形上,任何一个方向的变形过大都可能对基坑的正常施工及周围环境内建筑物产生不良影响。图 5-59 为围护结构沿 X 方向位移图,在垂直于 Y 方向的围护结构中,没有明显沿 X 方向的位移;在垂直于 X 方向的围护结构中,沿 X 方向的位移以指向基坑内部为主,位移最大值出现在端头处围护结构中,方向均指向基坑内部,最大值为 0.46cm。在其余位置,沿 X 方向的位移较小,在 1cm 以下,不会对整体稳定性和基坑形状造成明显的影响。在沿 Y 方向的位移上,见图 5-60,位移主要出现在垂直于 Y 轴的墙体部分,围护结构可以看作悬臂梁,因此,位移最大值出现在围护结构上部,并且都是指向基坑的位移,位移最大为 0.63cm,也不会对围护结构的整体稳定性产生大的影响。

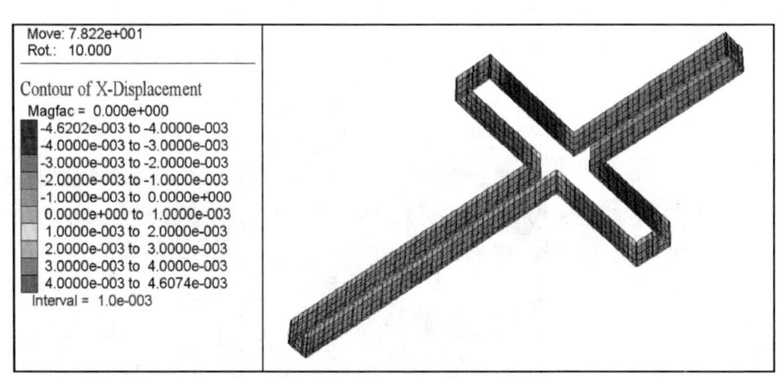

图 5-59　围护结构沿 X 方向位移图(单位:m)

衡量围护结构稳定性的另一个标准是其内部的应力是否大于材料强度,图 5-61 ~ 图 5-63 分别为围护结构最大主应力、最小主应力和主应力矢量场图。从图 5-61 可以发现,最大主应力极值出现在围护

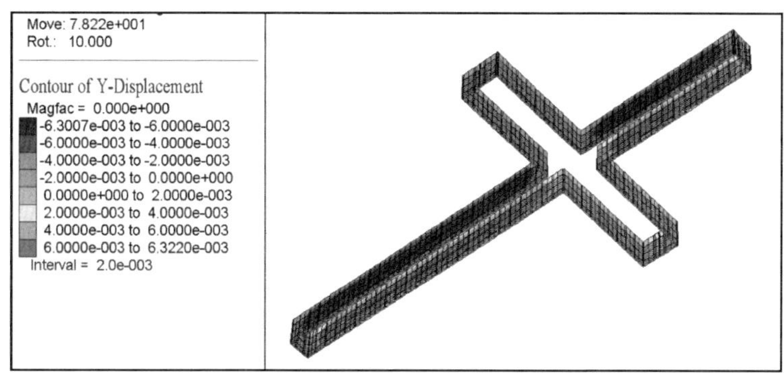

图 5-60 围护结构沿 Y 方向位移图(单位:m)

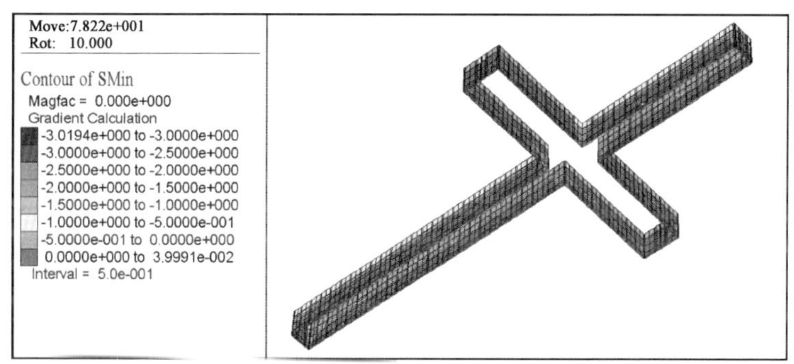

图 5-61 围护结构最大主应力图(单位:MPa)

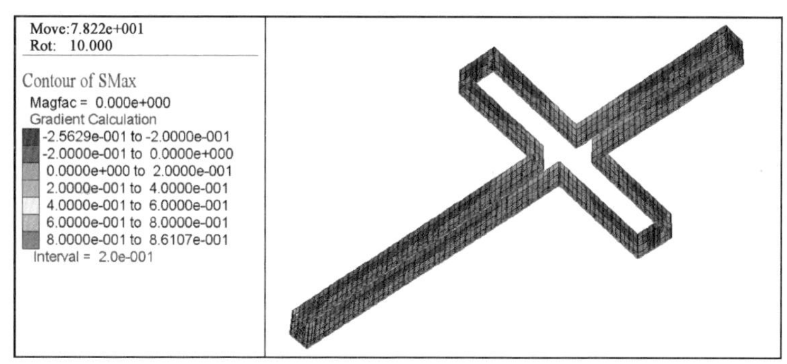

图 5-62 围护结构最小主应力图(单位:MPa)

结构插入土体的位置,是由于该位置变形较大引起的。但最大值为 3MPa 的压应力,低于其设计强度,不会出现由于强度不足而发生的破坏。同时,在主应力分布上,呈现自上而下逐渐增大的趋势,这是由于土的侧向压力对墙体不同位置的压力不同造成的,在围护结构的顶部,基本上没有发现应力的存在。在最小主应力分布上,见图 5-62,可以看出,由于土压力的作用,在围护结构内出现了部分的拉应力,在整个围护结构内都有拉应力的分布,最大值为 0.86MPa,出现在围护结构拐角处,由于混凝土的抗拉强度仅为抗拉强度的 1/12 ~ 1/10,建议在围护结构的施工中配以足够的受拉钢筋,确保围护结构的稳定性。在图 5-63 所示的围护结构主应力矢量场中,可以发现,在围护结构的下部区域,以压应力为主,而在围护结构的上部,则出现了较大范围的拉应力,这主要是由于土体对围护结构的侧向土压力,使得紧靠土体一侧的围护墙内由于墙体变形而出现了拉应力。

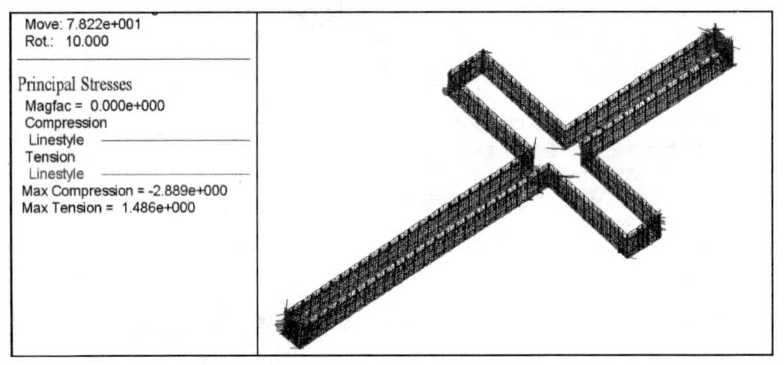

图 5-63 围护结构主应力矢量场(单位:MPa)

5.3.6 建成后结构稳定性分析

结构施工的过程是缓慢加载的过程,底板下的土层由承受下方土体的托浮力向上移动逐渐转为承受上部结构的自重荷载开始下沉。底板等结构部件由上部受拉转为下部受拉,桩、柱、边墙等结构的应力分布也会相应变化。深圳市地铁 11 号线松岗站采用明挖顺作法施工,对于顺作施工的力学行为分析,主要是通过关键结构的受力状态(拉、压),受力大小、相对变形大小来进行其强度控制、变形控制。

松岗站是深圳市地铁11号线及6号线的换乘站,车站面积大,跨度大,在很多形状突变的位置,不可避免地存在应力集中的现象。本节着重从应力和位移两个方面讨论建成后的结构稳定性。

1)结构应力分析

由于混凝土的受压强度标准值远远大于混凝土的受拉强度标准值,所以其理想受力状态为压应力状态,而尽量避免受拉,在出现拉应力的部位,应该加强钢筋的配比,以保证整体结构的安全性和稳定性。

松岗站地下二层为11号线站台层,承受的上部荷载也最大。图5-64为11号线站台层最大主应力分布图,从图中可以看出,整个结构主体最大主应力以压应力为主,有利于混凝土材料自身性能的发挥。压应力最大为2.5MPa,出现在11号线站台层柱体内,远小于柱体所使用的C40混凝土强度标准值,不会发生由于强度不足引起的安全问题。在图5-65所示的主体结构最小主应力图中,可以发现,在柱体内,其最小主应力也表现为压应力,表明结构内的柱体完全处于受压状态,有利于混凝土材料自身性能的充分发挥,保证了整体结构的稳定性。在非承重结构体,如站台、轨道面等结构内,最小主应力趋近于0,结构所受的应力基本上完全由其自身重力提供,所以在安全性上,这些构件是完全可以满足的。在站台层底板下方,由于上部荷载使得结构产生一定量的弯曲变形,在结构底部最大主应力转变为拉应力,拉应力最大值为0.5MPa,在该位置应该加强钢筋的配比,以保证结构整体功能的安全性、可靠性和耐用性。除了结构整体的最大主应力和最小主应力外,每个结构单元的受力状态也是需要考虑的因素之一,

图 5-66 为结构主应力矢量场,从图中可以看出,结构单元绝大部分处于双向受压的应力状态,仅在板体结构内存在局部的拉应力区域,与前述结果相吻合。

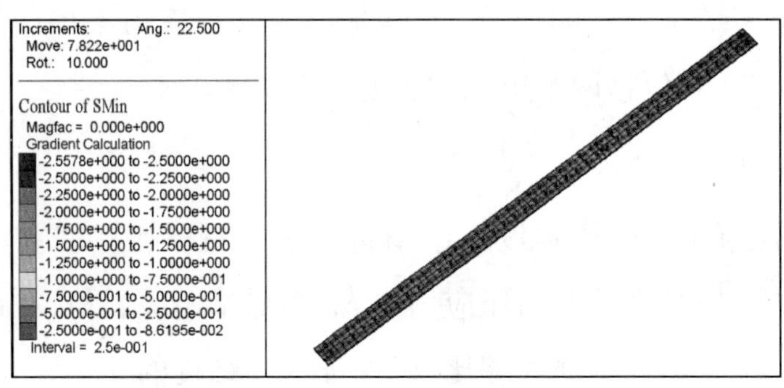

图 5-64　11 号线站台层最大主应力分布图(单位:MPa)

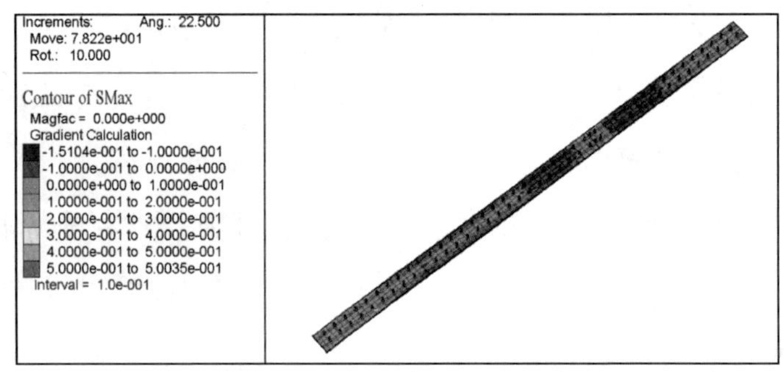

图 5-65　11 号线站台层最小主应力分布图(单位:MPa)

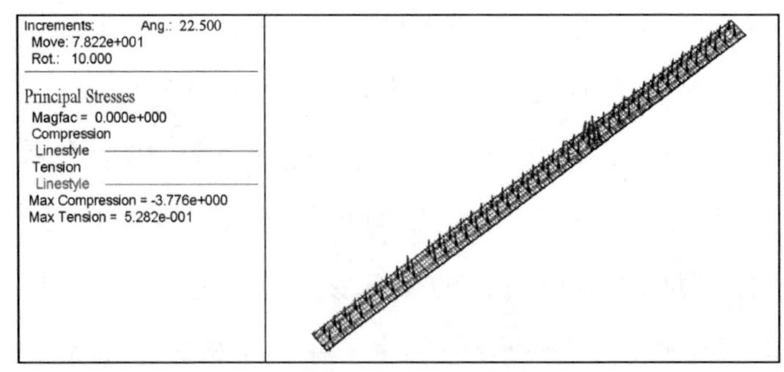

图 5-66　11 号线站台层主应力矢量场(单位:MPa)

深圳地铁松岗站的地下一层为6号线的站台层。图5-67为站厅层最大主应力分布图,从图中可以看出,结构最大主应力极仍然出现在柱体内,最大值为4.1MPa,远小于C40混凝土强度,不会对结构安全构成大的威胁。整个站厅层结构内最大主应力都表现为压应力,有利于混凝土抗压性能的发挥。在最小主应力分布上,见图5-68,在6号线站台柱体及柱体下方的板体内,出现了局部拉应力区域,拉应力最大值小于0.8MPa,对结构安全影响不大。在图5-69所示的站厅层主应力矢量场中可以看到,柱体内的应力矢量长度明显大于其余位置的矢量长度,在结构边缘位置出现拉应力区域,与前述结果一致。另外,在板与边墙相接的位置,应力值也较大,在施工过程中,应做好钢筋的连接工作,保证结构的整体性。

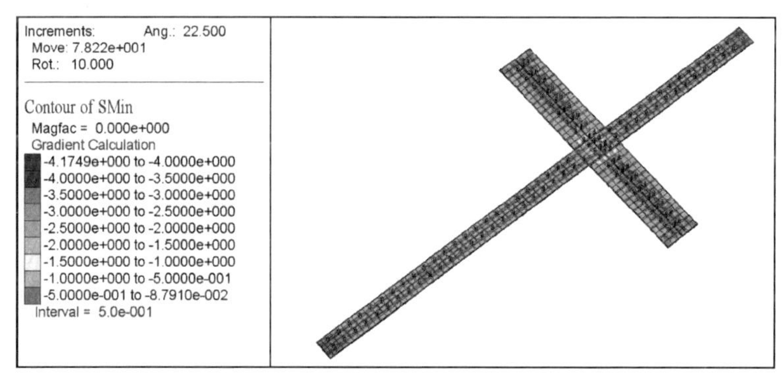

图5-67 6号线站台层最大主应力分布图(单位:MPa)

车站顶板位于结构的最上方,直接承受上部土体的自重力,图5-70为顶板最大主应力图,从图纸可以看出,顶板整体承受的最大主应力均为压应力,且应力值较小,最大为1.4MPa,不会对结构稳定性产生大的影响,主应力最大值出现在柱体上方的板体内,主要是由于板体通过柱体将应力传递到下部结构,柱体受力面积较小造成的。在最小主应力分布上,见图5-71,整个顶板内最小主应力也以压应力为主,但应力值较小，在板体与边墙相交的位置，出现了拉应力，拉应力最大为1MPa，在设计中，要做好墙板相交部位的处理工作。在图5-72所示的顶板主应力矢量场中可以看到，板体边缘位置的应力矢量长度明显大于其余位置的矢量长度，并出现较多的拉应力区域，与前述结果一致。在施工过程中，应做好钢筋的连接工作，保证结构的整体性。

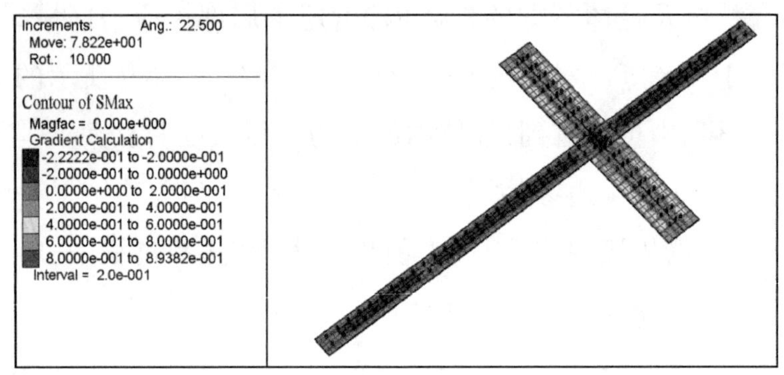

图5-68　6号线站台层最小主应力分布图(单位:MPa)

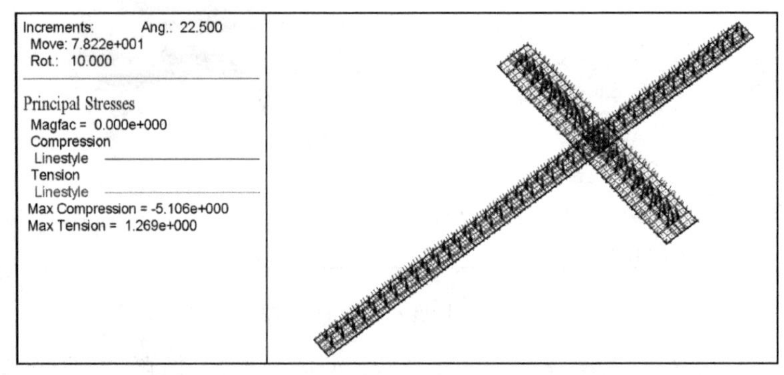

图5-69　6号线站台层主应力矢量场(单位:MPa)

2)结构位移分析

在主体结构完成后，在结构及车站上部土体的重力作用下，车站区域内原来由于土体开挖卸荷引起的反拱逐渐变为下沉，如果沉降量过大或者沉降不均匀，都会对车站整体结构及周围管线的正常使用造成不良影响。

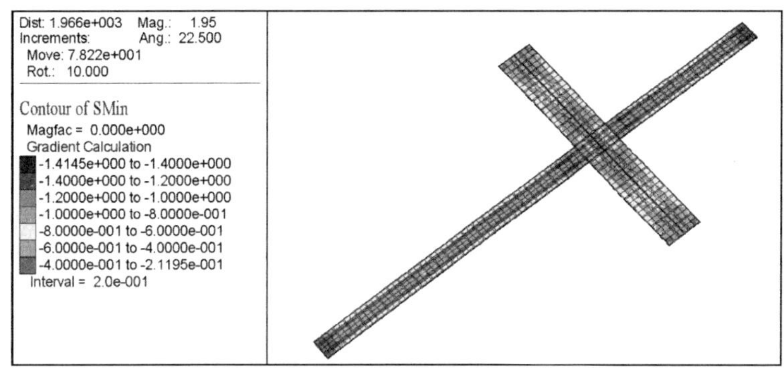

图 5-70 顶板最大主应力分布图(单位:MPa)

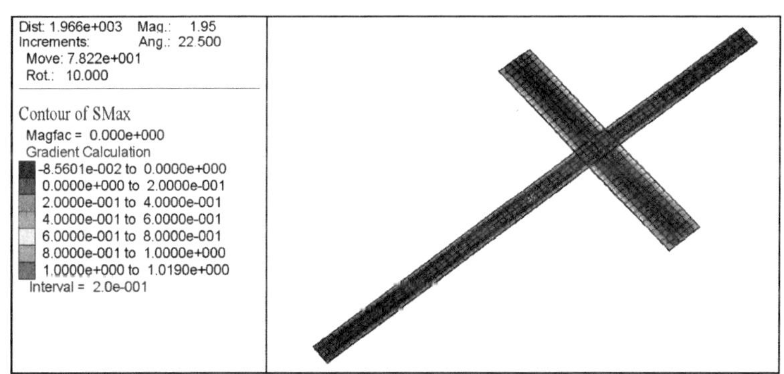

图 5-71 顶板最小主应力分布图(单位:MPa)

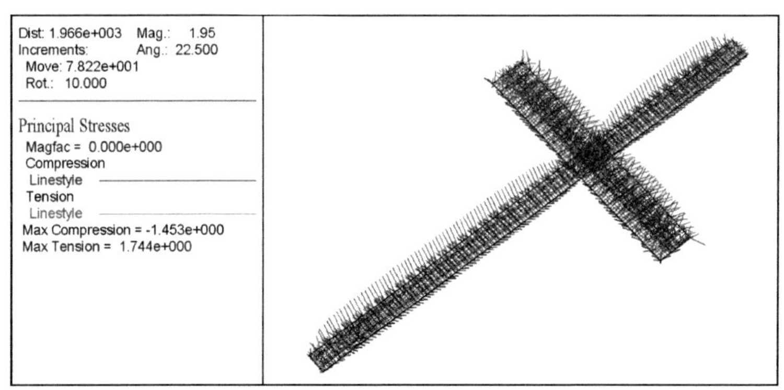

图 5-72 顶板主应力矢量场(单位:MPa)

本节仍然把位移矢量分解到 X、Y、Z 三个方向，分别研究不同方向上的位移量，图 5-73 到图 5-75 分别为结构建设完成后车站沿不同方向的位移图。从图 5-73 可以看出，车站结构沿 X 方向的位移基本上都在 0.6cm 以下，且由于受两侧土体的挤压作用，结构会有相向的位移，在 X 轴负向侧结构沿 X 方向的位移量为 0.56cm 左右，另一侧结构沿 X 方向的位移量为也在 0.56cm 左右，相对于车站长度而言，这个位移量是在允许范围内的。同时，在施工的过程中，主体结构内还会设置一定的伸缩缝，防止由于结构变形而出现的变形应力，对结构的安全构成威胁。图 5-74 为主体结构完成后沿 Y 方向的位移图，可以看出，与沿 X 方向的位移相类似，由于土的侧向压力，会对结构形成挤压作用，结构位移仍然都朝向结构中心位置，位移量最大为 0.76cm，仍然建议施工中设置适当的伸缩缝，消除变形引起的结构内应力，防止应力集中而使得结构局部出现破坏。在图 5-75 所示的主体结构完成后沿 Z 方向的垂直位移图中，结构整体沉降基本一致，最大沉降量为 1.6cm，在施工过程中，要采取适当的措施，保证结构的整体沉降一致。

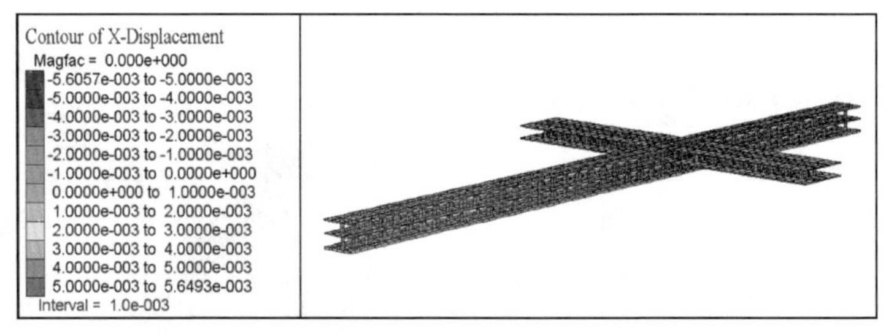

图 5-73　结构沿 X 方向位移图(单位:m)

5.3.7　运营阶段结构稳定性分析

车站建设完成投入运营后，在车站上方的路面会有车辆荷载，在

站台层由于乘客、设备等的自重，也会有新的荷载，同时，在轨道面会出现列车的车辆荷载。为了保证一定的安全储备，在路面及轨道面施加大小为0.04MPa的静载，在站台层及站厅层施加大小为0.01MPa的静载。

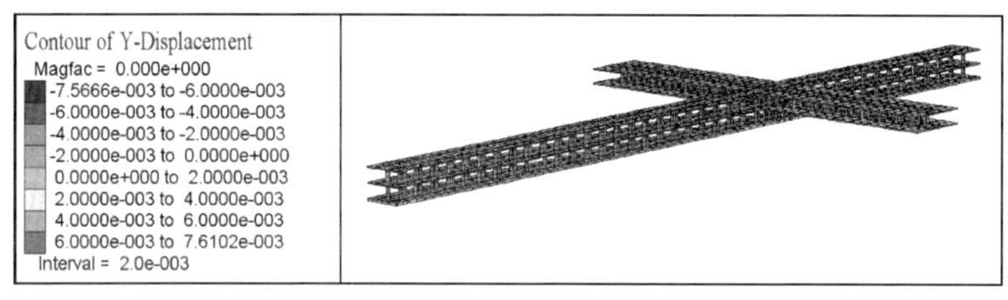

图5-74 结构沿Y方向位移图(单位:m)

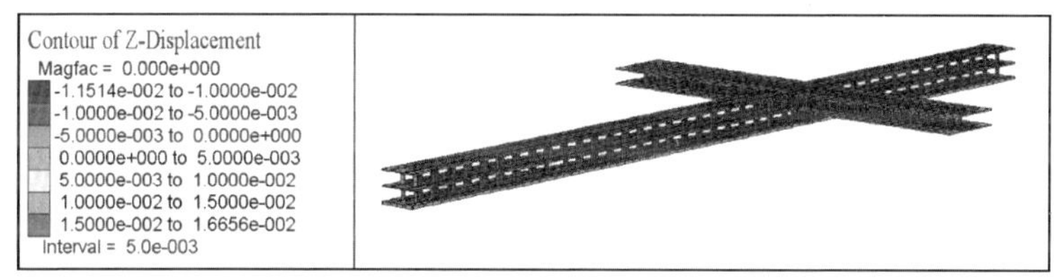

图5-75 结构沿Z方向位移图(单位:m)

1)结构应力分析

在各种运营荷载的作用下，车站结构内必然会出现新的应力，以维持结构整体的平衡，这时结构内的应力也大于车站建成后的应力值，本节仍然从最大主应力、最小主应力等来分析运营阶段车站结构稳定性。图5-76为运营阶段结构最大主应力图，从图中可以看出，最大主应力极值仍然出现在站台层的柱体内，达到9MPa，较运营前的4MPa明显增大，其余位置的最大主应力也有不同程度的增大，但仍小于混凝土材料强度标准值，不会出现结构失稳或破坏。图5-77为运营阶段最小主应力图，从图中可以看出，在柱体内，最小主应力表现为压应力，压应力最大为0.36MPa。其余位置的最小主应力大都表现为拉应力，拉应力最大为2.4MPa，出现在站台层顶板的局部区域，在施工中一定要在板体结构内配以足够的抗拉钢筋，以保证结构的稳定性。在主应力矢量场中可以看出，见图5-78，柱体内的应力远大于其余位置的应力值，说明上部荷载均通过柱体传递给下部结构，而柱的受力面积小，所以其应力值明显大于其余部位的应力，局部压应力可达10MPa，仍然小于柱体混凝土的强度，满足安全要求。在板体结构内，有局部的受拉区域，拉应力最大为4MPa，在设计和施工中要给予足够的重视。

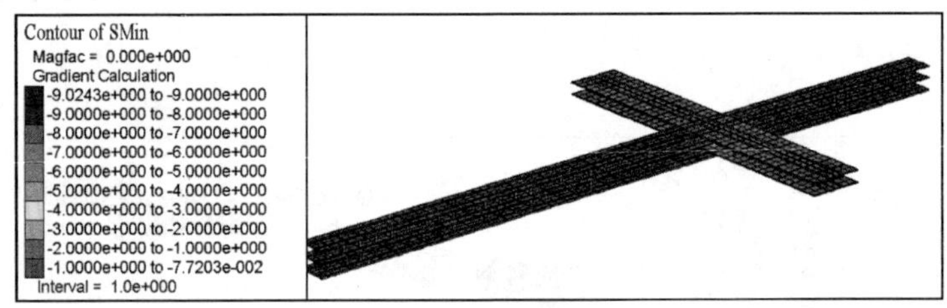

图5-76 运营阶段结构最大主应力分布图(单位:MPa)

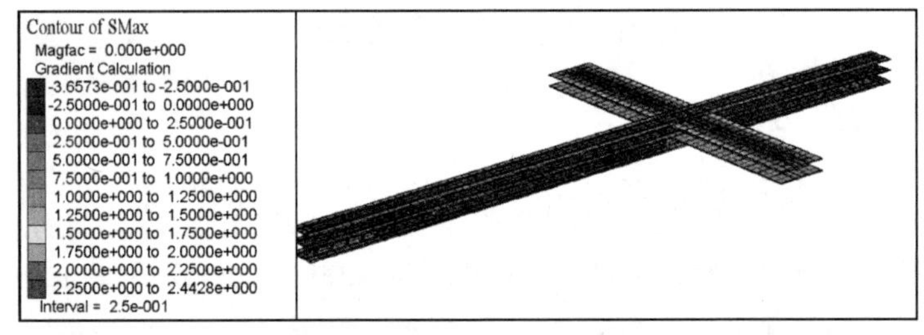

图5-77 运营阶段结构最小主应力分布图(单位:MPa)

图5-78 运营阶段结构主应力矢量场(单位:MPa)

车站在运营阶段施加各种荷载后，各结构单元内的应力都较运营前有不同程度的增大，但结构内应力均小于结构设计强度，不会对结构安全造成影响。

2）结构位移分析

由于运营阶段施加了各种荷载，结构会产生进一步的变形和移动，为了防止运营阶段车站不均匀变形或沉降过大，影响车站功能的正常发挥或使得周围管线错位甚至断裂，本研究报告还分析了运营阶段结构沿不同方向的位移。

图5-79～图5-81分别为运营阶段结构沿X方向、Y方向和Z方向的位移图。从图5-79可以看出，在运营阶段，由于施加的是垂直方向的位移，对结构沿X方向的位移影响不大，所以，在该方向上的位移与运营前相比没有明显的变化。结构沿X方向的最大位移量为0.59cm，只要设置了变形缝，对结构整体影响不大。同沿X方向的位移相类似，由于运营阶段在车站结构上施加的为竖直方向荷载，对Y方向位移影响不大，故在运营阶段沿Y方向的位移变化不大，不会对车站的正常使用造成大的影响。在运营阶段，由于施加了竖直方向的荷载，车站结构沿Z方向的位移量有所增大，沉降量由1.6cm增加到2.6cm。总之，运营阶段由于施加了Z方向的荷载，结构在X方向、Y方

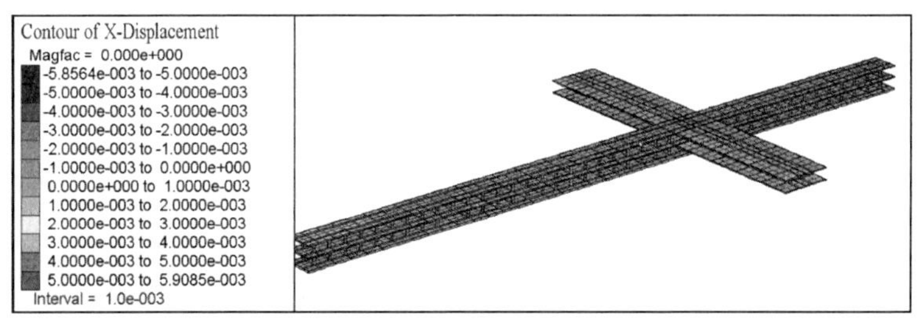

图5-79 运营阶段结构沿X方向位移图（单位：m）

向的位移没有明显变化，但沿垂直方向的位移有所增大，在施工过程中，要采取适当的超挖或加固措施，做好施工沉降监测，保证结构的整体沉降一致。

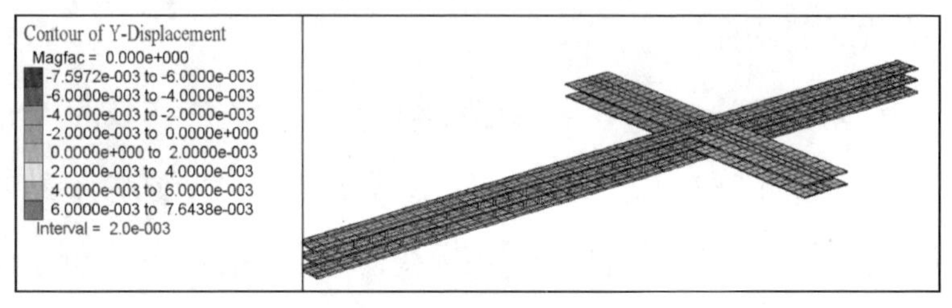

图 5-80　运营阶段结构沿 Y 方向位移图(单位:m)

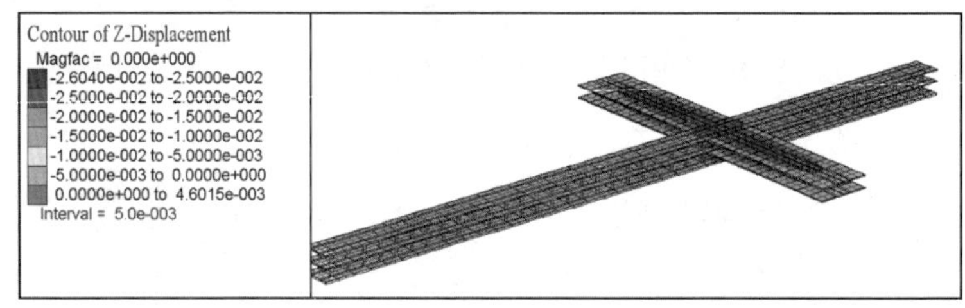

图 5-81　运营阶段结构沿 Z 方向位移图(单位:m)

5.3.8　结论和建议

1)主要结论

本报告采用国际先进的岩土工程行业计算机软件 FLAC^{3D}，以深圳市地铁 6 号线松岗站工程地质条件与岩土工程勘查报告为依据，对松岗站基坑开挖后周围地表岩土体的运动规律、破坏和变形特征、围护结构等在开挖过程与运营过程的受力和位移状态进行了三维非线性数值计算分析。并全程记录了关键部位和关键工序的应力、位移变化趋势，揭示了地铁施工过程中土体内应力的重新分布过程，分别从强度控制与变形控制两方面来对开挖过程中的围护结构、主体结构的稳定性进行了定性分析，并为地铁车站在设计施工过程中可能出现的问题提出了相应的建议、措施，计算结果见表5-7。根据计算结果，可得出以下主要结论：

（1）在基坑周围的土体内，会出现一定的土体隆起，在距离基坑40m以外的地方，基坑的开挖对围岩土体的影响已经很小不会对其上部建筑物造成影响，基坑开挖完成后，由于开挖的卸荷，使得基坑内及靠近基坑的土体出现了隆起，基坑底部隆起量最大为4cm；地表沉降也均小于1cm，符合规范设计要求。

松岗站计算结果统计表　　表5-7

阶段	最大压应力（MPa）	出现位置	最大拉应力（MPa）	出现位置	沿X方向最大位移（mm）	沿Y方向最大位移（mm）	沿Z方向最大位移（mm）	最大地表沉降（mm）
基坑开挖	3	插入土体处	0.86	端头拐角处	4.6	6.3	—	10
结构施工完成	4	6号线站台层柱体	1	顶板边缘	5.6	7.6	16	—
运営阶段	9	6号线站台层柱体	2.5	顶板边缘	5.9	7.6	26	

（2）围护结构会产生一定的位移、变形，但位移和变形量均较小，不会对围护结构的功能造成大的影响；在应力方面，围护结构内的压应力远小于设计强度，不会出现由于强度不足引起的破坏，但在围护结构上部，会出现局部的拉应力，在围护墙的设计和施工中，应该考虑足够的抗拉验算，在该位置配以适当的抗拉钢筋，保证围护结构的稳定性和正常使用。

（3）主体结构施作完成后，在水平方向，由于受到土体侧向土压力的作用，会出现一定的位移，但位移量较小，完全可以由变形缝来消除这部分位移，不会在结果中产生变形应力，也不会对结构的使用造成大的影响。结构垂直方向的位移在2cm以下，且结构整体位移基本一致,不会出现不均匀沉降;但要做好基坑底部土体的加固工作,以降低沉降量。

(4)6 号线站台层柱体内出现较大的应力集中,压应力最大为4MPa,不会对结构安全造成大的影响。在站台层底板的下部,会出现局部的拉应力,拉应力最大达到1MPa,结构设计也可满足应力要求。

(5)车站投入运营后,结构位移及应力均不同程度的有所增大,应力仍以压应力为主,在板体结构底部出现局部拉应力,但均在材料强度范围内;车站沿个方向位移均没有明显增大,但要加强施工中的监测工作。

通过本项研究,结合国内地铁车站施工等理论与实践,最后认为:深圳市轨道交通 6 号线工程松岗站工程从强度控制要求上分析,各主要受力构件均未达到极限强度,整个车站不会发生结构失稳破坏;从变形控制要求上分析,建成后的松岗站结构变形及周围地表沉降均满足结构相关要求。同时建议在施工过程中加强监测工作,及时根据监测数据修正施工方案,对于发现的问题,要及时提出解决方案,保证施工的正常进行和结构的安全性。

2)建议措施

(1)由于深圳市地下水位较高,水量丰富,在基坑开挖前,应预先做好基坑降水工作,以免在基坑开挖过程中出现流沙、管涌等危害,增加施工成本,对施工进度造成影响。

(2)站区范围内土的工程地质条件较差,在基坑开挖过程中,要对开挖进行合理的设计,做到多次分布少量开挖,避免大量开挖造成土体应力的突然释放而导致出现较大的回弹,同时,在开挖到基坑底部时,保证土体充分变形,保证设计高程,并且防止车站建成后结构内

出现变形应力,对结构稳定造成危害。

(3)场地中的填土局部含块石和建筑垃圾,应选用适当的施工措施。

(4)开挖后基坑周围不宜堆放土方或其他材料、设备。当不可避免时,则必须控制地面载荷在设计允许范围值以内,以免边坡失稳坍塌。

(5)加强基坑截水、排水措施,及时封闭基坑,确保施工安全,严防地下水浸泡基坑,造成土体强度降低、基底松软,产生翻浆冒泥、基坑坍塌等不良地质灾害。若采用降水措施,应注意对周围建筑物的影响。应注意降水引起周边地面开裂或下沉,注意保护相邻建筑物基础及地下管道、管线的安全。需加强地表沉降、水平位移及周围建筑的监测。

(6)施工时,应加强施工中地质工作,作好地质验槽。

(7)施工期间,若排水量过大,应进行回灌,确保地下水位稳定。防止地面及周围建筑出现不均沉降问题。

(8)施工产生的泥浆、废液应安排合理出路,采取沉淀等措施,防止污染环境。

第6章 城市轨道交通人员疏散风险评价方法及工程示范

6.1 城市轨道交通人员疏散风险安全评价方法

6.1.1 人员疏散计算的相关规范设计要求

一般来说,疏散危险性是随着人员荷载和疏散距离的增加而增大的。根据设计,车站内防火分区划分为站台公共区、设备与管理用房区、站厅公共区(售票检票层)、站台右侧的疏散楼梯间,每个防火分区之间采用耐火极限为4h的防火墙分隔。除公共区域外,每个防火分区最大允许使用面积不大于1500m^2,否则再设一道防火墙分隔。防火墙上的门均为甲级防火门。

(1)疏散时间要求:按照《地铁设计规范》,出口楼梯和疏散通道的宽度,应保证在远期高峰小时客流量时发生火灾的情况下,6min内将一列车乘客和站台上候车的乘客及工作人员全部撤离站台。

(2)出入口要求:按照《地铁设计规范》,车站出入口的数量,应根据吸引与疏散客流的要求设置,但不得少于两个。每个出入口宽度应按远期分向设计客流流量乘以1.1~1.25不均匀系数计算确定。

(3)楼扶梯要求:按照《地铁设计规范》,人行楼梯和自动扶梯的总量布置除应满足上、下乘客的需要外，还应按站台层的事故疏散时间不大于6min进行验算。消防专用梯及垂直电梯不计入事故疏散用。

(4)疏散通道通过能力和宽度要求：按照《地铁设计规范》，车站乘客通过各部位的最大通过能力，宜符合表6-1的规定。车站各个建筑部位的最小宽度应符合表6-2的要求。

车站各部位最大通过能力 表6-1

部位名称			每小时通过人数
1m宽楼梯	下行		4200
	上行		3700
	双向混行		3200
1m宽通道	单向		5000
	双向混行		4000
1m宽自动扶梯	输送速度(0.5m/s)		8100
	输送速度(0.65m/s)		不大于9600
人工售票口			1200
自动售票机			300
人工检票口			2600
自动检票机	三杆式	磁卡	1500
		非接触IC卡	1800
	门扉式	磁卡	1800
		非接触IC卡	2100

车站各建筑部位的最小宽度表 表6-2

名称	最小宽度(m)
岛式站台	8
岛式站台的侧站台	2.5
侧式站台(长向范围内设梯)的侧站台	2.5
侧式站台(垂直于侧站台开通道口)的侧站台	3
通道或天桥	2.4
单向公共区人行楼梯	1.8

续上表

名　　称	最小宽度(m)
双向公共区人行楼梯	2.4
与自动扶梯并列设置的人行楼梯(困难情况下)	1.2
消防专用楼梯	0.9
站台至轨道区的工作梯(兼疏散梯)	1.1

6.1.2　人员疏散基础理论研究

1)疏散时间定义

人员安全疏散设计的原则首先需要设置规范中规定的疏散设施,并使之满足规范的标准。其判定方法可以通过与我国现行消防技术规范和相应的建筑设计规范的规定对比分析或通过数学模拟的数值分析计算方法确定。下面对一些时间的定义进行介绍。

(1)必需安全疏散时间 RSET

必需安全疏散时间 RSET 是指从灾害发生时刻起到人员疏散到安全区域的时间。紧急情况下的 RSET 包括探测报警时间(t_{alarm})、预动作时间(t_{pre})和人员疏散运动时间(t_{move})。

$$RSET = t_{alarm} + t_{pre} + t_{move} \tag{6-1}$$

(2)报警时间

地铁站台公共区和区间隧道发生火灾等事故时,由于其交通枢纽的特点,在公共区和地铁列车上的火灾信息一般能及时快速获得并能正确确认,可以为提前火灾通报和组织人员疏散争取时间。

(3)人员预动作时间

人员预动作时间是指从报警系统报警到人员开始疏散的这段时间,不同场所的人员预动作时间有很大不同。统计结果表明:发生火灾时,人员的响应时间与建筑内采用的火灾报警系统的类型有直接关

系。表6-3为根据经验总结出来的各种同用途建筑内采用不同火灾广播系统时的人员预动作时间。

各种用途的建筑物采用不同火灾报警系统时的人员预动作时间　　表6-3

建筑物用途	建筑物特性	预动作时间(min) 报警系统类型		
		W1	W2	W3
办公楼、商业或厂房、学校	建筑内的人员处于清醒状态,熟悉建筑物及报警系统和疏散措施	<1	3	>4
商店、展览馆、博物馆、休闲中心等	建筑内的人员处于清醒状态,不熟悉建筑物、报警系统和疏散措施	<2	3	>6
住宅或寄宿学校	建筑内的人员可能处于睡眠状态,熟悉建筑物、报警系统和疏散通道	<2	4	>5
旅馆或公寓	建筑内的人员可能处于睡眠状态,不熟悉建筑物、报警系统和疏散通道	<2	4	>6
医院、疗养院及其他社会公共福利设施	有相当数量的人员需要帮助	<3	5	>6

注:W1—现场广播,来自闭路电视系统的消防控制室;W2—事先录制好的声音广播系统;W3—采用警铃、警笛或其他类型警报装置的报警系统。

由《地铁设计规范》知:当地下铁道出现异常情况时,专用通信系统应能迅速转为防灾救援和事故处理的指挥通信系统;在站厅、站台厅应设置供车站服务人员可随时插入本站广播系统作定向广播的装置;列车上应设置列车广播设备,设备应兼有自动和人工两种播音方式。城市轨道交通工程的设计符合这几条规定。确定地铁公共区和期间隧道的人员报警时间和响应时间共为1min。

(4)人员疏散运动时间

人员疏散运动时间通过经验公式和人员疏散计算模型可以计算得到,本文将利用精细网格模型BuildingExodus计算该时间。

2)计算人员疏散过程的网络/网格模型

近些年来,一些专家学者发展出来了一些网络疏散模型和网格疏

散模型。对于人员疏散模型基本上可以分为两类,即只考虑人的运动的模型和综合考虑人的运动和行为相互关系的模型。第一类模型仅考虑建筑物各部分的疏散能力,疏散方向和疏散速度仅由建筑物物理因素决定,比如人群密度、出口疏散能力等,而忽略了人群中的相互作用或将所有疏散人当作一个共同特性的整体来考虑的情况,如 EVAC-NET4[30]、TAKAHASHI'S MODEL[31]等模型。第二类模型不仅考虑了建筑物的物理特征,而且将每个人当作一个主动因素,考虑他对火灾信号的影响及其个体行为,比如个体反应时间、如何选择出口等,如 SIMULEX[32]、BuildingExodus[33,34]等模型。

3)人员疏散计算模型研究

自 20 世纪 50 年代以来,国内外的专家学者在人员疏散研究方面做了大量的工作,同时也取得了重大地进展。这些研究工作主要涉及对人的行为研究和发展疏散算法的研究。对人的行为研究的主要方向为:不同人群行走速度的研究、发生火灾时不同人群对火灾的反应以及准备疏散时间的研究、疏散过程中人员的心理特征和行动行为的研究、火灾所产生的烟气和热量对疏散人员影响的研究。发展疏散算法研究方面为:

(1)针对不同群体的人员,发展出来的计算人员疏散时间的经验公式和算法。

(2)针对不同群体发展起来的人员疏散时间的模拟计算模型。

4)本文数值模拟使用的 BuildingExodus 疏散模型

BuildingExodus 模型为模拟人员疏散的精细网格模型,由格林尼治大学计算与数学研究院的 Galea 等人开发。模型针对大型空间及大量人群逃生设计,适用于模拟大型超级市场、医院、电影院、车站、机场航站楼、危险建筑物、学校等场所。可输入各种人员行为特征(如逃生人员生理、心理、行为属性),及火灾危险特性(如浓烟、温度、毒气危害属性)等逃生影响参数进行模拟,以展现更符合实际情况的较佳化人员逃生模拟结果。Exodus 输入紧急情况下有关人类行为的各种信息,资料来源包括火灾的影像记录、已公布的调查报告和与受伤害者的交谈资料等。该模型能模拟火灾中人员的行为,还能评估何种人士最容易丧生。在建筑空间充分利用前提下,以拥挤人群、内部存在座椅等障碍物与设有警报设备等状况下进行疏散模拟。同时考虑逃生者年龄、性别、生理状况与熟悉度等属性阐述,进而了解每位逃生者开始疏散位置与出口的路径、人群拥挤程度及持续时间、逃生者反应时间与达到出口时间、出口使用人数、疏散行动时间与每个出口流量记录等信息。对于其他未考虑的影响参数,以最不利状况进行模拟。

模型包括 6 个子模块:空间几何、逃生者、运动、行为、毒性、危险性,模块与模块之间交互作用。

模型采用 0.5m × 0.5m 的正方形网格点,每个网格可与相邻 8 个网格相连,如图 6-1 所示。可动态显示疏散人员的疏散时间,受热气、毒气灯火危害影响的人群移动、摩擦冲突情形及逃生人数等信息。

当模拟完成后,可使用 AskExodus 对结果数据进行更细致的研究分析,以提供有用的所需信息。

同时,目前正致力研发的 RailExodus 模型专门为轨道交通中列车各车厢间、列车与站台、列车与轨道间、甚至翻覆列车中乘客逃生模拟所设计,更适合评估地铁站的乘客的安全逃生模拟。

由于 BuildingExodus 采用建筑空间内尽可能与实际灾害相符和具代表性的人群试验者作为理想数据组(ideal data set),模拟结果可得到逃生者反应时间、到达出口时间、出口使用人数、疏散所需时间与

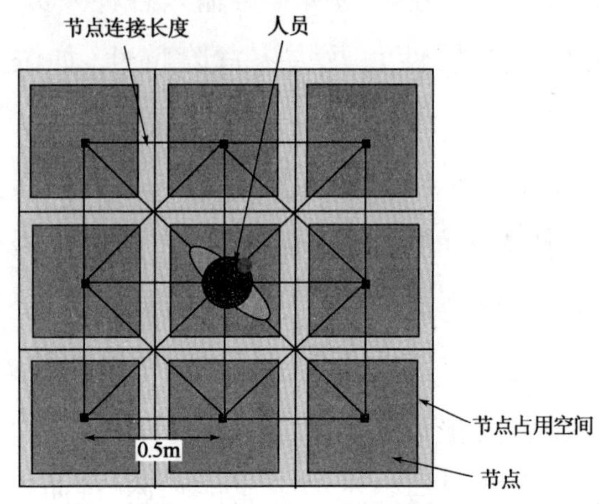

图 6-1　空间网格划分

每一出口流量等数据,且在几个已验证案例中可知 BuildingExodus 模拟已能准确的表现逃生人员多变化行为特性,并给出与实际疏散场景一致的逃生结果。因此,通过疏散状况分析及影响参数设定,运用 BuildingExodus 模型进行疏散模拟所得到的结果,可作为发生火灾情况下实际疏散时间的重要参考依据,具有高度开发与推广的价值。

6.2　深圳地铁 5 号线大学城站人员疏散风险安全评价

6.2.1　深圳地铁 5 号线工程疏散设计

(1)入口楼梯、自动扶梯的宽度,应保证在远期高峰小时客流量时发生火灾的情况下,6min 内将一列车的乘客(初期 1440 人,远期 1608 人)及站台上候车的乘客及工作人员全部撤离站台。

(2)设于公共区的付费区与非付费区的栅栏应设疏散门。

(3)设于设备及管理用房的门至最近安全出口的距离不得大于35m,位于尽端封闭的通道两侧或尽端的房间,其最大距离不得超过上述距离的一半。

(4)单线区间隧道之间,当隧道连贯长度大于600m时,设联络通道,并在通道两端设双向开启的甲级防火门。

(5)列车在区间发生火灾时,应尽可能驶向前方最近的车站疏散乘客;若由于失去动力等原因不能牵引到车站,乘客可利用列车端头的紧急疏散门下至区间轨道上,然后走到相邻车站,通过车站站台端部疏散楼梯到达车站站台进行疏散。

(6)火灾及地震等灾害情况下,车站内所有自动扶梯通过FAS及BAS使之与楼梯同时作为疏散使用,其疏散能力均按减去一台自动扶梯后正常情况下的90%计算。垂直电梯则通过车控室防灾报警控制台上的电梯消防迫降按钮,可即刻运行到地面后停止运行,电梯门保持打开,同时不再响应轿箱指令和层站召唤。

6.2.2 人员疏散风险安全评价典型车站选取

人员疏散模拟计算分别选取的代表车站为大学城站,这个车站为当前以及远期客流最大的车站之一,且为一岛一侧式地下车站。

6.2.3 人员疏散模拟的参数设置

1)人员荷载选取与计算

(1)当前高峰客流

按照运营部门提供的客流数据,5号线目前早高峰断面客流见表6-4。

当前早高峰行车间隔5min,行车对数12对。因此,列车载客人

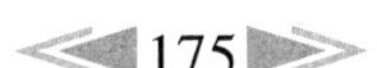

数:6105/12=508(人)

早高峰客流(2014年3月31日)　　表6-4

站　区	上　行	下　行
西丽站—大学城站	5212	2378
大学城站—塘朗站	6105	2219

(2)远期高峰客流

根据《深圳地铁5号线工程(前海湾站—黄贝岭站)初步设计》,远期2033年客流高峰期的客流情况见表6-5(表中已考虑1.3的超高峰系数)。

深圳地铁5号线2033年晚高峰乘降断面客流量表(单位:人次)　表6-5

远期5号线早高峰小时轨道客流量							
站名	节点号	前海至黄贝岭方向			黄贝岭至前海方向		
		下客量	上客量	断面量	下客量	上客量	断面量
大学城站	11	597	824	24899	442	1006	33871

5号线车辆选用A型车,初、近、远期采用4-4-6辆编组形式。远期6辆编组,列车远期最小行车间隔为2min,线路通过能力每小时30对。因此,列车载客人数:33871/30=1129(人)

(3)疏散客流

目前客流尚未达到客流规模,因此评价考虑最不利条件,按照远期早高峰最大断面客流预测结果(表中已考虑1.3的超高峰系数),设计大学城站的极大客流荷载如下:

①列车载客人数:33871/30=1129(人)。

②高峰小时站台候车人数:前海至黄贝岭方向824/30=27(人);黄贝岭至前海方向1006/30=34。

③高峰小时下车人数:(597+442)/30=37(人)。

④站厅乘客:100 人。

⑤站台列车火灾时疏散总人数:1129 + 27 + 34 + 10 + 100 = 1290(人)。

⑥站台层事故疏散时间不大于6min,其中1min 为人的反应时间。

⑦楼扶梯通行能力按90% 计算,并考虑其中一台处于检修状态。

(4)人员的年龄分布

①男性

5 ~ 14 岁:5% 、15 ~ 29 岁:20% 、30 ~ 50 岁:25% 、51 ~ 80 岁:5% 。

②女性

5 ~ 14 岁:2% 、15 ~ 29 岁:18% 、30 ~ 50 岁:20% 、51 ~ 80 岁:5% 。

人员的性别、年龄不同,其体重(weight)、身高(height)、反应时间(response times)、动力(drive)、耐性(patience)、行走速度(travel-speed)、机动性(mobility)等不同。

2)车站疏散通道设计

根据初步设计,如图 6-2 和图 6-3 所示,大学城站为一岛一侧站台,岛式站台和侧式站台通向站厅用作疏散的楼扶梯各有 4 部,其中岛式站台部分的 4 部为两部上行的自动扶梯(自动扶梯 1、4)和两部步行楼梯(疏散楼梯 3、4)。侧式站台部分的 4 部为两部上行的自动扶梯(自动扶梯 5、8)和两部步行楼梯(疏散楼梯 6、7)。

站厅层人员通过闸机口向出入口疏散,站厅层的闸机口包括两个闸机组(闸机口 1、2)和一个单闸机口(闸机口 3)。疏散出入口有三个,如图 6-2 所示。

紧急疏散情况下的疏散通道状态为:

(1)屏蔽门打开。

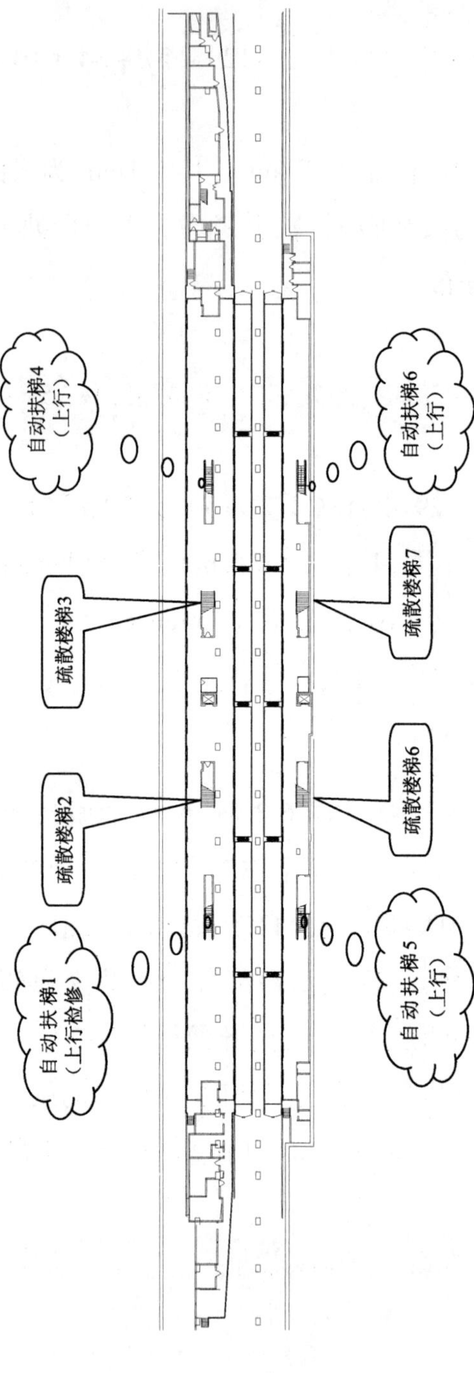

图6-2 大学城站站台疏散扶梯及疏散楼梯示意图

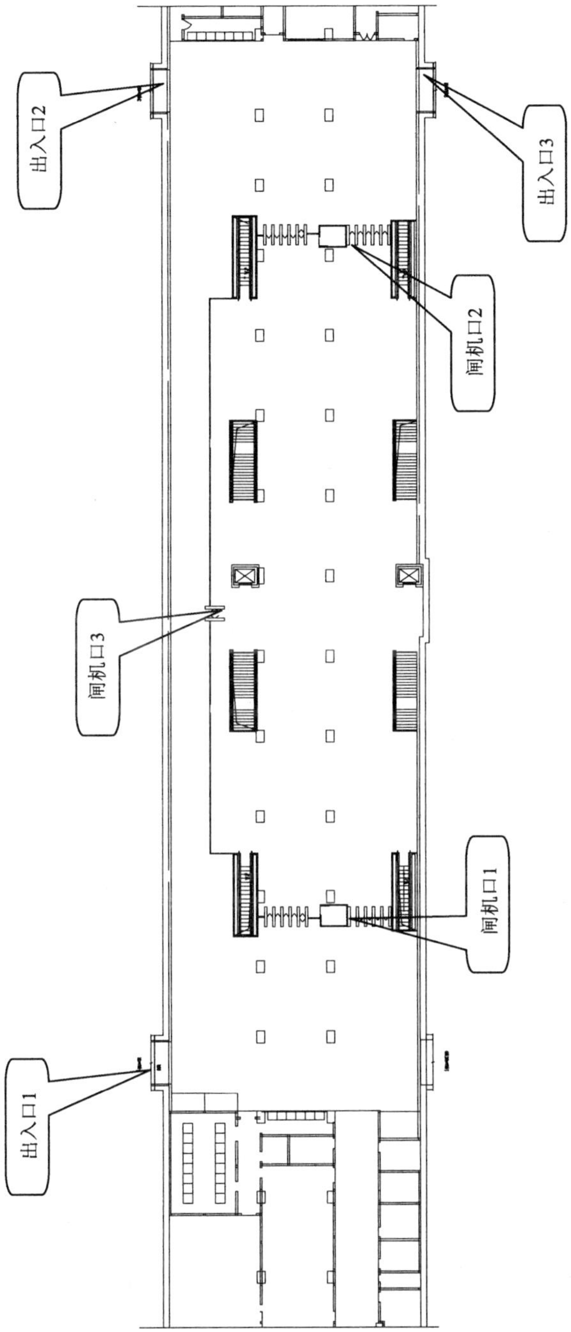

图6-3 大学城站站厅疏散通道示意图

(2)所有的闸机口都打开用作疏散。

(3)所有自动扶梯上行。

(4)考虑一台上行扶梯处于检修(自动扶梯1)。

自动扶梯理论疏运能力11700 人/h(紧急情况下按照90%计算),楼梯参数如图6-4所示,楼梯标称宽度2.0m。

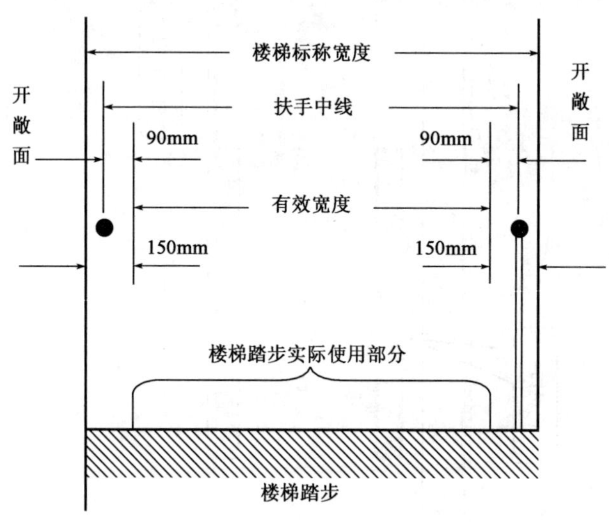

图6-4　楼梯中墙和扶手与有效宽度的关系

3)疏散安全区

根据《地铁设计规范》:出口楼梯和疏散通道的宽度,应保证在远期高峰小时客流量时发生火灾的情况下,6min内将一列车乘客和站台上候车的乘客及工作人员全部撤离站台。在火灾情况下排烟系统的设计能够保证烟气能够被严格地控制在站台层内或者防烟分区内。因此对于本章的模拟计算设置的安全区为站厅层,在紧急疏散情况下,将人员撤离站台层(严格控制为无烟区的站厅层)和疏散楼梯间,即可保证人员的安全。

4)人员疏散方向

人员疏散方向如图 6-5 所示。

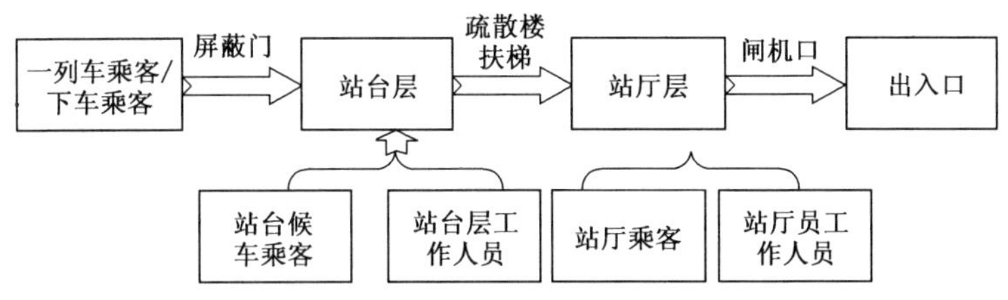

图 6-5 人员疏散方向示意图

5)车站空间构建及网格划分

大学城站的网格划分如图 6-6 所示。节点类型包括自由节点(freespace node)、楼扶梯节点(stair node)、内部出口(inner door)、外部出口(door)。为了更清楚地表示,把楼扶梯节点单独表示,通过 link 和上层站厅层相连。屏蔽门、楼扶梯入口、闸机口道等都设置为内部出口节点,4 个出入口为外部门节点。

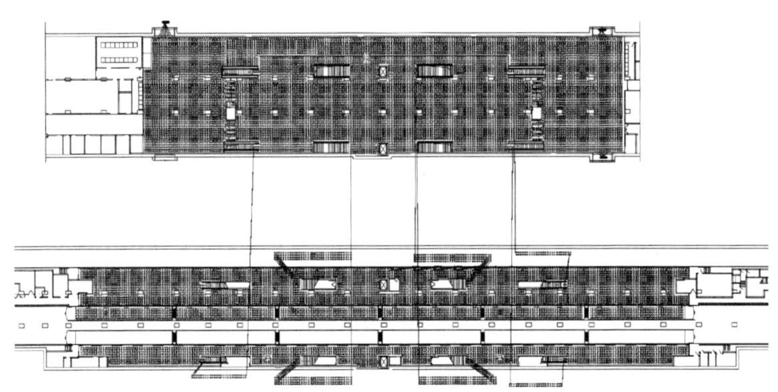

图 6-6 大学城站站台/站厅网格划分

6)人员空间分布

大学城站人员分布在站台区、站厅区和列车内,其中列车内为极

大拥挤状态,装载乘客人员为1129人,站台区域待车人员和工作人员27+34=61人,站厅区域乘客和工作人员100人,较分散,如图6-7和图6-8所示。

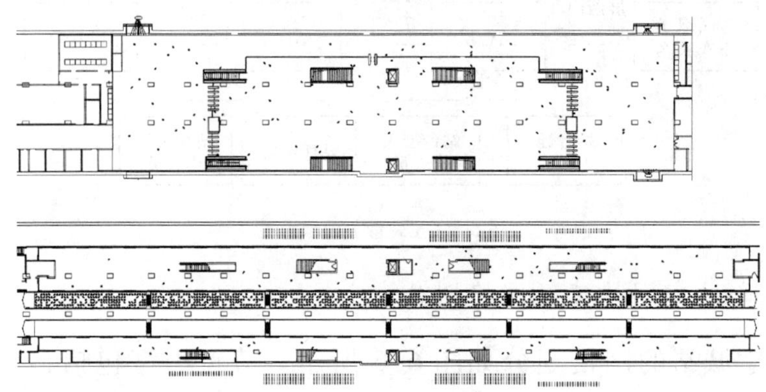

图6-7　大学城站站台、站厅层初始人员分布

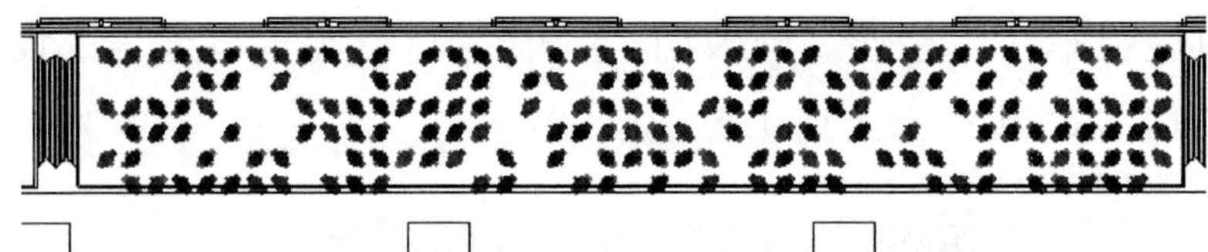

图6-8　车厢内初始人员分布

7)疏散策略选项与路径选择

疏散策略设置为紧急情况下的人员逃生(Evacuation Conditions),疏散选项设置为区域势(local potentials)、极端行为(extreme behaviour)、无耐性(impatient)、立即反应(instant response)、座椅跳跃(seat jumping)、楼梯密实性(stair packing)、主要出口熟悉性(local fam. main exits)等功能选项进行模拟。

图6-9和图6-10分别为大学城站站台层和站厅层内的区域势分布和初始期望移动方向,人员是从高势到底势的方向移动的。

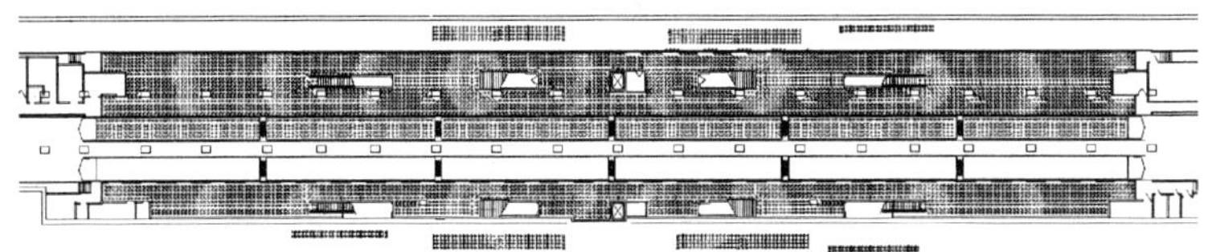

图 6-9　大学城站站台初始期望移动方向

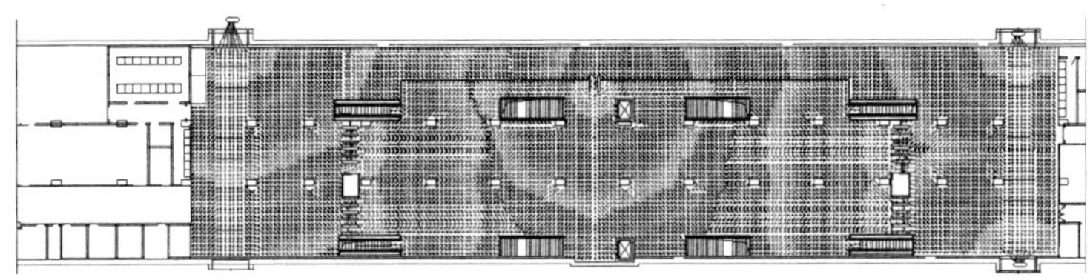

图 6-10　大学城站站厅初始期望移动方向

6.2.4　人员疏散模拟计算结果及分析

1）疏散时间统计

图 6-11 为大学城站站台层人员疏散至站厅层的人数动态变化曲线，由图可知，站台层人员将在 264s 内全部撤离站台区，即人员行动时间为 264s，如果考虑 1min 的人员反应时间，人员撤离站台的总的疏散时间为 324s = 5.4min。可见满足规范的 6min 撤离站台的要求。

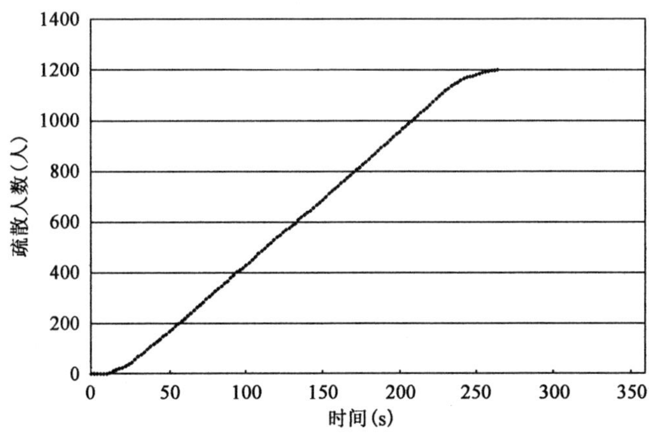

图 6-11　疏散出站台人数统计

图6-12为站厅层人员疏散出车站的人数动态变化曲线，由图可知，车站内的所有人员包括列车内乘客、站台内的候车乘客、站厅内的乘客，撤离站厅的时间需要306s，即人员总的疏散行动时间为306s，加入1min的人员反应时间，人员全部撤离站厅的时间为366s。

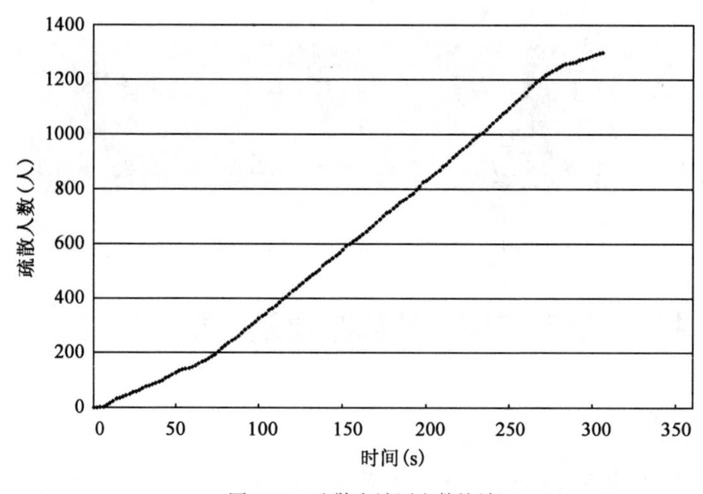

图6-12　疏散出站厅人数统计

2)各楼扶梯通过人数统计

图6-13~图6-19为各个楼扶梯的通过人数随时间的变化，其中图6-13~图6-15为岛式站台部分的疏散楼扶梯通过曲线，图6-16~图6-19为侧式站台部分的疏散楼扶梯通过曲线。可见岛式站台疏散楼梯达到饱和疏散时达到最大利用率，其通过人数的速度是相对稳定的，仅与楼梯的宽度有关。

3)车站各出入口疏散人数统计

图6-20~图6-22为车站通向外界的3个出入口的疏散人数。可以看出在疏散初期，疏散出口处疏散的人数为站厅层的人员，当站台人员大量进入站厅后，要经过一段时间到达出入口处，因此在20~50s

时,各个出入口的实时疏散人数为0。

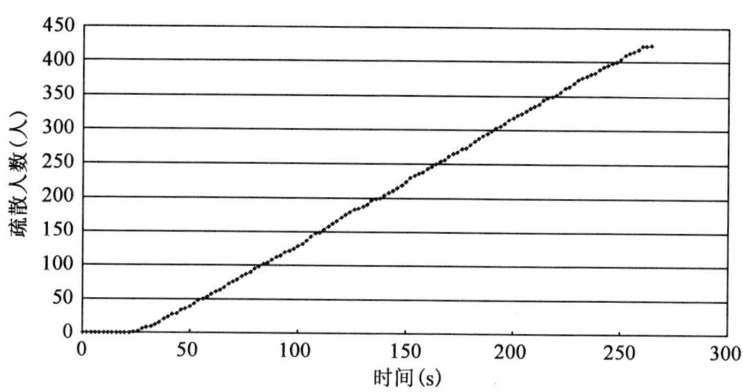

图6-13 大学城站疏散楼梯2通过人数统计

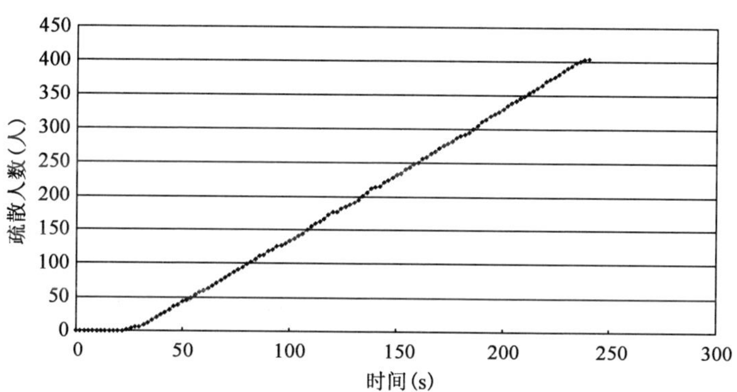

图6-14 大学城站疏散楼梯3通过人数统计

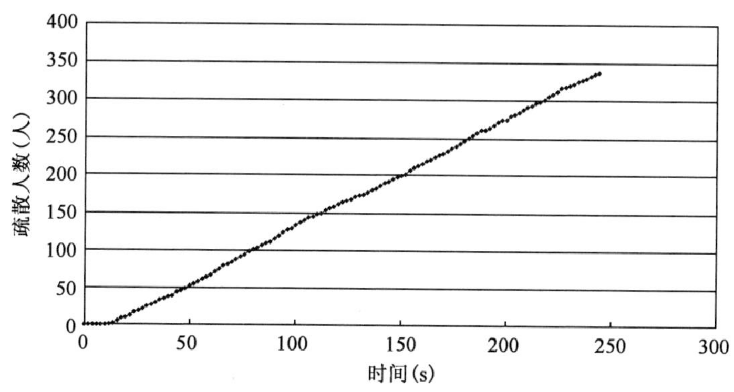

图6-15 大学城站自动扶梯4通过人数统计

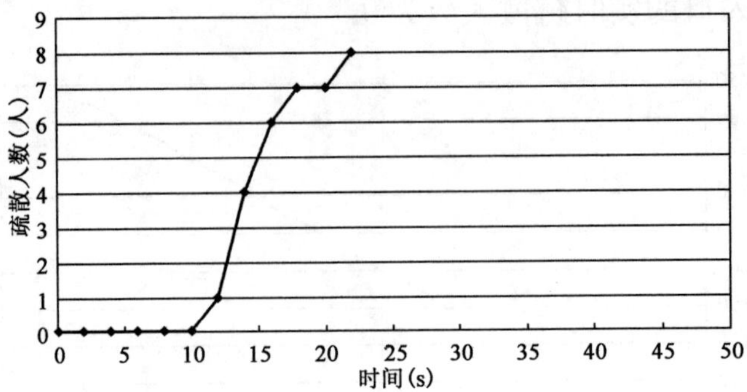

图6-16　大学城站自动扶梯5通过人数统计

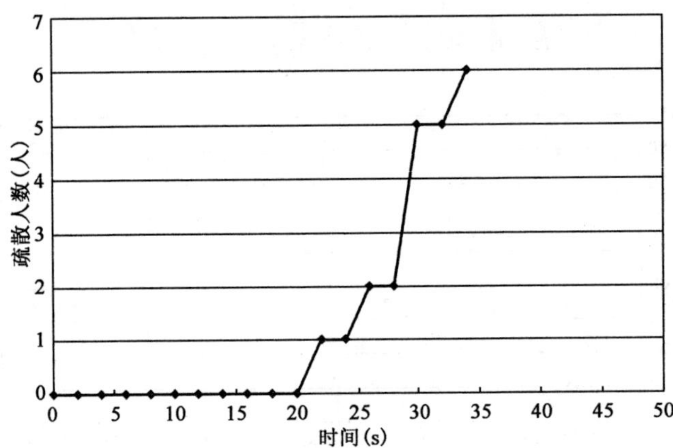

图6-17　大学城站疏散楼梯6通过人数统计

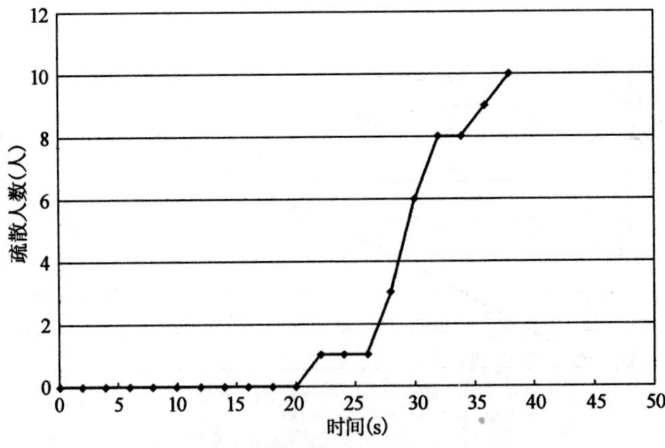

图6-18　大学城站疏散楼梯7通过人数统计

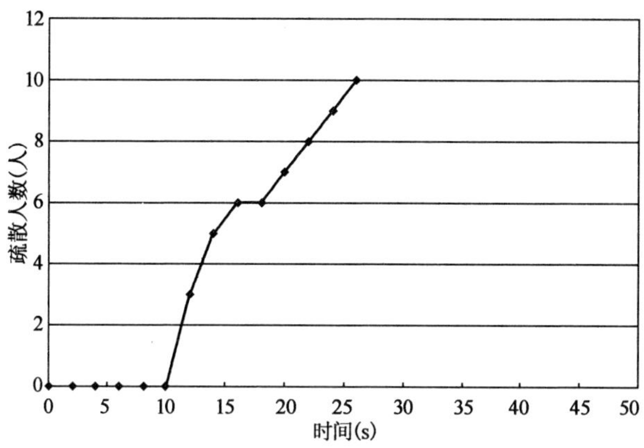

图 6-19　大学城站自动扶梯 8 通过人数统计

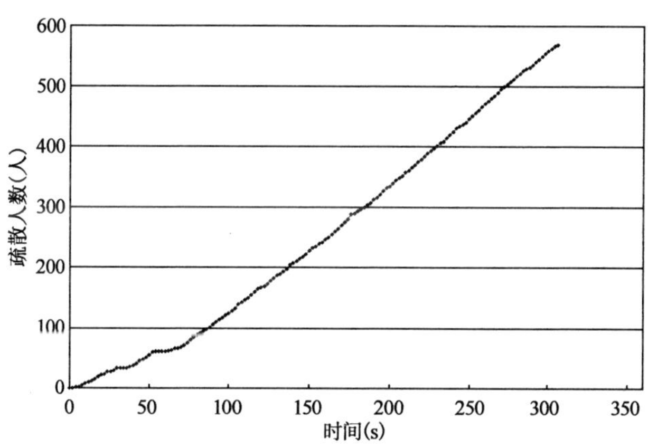

图 6-20　大学城站出入口 1 疏散人数动态变化曲线

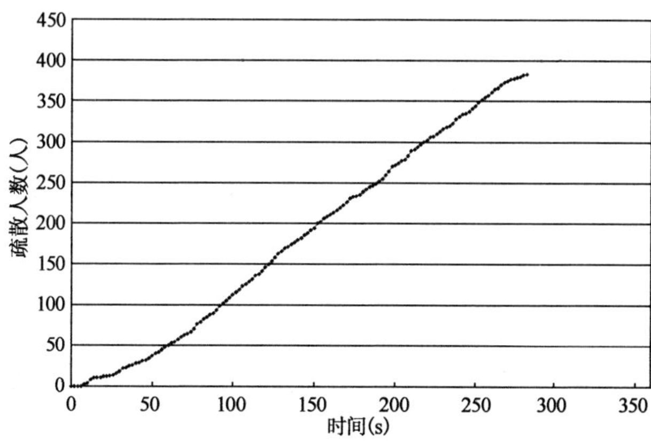

图 6-21　大学城站出入口 2 疏散人数动态变化曲线

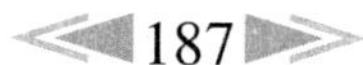

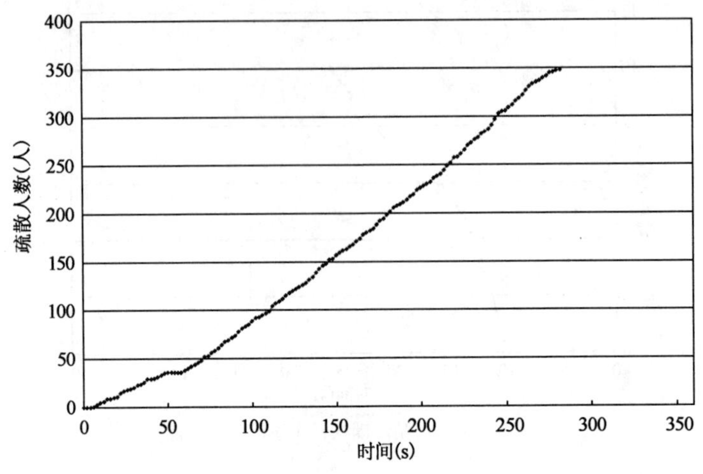

图 6-22　大学城站出入口 3 疏散人数动态变化曲线

6.2.5　人员疏散模拟结论

(1)按照《地铁设计规范》(GB 50157—2013):出口楼梯和疏散通道的宽度,应保证在远期高峰小时客流量时发生火灾的情况下,6min 内将一列车乘客和站台上候车的乘客及工作人员全部撤离站台。

(2)大学城站站台列车火灾情况下,需要疏散的人员包括:一列车的乘客(1129)、站台候车乘客(71)、站厅乘客(100),共计 1300 人。全部人员在 5.4min 内全部撤离站台层,RSET = 5.4min。因此车站疏散能力的设计满足规范的要求。

6.3　深圳地铁 3 号线通新岭站人员疏散风险安全评价

6.3.1　深圳地铁 3 号线西延段工程的疏散设计

(1)车站紧急疏散是指将站台上的乘客和工作人员疏散到上一

层(或安全区域)。

(2)紧急疏散到达层和车站人行通道的疏散能力应满足客流要求,以便乘客到达该层时能尽快离开。

(3)地下车站防火分区(有人区)安全出口的设置符合下列规定:

①车站站台和站厅防火分区,其安全出口的数量不少于两个,并直通车站外部空间。

②其他各防火分区安全出口的数量不少于两个,并有一个安全出口直通外部空间。与相邻防火分区连通的防火门可作为第二个安全出口。竖井爬梯出入口和垂直电梯不作为安全出口。

③与车站相连开发的地下商业等公共场所,通向地面的安全出口符合现行《建筑设计防火规范》(GB 50016—2006)的规定。

(4)站台公共区的任一点,距疏散楼梯或通道口不得大于50m,在站台每端均设置到达区间的楼梯。

(5)设于公共区的付费区与非付费区的栏栅设疏散门,其疏散能力应与紧急疏散客流相匹配。

(6)供人员疏散时使用的楼梯及自动扶梯,其疏散能力均按正常情况下的90%计算。在紧急情况下,所有自动扶梯均应按出站方向运行。

(7)出口楼梯和疏散通道的宽度,保证在远期高峰小时客流量时发生火灾的情况下,6min内将一列车乘客和站台上候车的乘客及工作人员全部撤离站台。

(8)安全出口、楼梯和疏散通道的设置符合下列规定:

①供人员疏散的出口楼梯和疏散通道的宽度,按《地铁设计规范》(GB 50157—2013)中有关规定计算。

②车站的设备及管理用房区域的安全出口、楼梯、疏散通道的最小净宽符合下列规定:地铁车站设备、管理用房区安全出口及楼梯为

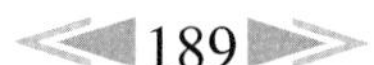

1.0m;单面布置房间的疏散通道为1.2m;双面布置房间的疏散通道为1.5m。在紧急情况下,车站内往进站方向运行的自动扶梯除一台停止工作考虑作为消防通道外,其余均缓慢停止运转,然后向出站疏散方向运行;原向出站方向运行的扶梯继续运转,以利乘客疏散。

6.3.2 典型车站选取

人员疏散模拟计算分别选取的代表车站为通新岭站,这个车站为当前以及远期客流最大的车站之一,且为地下二层岛式车站。

6.3.3 人员疏散模拟的参数设置

1)人员荷载选取与计算

(1)当前高峰客流

按照运营部门提供的客流数据,3 号线目前晚高峰断面客流见表6-6。

晚高峰客流(2014 年 3 月 31 日)　　表6-6

站　区	上　行	下　行
华新站—通新岭站	4086	9057
通新岭站—红岭站	3743	9467

当前早高峰行车间隔 3.5min。因此,

列车载客人数:9467/(60/3.5)=552(人)。

高峰小时站台候车人数:1189/(60/3.5)=69(人)。

合计:621 人。

(2)远期高峰客流

根据《深圳市地铁 3 号线工程初步设计》,远期 2032 年客流晚高峰期的客流情况见表 6-7。

远期晚高峰轨道客流量表　　表6-7

站　名	上　行			下　行		
	下客量	上客量	断面量	下客量	上客量	断面量
通新岭站	1563	1607	23934	1051	2036	21645

初、近、远期均为6辆编组。列车远期最小行车间隔为2min,线路通过能力每小时30对。

列车载客人数:21645/30=721(人)。

高峰小时站台候车人数:(1607+2036)/30=121(人)。

合计:842人。

(3)疏散客流

可见当前客流尚未达到远期客流,因此评价考虑最不利条件,按照远期早高峰最大断面客流预测结果。设计通新岭站的极大客流荷载如下:

①列车载客人数:21645/30=721(人)。

②高峰小时站台候车人数:(1607+2036)/30=121(人)。

③高峰小时下车人数:(1563+1051)/30=87(人)。

④站厅乘客:100人。

⑤站台列车火灾时疏散总人数:721+121+100=942(人)。

⑥站台层事故疏散时间不大于6min,其中1min为人的反应时间。

⑦楼扶梯通行能力按90%计算,并考虑其中一台处于检修状态。

(4)人员的年龄分布

①男性

5~14岁:5%、15~29岁:20%、30~50岁:25%、51~80岁:5%。

②女性

5~14岁:2%、15~29岁:18%、30~50岁:20%、51~80岁:5%。

人员的性别、年龄不同,其体重(weight)、身高(height)、反应时间(response times)、动力(drive)、耐性(patience)、行走速度(travel speed)、机动性(mobility)等不同。

2)车站疏散通道设计

根据初步设计,如图6-23和图6-24所示,通新岭站台通向站厅用作疏散的楼扶梯共有4部,其中3部为站台区疏散至站厅层的自动扶梯(自动扶梯1、3、4),1部为步行楼梯(疏散楼梯2)。

站厅层人员通过闸机口向出入口疏散,站厅层的闸机口包括4个闸机组(闸机口1、2、3、4、5、6)。疏散出入口有两个,如图6-24所示。

紧急疏散情况下的疏散通道状态为:

(1)屏蔽门打开;

(2)所有的闸机口都打开用作疏散;

(3)所有自动扶梯上行;

(4)考虑一台上行扶梯处于检修(自动扶梯1)。

3)人员空间分布

通新岭站人员分布在站台区、站厅区和列车内,其中列车内为极大拥挤状态,装载乘客人员为一列车的乘客(721),及站台候车乘客(121)、站厅乘客人员(100),共计942人,较分散,见图6-25和图6-26。

4)疏散策略选项与路径选择

疏散策略设置为紧急情况下的人员逃生,疏散选项设置为区域势、极端行为、无耐性、立即反应、座椅跳跃、楼梯密实性、主要出口熟悉性等功能选项进行模拟。

图6-27和图6-28分别为通新岭站站台层和站厅层内的区域势分布和初始期望移动方向,人员是从高势到底势的方向移动的。

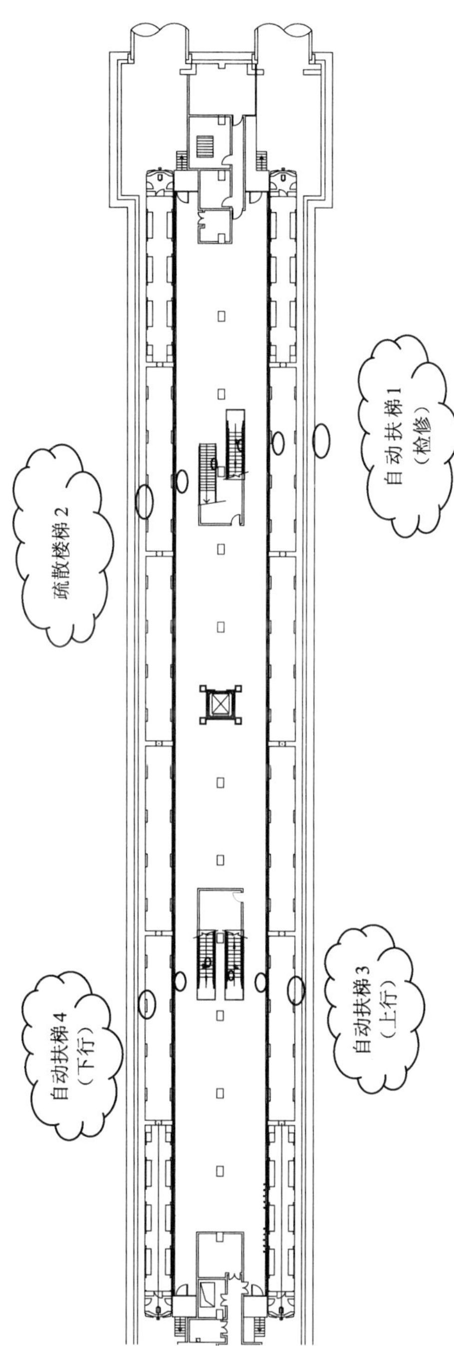

图 6-23 通新岭站站台疏散扶梯及疏散楼梯示意图

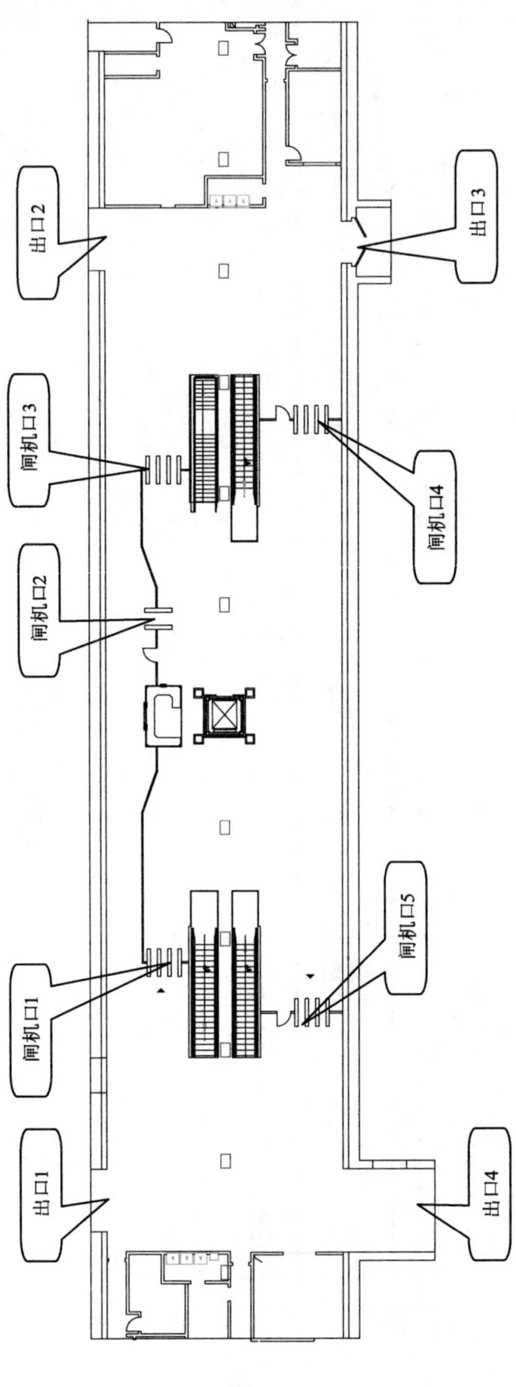

图 6-24 通新岭站站厅疏散通道示意图

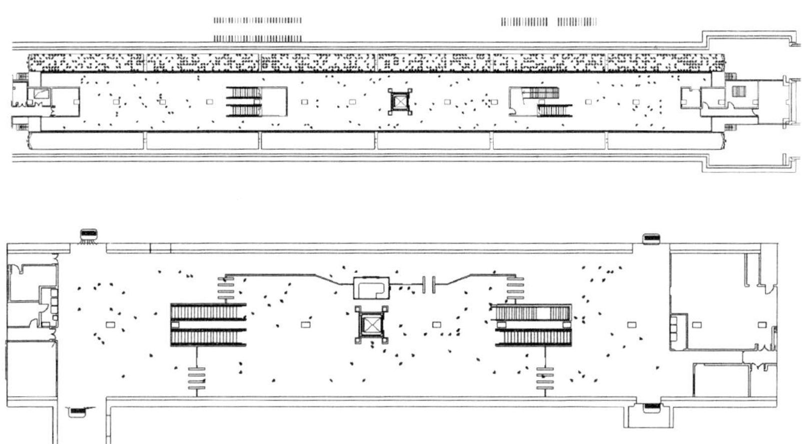

图 6-25 通新岭站站台、站厅层初始人员分布

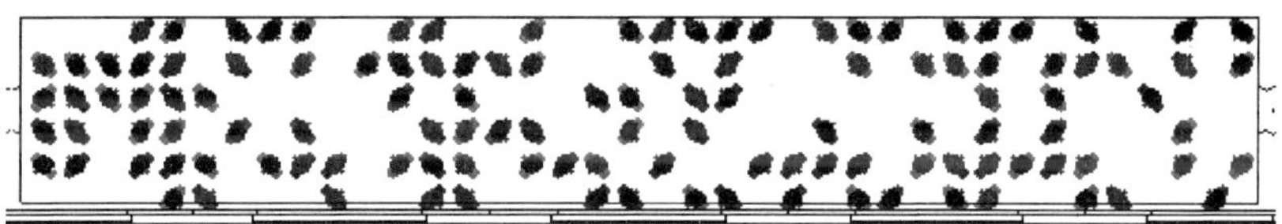

图 6-26 车厢内初始人员分布

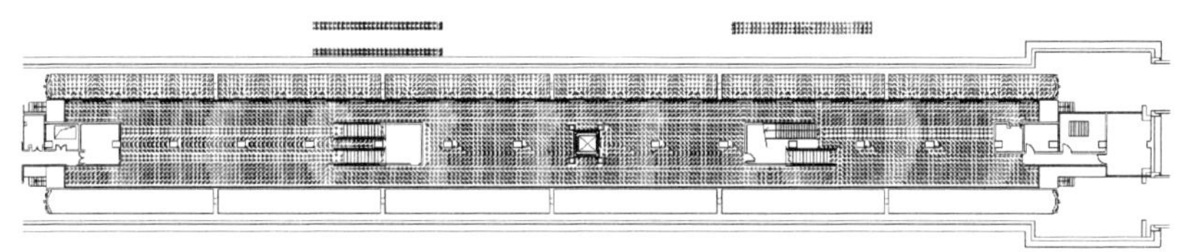

图 6-27 通新岭站站台初始期望移动方向

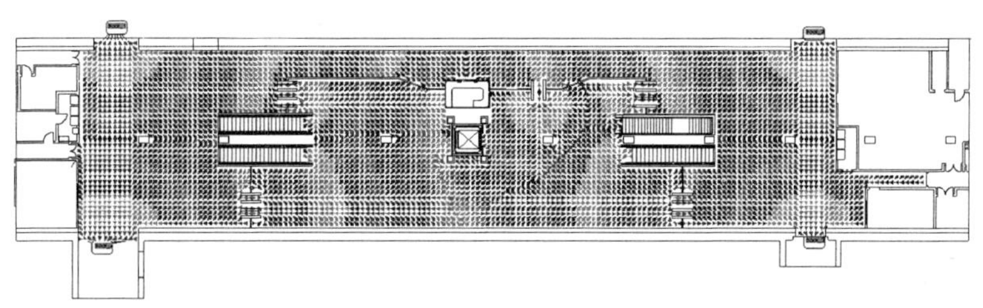

图 6-28 通新岭站站厅初始期望移动方向

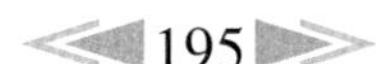

6.3.4 人员疏散模拟计算结果及分析

1)疏散时间统计

图6-29为通新岭站站台层人员疏散至站厅层的人数动态变化曲线,由图可知,站台层人员将在218s内全部撤离站台区,即人员行动时间为218s,如果考虑1min的人员反应时间,人员撤离站台的总的疏散时间为278s=4.63min。可见满足规范的6min撤离站台的要求,但逼近6min的限值。

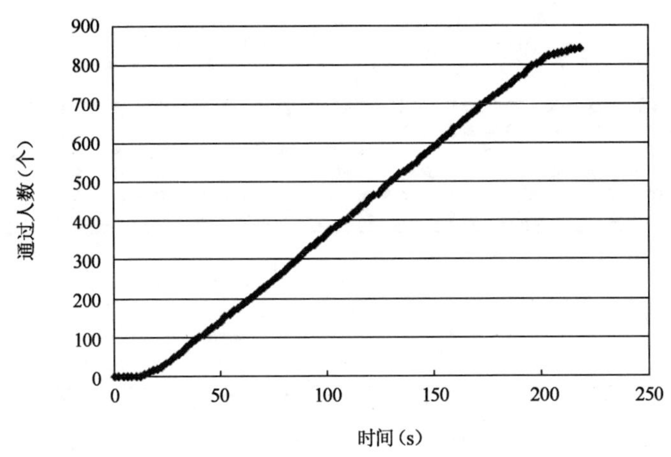

图6-29 疏散出站台人数统计

图6-30为站厅层人员疏散出车站的人数动态变化曲线,由图可知,车站内的所有人员包括列车内乘客、站台内的候车乘客、站厅内的乘客,撤离站厅的时间需要232s,即人员总的疏散行动时间为242s,加入1min的人员反应时间,人员全部撤离站厅的时间为302s。

2)各楼扶梯通过人数统计

图6-31~图6-33为各个楼扶梯的通过人数随时间的变化,可见

疏散楼梯达到饱和疏散时达到最大利用率,其通过人数的速度是相对稳定的,仅与楼梯的宽度有关。

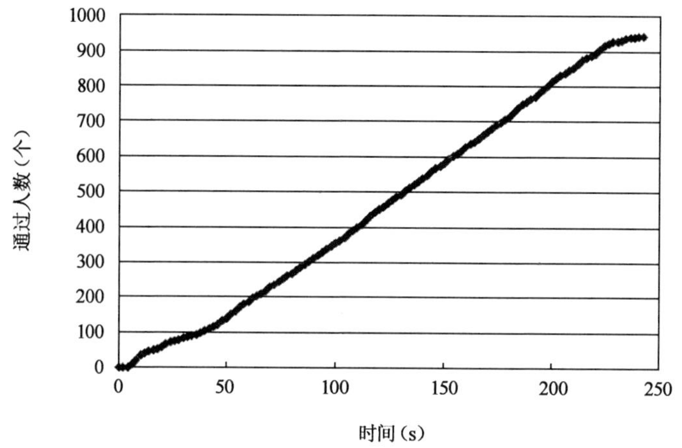

图6-30　疏散出站厅人数统计

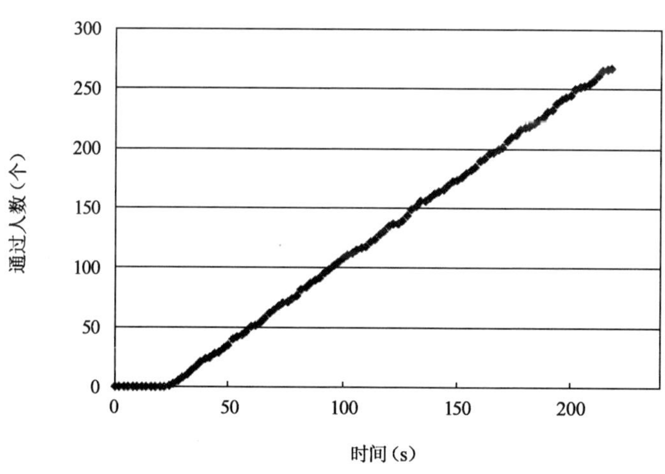

图6-31　通新岭站疏散楼梯2通过人数统计

3)车站各出入口疏散人数统计

图6-34~图6-37为车站通向外界的42个出入口的疏散人数。可以看出在疏散初期,疏散出口处疏散的人数为站厅层的人员,当站

台人员大量进入站厅后,要经过一段时间到达出入口处,因此在20~50s时,各个出入口的实时疏散人数为0。

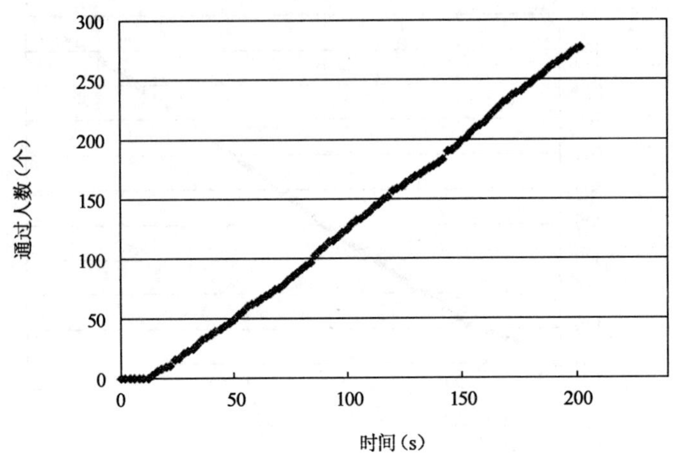

图6-32 通新岭站自动扶梯3通过人数统计

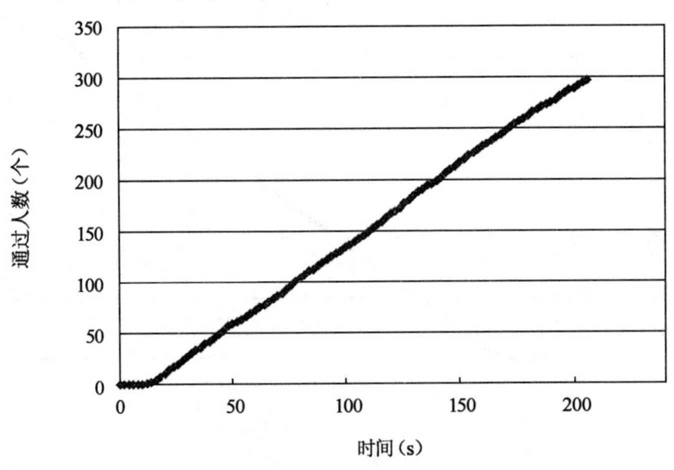

图6-33 通新岭站自动扶梯4通过人数统计

6.3.5 人员疏散模拟结论

本章通过精细网格计算模拟的方法对深圳市地铁3号线西延段

工程(益田—红岭)典型车站的人员疏散进行计算机模拟。计算选取具有代表性的典型车站通新岭站,计算分析高峰客流人员荷载情况下的人员全疏散过程和疏散行动时间。分析疏散通道及出口的设置是否达到规范的要求分析人员是否能够安全疏散。

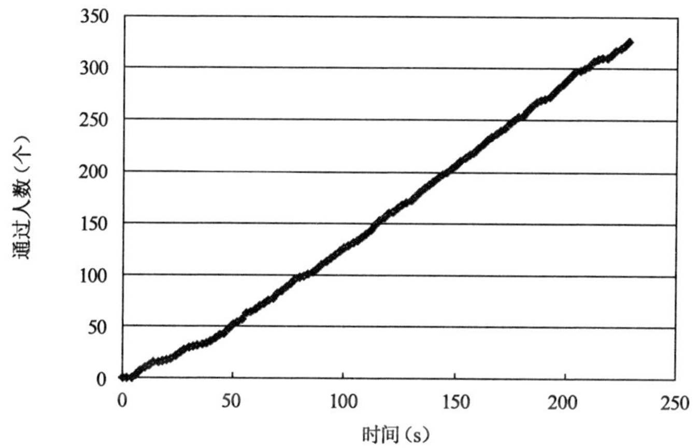

图6-34 通新岭站出入口1疏散人数动态变化曲线

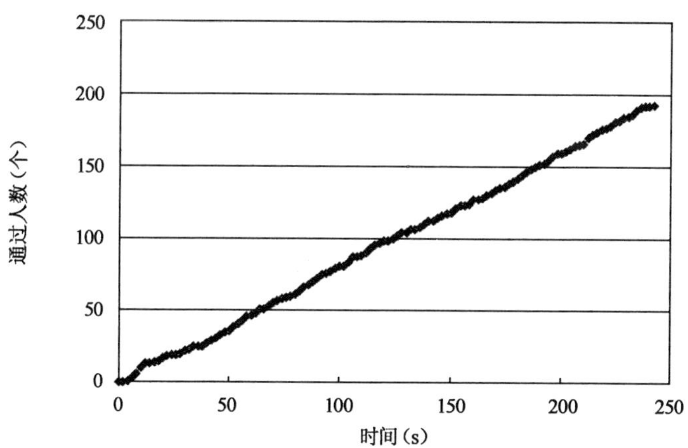

图6-35 通新岭站出入口2疏散人数动态变化曲线

计算得到的结论如下:

(1)按照《地铁设计规范》(GB 50157—2013):出口楼梯和疏散

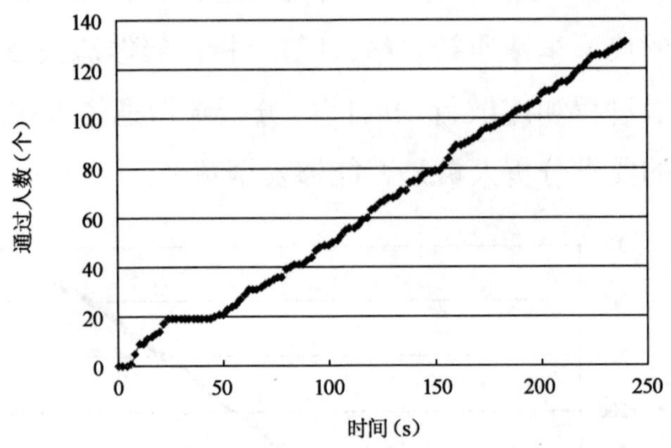

图 6-36　通新岭站出入口 3 疏散人数动态变化曲线

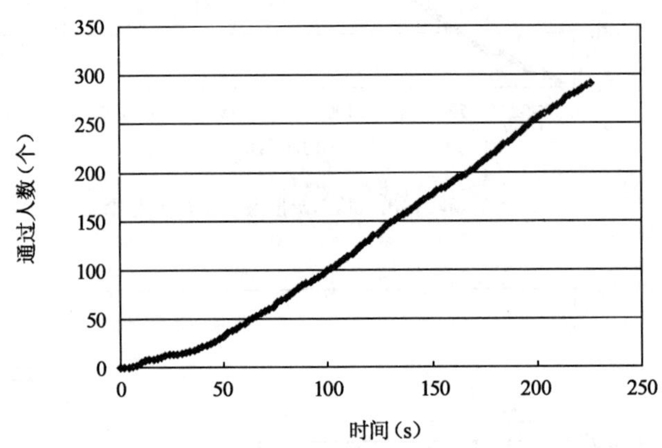

图 6-37　通新岭站出入口 4 疏散人数动态变化曲线

通道的宽度，应保证在远期高峰小时客流量时发生火灾的情况下，6min 内将一列车乘客和站台上候车的乘客及工作人员全部撤离站台。

（2）通新岭站站台列车火灾情况下，需要疏散的人员包括：一列车的乘客（721）、站台候车乘客（121）、站厅乘客（110），共计 942 人。全部人员在 4. 63min 内全部撤离站台层，RSET =4. 63min。因此车站疏散能力的设计满足规范的要求。

第7章 城市轨道交通人员行为评价方法及工程示范

7.1 城市轨道交通人员行为评价方法

地铁在运营时间车站客流量大,人员集中,一旦发生火灾等突发事故,容易造成群死群伤。因此针对地铁这种公众密集场所,如何制定有效的应急疏散预案,在突发事故发生后,合理快速的组织地铁乘客疏散至安全区域,是地铁运营企业和政府有关部门普遍关注的问题。地铁应急疏散方案的制定首先需要了解乘客的疏散行为特征,例如,乘客疏散时的路径选择、对安全知识的了解以及疏散行为和心理特性等,本节将利用调查问卷的方法对地铁突发事件下地铁人群的安全行为及心理特性进行分析研究。

7.1.1 城市轨道交通乘客及工作人员安全调查问卷设计方案

根据安全意识的内涵、结构及前人的研究成果,以及地铁环境的具体情况,设计地铁人群安全行为及心理调查问卷[39],调查问卷主要考察以下几方面的问题。

(1)个人信息:确认调查对象的基本信息,以便分析由于个体差异对其安全行为特征的影响程度。

(2)安全知识:调查地铁人群对地铁安全的基本知识掌握程度,获取地铁安全知识的途径等。

(3)安全态度:调查地铁人群对地铁安全的关注程度、感受、看法和态度,进一步可分为认知倾向、情感倾向、行为倾向。

(4)安全行为:通过一些情景或对一些实际问题,考察地铁人群乘客在突发事件下的具体行为倾向。

地铁人群安全行为及心理问卷调查研究技术路线图如图 7-1 所示,调查问卷的设计框架如图 7-2 所示。

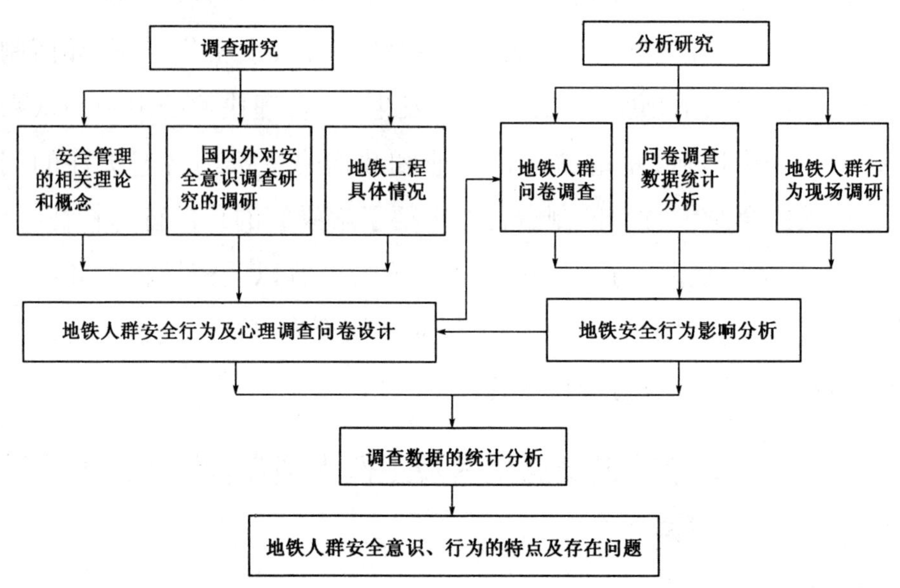

图 7-1　地铁人群安全行为及心理问卷调查研究技术路线图

按照设计的调查问卷框架,各部分的具体内容参见表 7-1 和表 7-2。

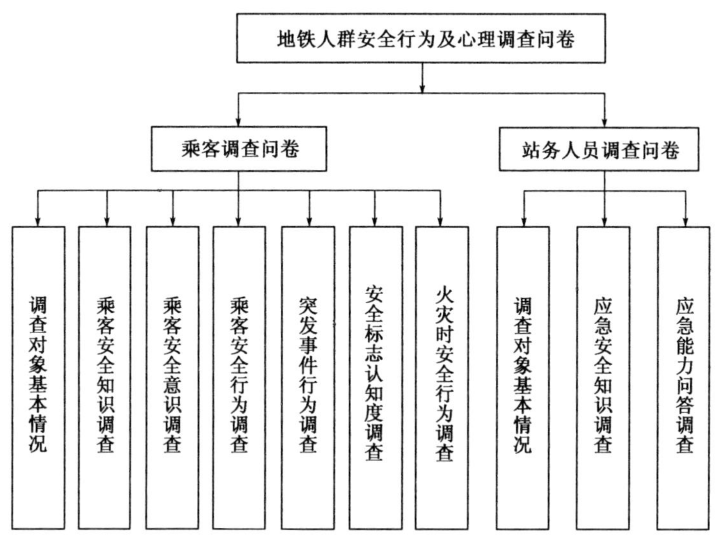

图7-2 调查问卷设计框架

城市轨道交通乘客安全行为及心理调查问卷内容 表7-1

编号	问卷内容	选择项
A部分:背景资料		
A1	性别	1.男性;2.女性
A2	年龄	1.7~17岁;2.18~22岁;3.23~28岁;4.29~44岁;5.45~59岁;6.60岁或以上
A3	请问您的受教育程度是什么?	1.小学及以下;2.初中;3.高中;4.中专/技校/职业高中;5.大专;6.本科;7.硕士研究生;8.博士
A4	请问您目前的职业是什么?	1.党政机关/社团/事业单位工作人员;2.企业/公司管理人员;3.企业/公司普通员工;4.专业人员(包括教师/医生/律师等);5.个体户/私营业主;6.自由职业者;7.学生;8.离退休9.其他
A5	您目前的居住地在深圳的哪个位置?	1.城区;2.郊区;3.城郊接合部
A6	您在深圳居住的时间有多长?	1.临时路过或旅游/出差;2.半年以内;3.半年至两年;4.2~5年;5.5~10年;6.10年以上

续上表

编号	问 卷 内 容	选 择 项
	B部分:安全知识	
B1	请问您是否知道地铁站内和车内的"乘客须知"呢?	1.知道"乘客须知"并且完全了解/基本了解其中的内容;2.知道"乘客须知"但不太了解其中的内容;3.不知道"乘客须知"
B2	请问您对安全疏导标识的作用了解吗?对安全警示标识呢?对黄色安全线呢?	
	安全疏导标识	1.完全不了解;2.不太了解;3.一般;4.比较了解;5.非常了解
	安全警示标识	1.完全不了解;2.不太了解;3.一般;4.比较了解;5.非常了解
	黄色安全线	1.完全不了解;2.不太了解;3.一般;4.比较了解;5.非常了解
B3	请问您是否知道地铁车厢内设有报警装置?	1.知道并且了解具体位置;2.知道但不了解具体位置;3.不知道
B4	请问您是否知道建设部出台的《城市轨道交通运营管理办法》和《深圳城市轨道交通管理条例》?	1.全部知道;2.只知道《城市轨道交通运营管理办法》;3.只知道《深圳市城市轨道交通管理条例》;4.都不知道/不太清楚
B5	请问您是否接触过有关地铁安全知识方面的宣传?	1.接触过;2.没有接触过
B6	请问您获得地铁安全知识的主要途径有哪些?(可多选)	1.报纸杂志;2.电视;3.相关的宣传读物;4.地铁站内及车内的宣传广告;5.互联网;6.亲朋好友;7.地铁车票;8.地铁工作人员的疏导、提醒;9.地铁站内及车内的声音广播;10.其他
	C部分:安全意识	
C1	请问您对地铁安全的关心程度如何?	1.非常关心;2.比较关心;3.一般;4.比较不关心/很少关心;5.完全不关心
C2	请问您通常是否会有意识地站在黄线以内候车呢?	1.会的;2.不会的;3.不知道
C3	您对"地铁安全出口"的关注程度如何?对"消防设施位置"呢?对"安全标志"呢?	
	地铁安全出口	1.非常不关注;2.不太关注;3.一般;4.比较关注;5.非常关注

续上表

编号	问卷内容	选择项
C部分:安全意识		
C3	消防设施位置	1.非常不关注;2.不太关注;3.一般;4.比较关注;5.非常关注
	安全标志	1.非常不关注;2.不太关注;3.一般;4.比较关注;5.非常关注
C4	请问您对加强地铁安全知识宣传的认同程度如何?	1.非常认同;2.比较认同;3.一般;4.比较不认同/不太认同;5.完全不认同
D部分:安全行为		
D1	如果您看到有人在站台/站厅/车厢内吸烟,您会怎么做?	1.不理睬;2.上前提醒或制止;3.离开此处,向其他方向走;4.其他
D2	如果您在站厅内或列车上发现无人认领的可疑物品,您会怎么做?	1.不理睬;2.打开看看;3.通知地铁工作人员;4.拿走,交给地铁工作人员
D3	携带过以下物品乘坐地铁吗?	
	油料、油漆、液化气等危险品	1.有;2.没有;3.记不清了
	自行车、洗衣机、电视机等笨重物品	1.有;2.没有;3.记不清了
	易碎玻璃制品	1.有;2.没有;3.记不清了
	宠物	1.有;2.没有;3.记不清了
D4	进入站台时你是否自觉将所带物品进行安检?	1.是;2.否;3.不确定
D5	在自动扶梯上您一般靠那边站立?	1.右边;2.左边;3.中间;4.不确定
D6	您在运动的自动扶梯上一般是继续行走,还是站立不动?	1.继续行走;2.站立不动;3.不确定
E部分:突发事件处理		
E1	如果地铁站内发生突发事件(如火灾、爆炸、停电、恐怖袭击等),您会怎么做?	1.冷静观望,听从指挥;2.慌乱,不知所措;3.自己想办法逃生或寻求帮助;4.其他(请注明)
E2	如果地铁发生突发事件(火灾、爆炸、恐怖袭击等),最有效的解决方法是什么?	1.冷静观望,听从指挥;2.寻求帮助;3.自己想办法逃生;4.其他

续上表

编号	问 卷 内 容	选 择 项
E3	如果您的贵重物品掉落在站台下面,您会怎么做?对一般物品呢?	
	贵重物品	1. 自己跳下站台捡拾;2. 找站台工作人员解决;3. 不要了;4. 其他
	一般物品	1. 自己跳下站台捡拾;2. 找站台工作人员解决;3. 不要了;4. 其他
E4	如果您进入地铁站厅内,发现地铁内乘客很多,密度很大,您会怎么做?	1. 无所谓,继续购票乘车;2. 离开地铁站厅,换乘其他交通工具;3. 在站厅内等待,人少时再购票乘车
H 部分:客运服务标志		
H1	地铁车站购票的指引标志是否醒目,指引明确?	1. 标志明显内容清晰;2. 导向不明确;3. 形式不美观;4. 需要改进;5. 不关心
H2	地铁导向标志是否醒目,指引明确?	1. 标志明显内容清晰;2. 导向不明确;3. 形式不美观;4. 需要改进;5. 不关心
H3	您凭地铁导向标志是否可以快速到达你要到的地方?	1. 标志明显内容清晰;2. 导向不明确;3. 形式不美观;4. 需要改进;5. 不关心
H4	在乘坐地铁中您对哪类标志感觉最重要,还需要增加或强化?	1. 导向标志;2. 警示标志;3. 设施标志;4. 残障标志;5. 无所谓
I 部分:火灾事故下安全行为		
I1	地铁发生火灾时,您将会用自动扶梯还是步行梯撤离站台?	1. 自动扶梯;2. 步行梯;3. 不确定
I2	地铁发生火灾时,您在运动的自动扶梯上一般是继续行走,还是站立不动?	1. 继续行走;2. 站立不动;3. 不确定
I3	地铁发生火灾自动扶梯会断电停止运行时,这时你会选择自动扶梯还是步行梯?	1. 自动扶梯;2. 步行梯;3. 以最快撤离为准,选择自动扶梯还是步行梯
I4	当地铁车站内发生突发事件(如火灾、爆炸、停电、恐怖袭击等),乘客撤离时,如果您发现您前面的自动扶梯或步行梯前已经发生较大的拥堵,您一般会怎么办?	1. 选择站台另一端的扶梯或步梯;2. 在该处继续等待;3. 根据拥堵的情况,估计一下到站台另一端疏散楼梯的时间,再做决定是否过去

续上表

编号	问卷内容	选择项
I部分:火灾事故下安全行为		
I5	地铁发生突发事件时,站厅内的检票闸机、边门将全部打开供乘客疏散,您会选择闸机还是边门?	1. 闸机;2. 边门;3. 不确定,按照哪个距离近决定
I6	地铁发生突发事件紧急疏散时,如果前面有乘客摔倒,您会怎么办?	1. 尽量避让,不踩着摔倒的乘客;2. 自己疏散要紧,不管了,直接跃过去;3. 上去搀扶起来
I7	地铁发生突发事件时,您会怎样处理?	1. 听从指挥,别人往哪儿走就往哪儿走;2. 跟着人多的方向走;3. 选择人少的疏散通道走;4. 选择最快撤离的疏散通道走
I8	地铁车站的疏散通道,一般能在6min内将乘客全部疏散出起火站台,如果6min后您还没有疏散出来,而此时站台内已经大量聚集的烟气,您会怎么办?	1. 不慌乱,继续在该出口疏散;2. 慌乱,产生推搡、践踏等极端行为;3. 烟雾中寻找别的出口

深圳地铁站务人员应急能力调查问卷内容 表7-2

编号	问卷内容	选择项
A部分:背景资料		
1	您的年龄?	1.18~22岁;2.23~25岁;3.26~30岁;4.31~40岁;5.41~50岁;6.51~60岁
2	您的性别?	1.男;2.女
3	您的工龄?	1.5年以上;2.3~5年;3.2~3年;4.1~2年;5.1年以下
4	您的现职岗位时间?	1.5年以上;2.3~5年;3.2~3年;4.1~2年;5.1年以下;6.实习
5	您目前的职务/职称?	自己填写
6	您目前的工作岗位?	自己填写
7	您所在岗位的主要职责?	自己填写
8	您目前的居住地在深圳的哪个位置?	1.城区;2.郊区;3.城郊接合部
9	您目前上班需要几个小时	自己填写

续上表

编号	问卷内容	选择项
B 部分:安全教育培训认证		
1	请问您是否参加过地铁公司组织的安全培训?	1. 参加过;2. 没有参加过
2	请问您自入职以来参加过哪些安全培训?	自己填写
3	请问您的岗位上有哪些新技术新产品新工艺,是否进行过相应的培训?	自己填写
4	请问您有哪些上岗证? 上岗证是由什么单位颁发的?	自己填写
5	请问您觉得在本岗位还应进行哪些培训?	自己填写
C 部分:应急演练		
1	请问您是否参加过应急演练?	1. 参加过;2. 没有参加过
2	请问您都参加过哪些应急演练? 是桌面演练还是实操演练?	自己填写
3	请问您知道本岗位有哪些应急救援设备设施? 这些应急救援设备设施都存放在何处?	自己填写
4	您觉得现阶段制定的应急救援预案可操作性怎么样? 您觉得应在哪些地方进行改进?	1. 可操作性强;2. 可操作性较强;3. 可操作性一般;4. 可操作性较差;5. 可操作性差 自己填写
D 部分:其他		
1	请问您觉得工作强度大吗?	1. 强度很大;2. 强度大;3. 强度一般;4. 强度较小;5. 强度小
2	请问您觉得造成工作强度大的原因是什么?	自己填写
3	请问您觉得所在岗位最大的安全隐患是什么? 针对这些安全隐患应采取哪些安全对策措施?	自己填写

7.1.2　城市轨道交通乘客及工作人员安全评价内容

根据地铁突发事件时人群疏散的特点，依据地铁人群安全行为及心理调查问卷统计结果，对地铁人群安全疏散行为进行研究，主要内容包括：

(1)调查对象个人信息统计分析：了解调查对象的年龄、性别、受教育程度、职业及的居住情况等内容。人的行为反应与社会文化环境关系密切，而组成社会的个体成员的素质与其行为反应有着更为紧密的关系，所以调查对象的个人信息是研究其在突发事件下疏散行为反应的重要原始资料。

(2)乘客应急疏散知识统计分析：通过调研地铁人群对地铁设置的应急疏散设施是否了解，是否具备地铁突发事件下疏散的基本知识等问题，统计分析地铁人群对地铁安全的关心程度及安全意识等。

(3)突发事件下乘客疏散安全行为统计分析：通过调研地铁突发事件发生后地铁人群对疏散路线、疏散通道的选择及其应变能力等，分析发生突发事件下人群的行为特征，考察地铁设置的逃生设施是否有效，哪些需要改进，哪些逃生设施未起作用等。

7.2　城市轨道交通人员行为评价示范应用

为了全面了解乘客及站务人员安全意识情况，2013 年 12 月在深圳地铁 5 号线深圳北站对出行乘客的安全知识、安全意识、安全行为及站务人员的突发事件下应急安全知识及意识进行了调查。

在深圳地铁 5 号线深圳北站随机发放调查问卷 100 份，收回调查

98 份,有效调查问卷 98 份,具体情况见表 7-3。98 份有效调查问卷中小学及以下学历乘客为 1 人,初中学历乘客为 14 人,高中学历乘客 29 人,中专/技校/职业高中学历乘客 9 人,大专学历乘客 24 人,本科 20 人,硕士 1 人,博士 0 人,见图 7-3。

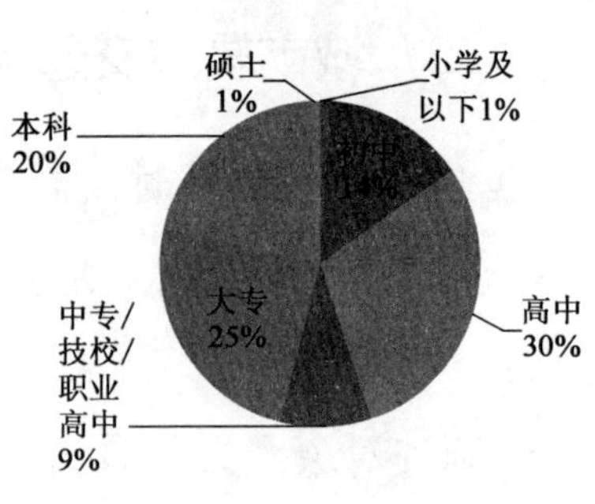

图 7-3 被调查对象文化程度分布图

调查问卷数据来源 表 7-3

调研时间	调研地点	发放问卷	有效问卷
2013.10.17	深圳地铁 5 号线深圳北站	100	98

7.2.1 乘客安全调查问卷分析评价

1)乘客背景资料调查分析

(1)98 份有效调查问卷中,男 50 人,女 48 人。按年龄段来分:7 ~ 17 岁有 1 人,18 ~ 22 岁有 9 人,23 ~ 28 岁有 45 人,29 ~ 44 岁有 27 人,45 ~ 59 岁有 15 人,60 岁或以上 1 人,见图 7-4。按职业来分:党政机关/社团/事业单位工作人员 2 人,企业/公司管理人员 13 人,企业/公司普通员工 31 人,专业人员(包括教师/医生/律师等)2 人,个体户/私营业主 14 人,自由职业者 25 人,学生 1 人,离退休 4 人,其他 6 人,见图 7-5。

(2)在深圳地铁 5 号线乘客安全调查中,31% 的乘客目前居住在深圳的城区,27% 的乘客目前居住在深圳的城郊接合部,42% 的乘客目前居住在深圳的郊区,见图 7-6。大部分被调查乘客在深圳的居住/逗留时间超过半年以上,因此对深圳地铁有着较充分感受和认识。

2)乘客安全知识调查分析

在深圳地铁 5 号线乘客安全知识方面的调查表示:

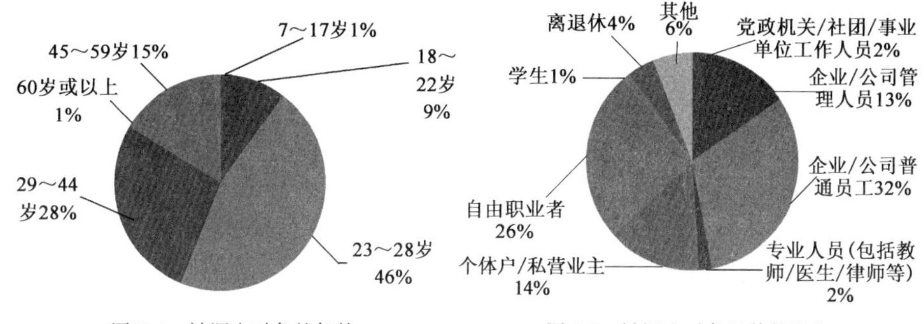

图7-4　被调查对象的年龄　　　图7-5　被调查对象目前的职业

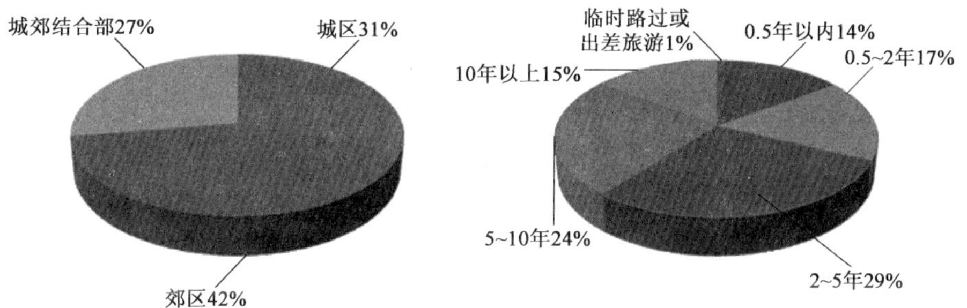

图7-6　被调查对象居住地及居住/逗留时间情况

(1)在深圳地铁5号线乘客安全调查中,仅42%的乘客知道"乘客须知"并完全了解、基本了解其中的内容,并且52%的乘客知道"乘客须知"但不太了解其中的内容,还有6%的乘客不知道"乘客须知",见图7-7。

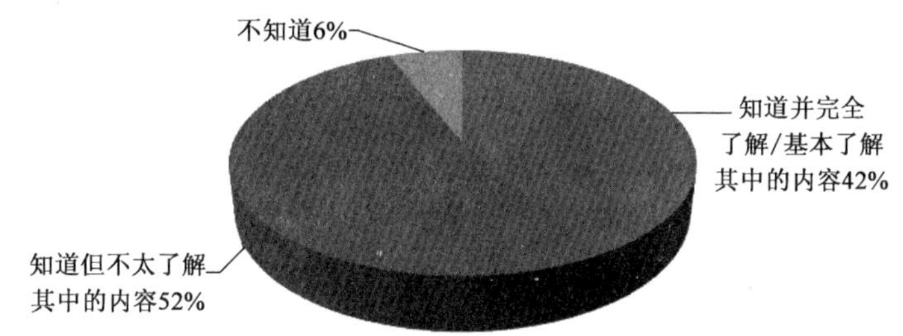

图7-7　被调查对象对"乘客须知"的了解情况

(2)在深圳地铁5号线出行乘客对安全疏导标识的了解程度调查结果是:89%乘客都基本了解,见图7-8。乘客对安全警示标识的了

解程度调查结果为:87%的乘客基本了解安全警示标识的作用,完全不了解的占3%,如图7-9所示。对于黄色安全线,大部分乘客都基本了解,如图7-10所示。

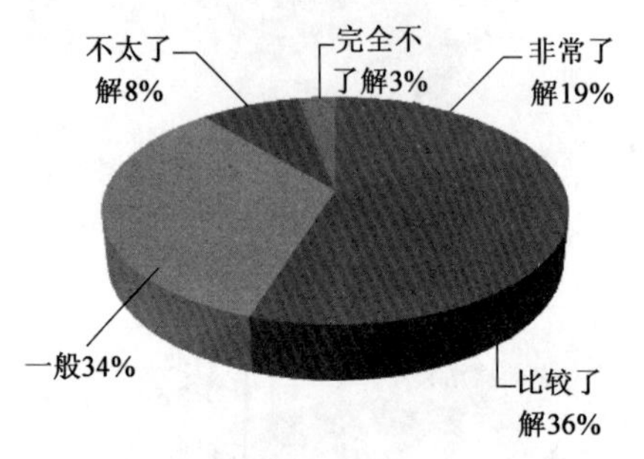

图7-8　被调查对象对安全疏导标识的了解程度

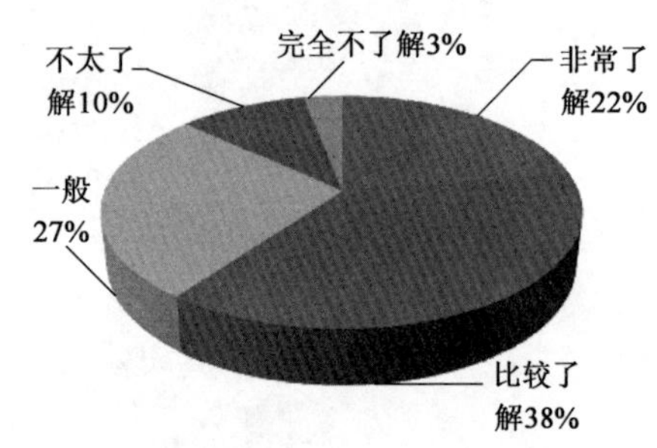

图7-9　被调查对象对安全警示标识的了解程度

(3)调查发现,只有47%的人知道并了解地铁车厢内的报警装置的具体位置,有47%乘客虽然知道但不了解报警装置的具体位置,6%的乘客不知道地铁车厢内设有报警装置,如图7-11所示。

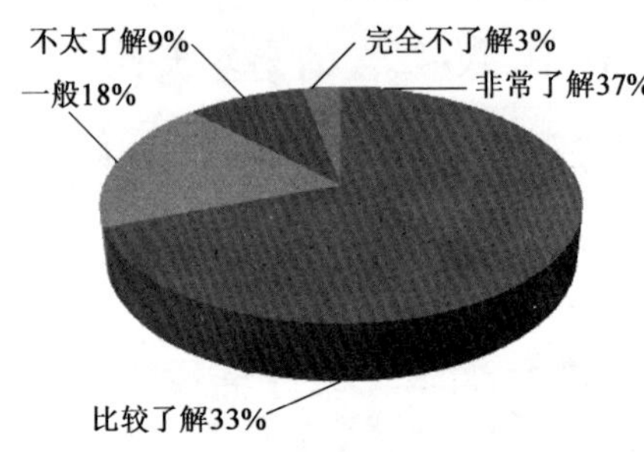

图7-10　被调查对象对黄色安全性的了解程度

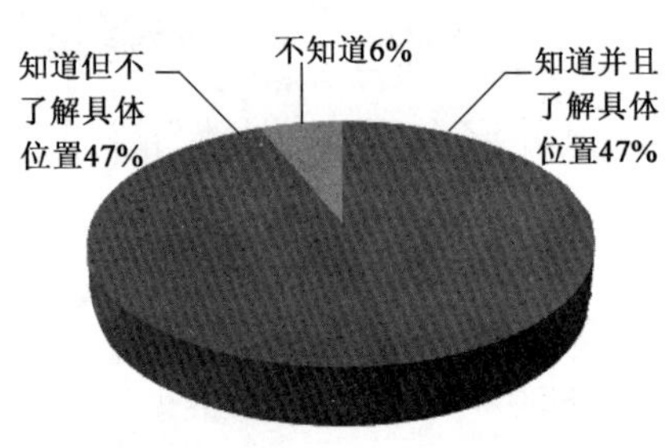

图7-11　被调查对象是否知道地铁车厢内设有报警装置

(4)对于建设部出台的两项管理办法:《城市轨道交通运营管理办法》和《深圳市城市轨道交通安全运营管理办法》都不知道的占49%,只知道《城市轨道交通运营管理办法》和《深圳市城市轨道交通安全运营管理办法》其中一项的分别占19%和15%,只有17%的人知道这两部运营管理办法,如图7-12所示。

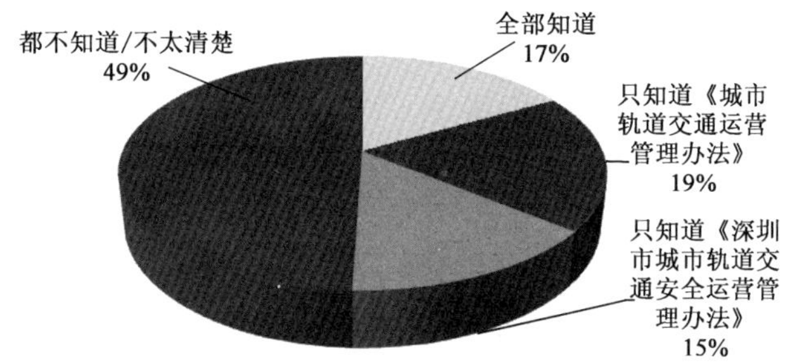

图7-12 被调查对象是否知道建设部出台的两项管理办法

(5)在深圳地铁5号线乘客安全调查中,其中有69%的乘客接触过有关安全知识方面的宣传,有31%的乘客没有接触过有关安全知识方面的宣传,如图7-13所示。因此还需要加大地铁安全知识的宣传力度。

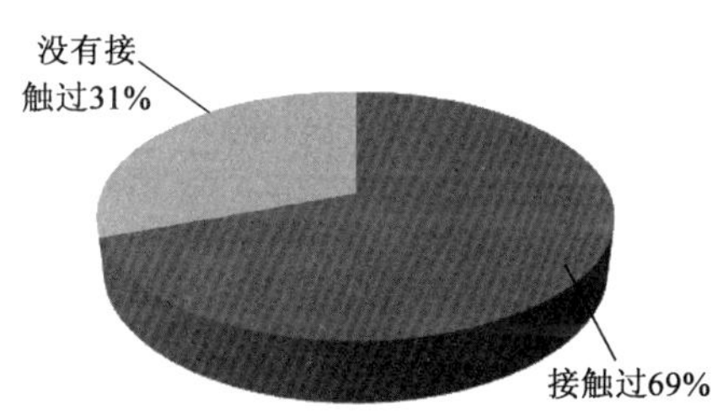

图7-13 被调查对象是否接触过有关地铁安全知识方面的宣传

(6)在深圳地铁5号线乘客安全调查中,20%的乘客主要通过地铁站及车内宣传广告获得地铁安全知识;13%的乘客主要通过地铁站内及车内的声音广播获得地铁安全知识;14%的乘客主要通过报纸杂志获得地铁安全知识;11%的乘客主要通过地铁工作人员的疏导、提醒获得地铁安全知识;15%的乘客主要通过电视获得地铁安全知识;11%的乘客主要通过相关的宣传读物获得地铁安全知识;7%的乘客主要通过互联网获得地铁安全知识;4%乘客主要通过地铁车票获得地铁安全知识;4%的乘客主要通过亲朋好友获得地铁安全知识。

3)乘客安全意识调查分析

(1)在深圳地铁5号线乘客安全调查中,44%的乘客非常关心地

铁安全，40%的乘客比较关心地铁安全，13%的乘对地铁安全关心程度一般，如图7-15所示。

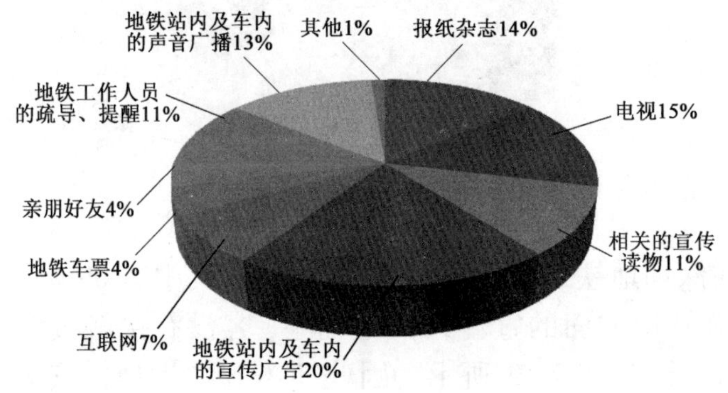

图7-14　被调查对象获得地铁安全知识的主要途径

（2）在深圳地铁5号线乘客安全调查中，63%的乘客会有意识地站在黄线以内候车，34%的乘客不会有意识地站在黄线以内候车，3%的乘客不知道黄线，如图7-16所示。

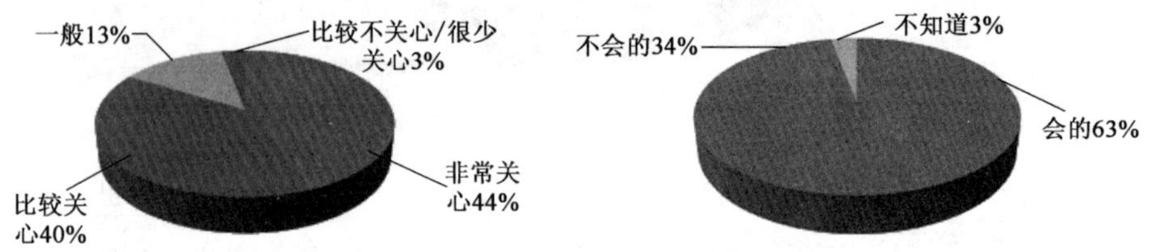

图7-15　被调查对象对地铁安全的关心程度　　图7-16　被调查对象是否会有意识地站在黄线以内候车

（3）乘客对地铁安全出口的关注程度的调查结果是：37%的乘客非常关注，31%的乘客比较关注，29%的人关注程度一般；不关注的只占3%，如图7-17所示。对地铁消防设施位置的关注程度的调查结果是：34%的乘客非常关注，比较关注的占29%，一般关注的占27%，不太关注的只占8%，如图7-18所示。对于安全标志的设置情况：40%的乘客非常关注，比较关注的占27%，一般关注的占27%，不太关注的只占5%，如图7-19所示。

(4)从乘客的角度来看,地铁安全知识宣传的认同程度为:53%的乘客目前非常认同,30%乘客比较认同,17%的乘客认为一般,如图7-20所示。

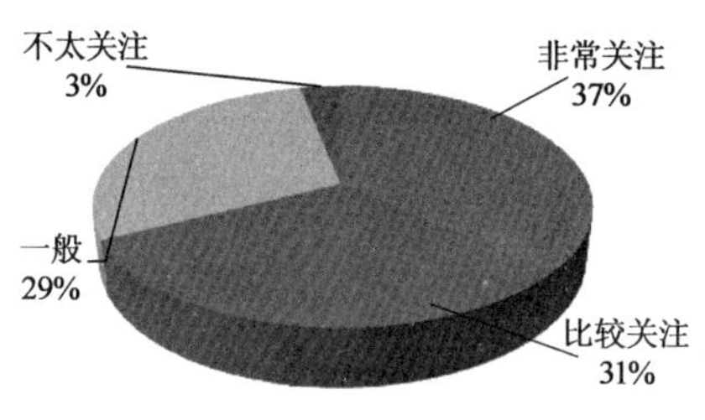

图7-17　被调查对象对地铁安全出口的关注程度

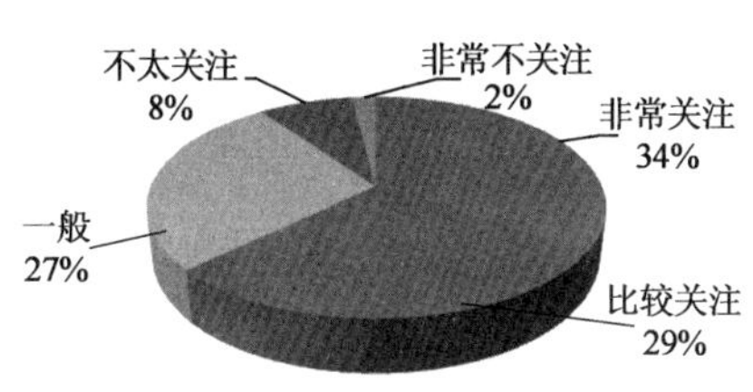

图7-18　被调查对象对地铁消防安全设施的关注程度

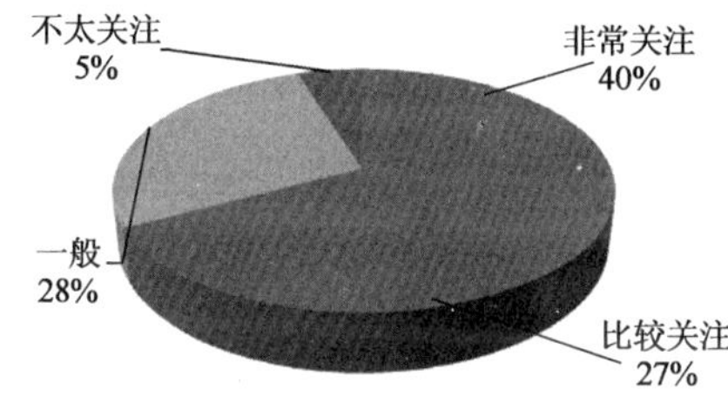

图7-19　被调查对象对地铁安全标志的关注程度

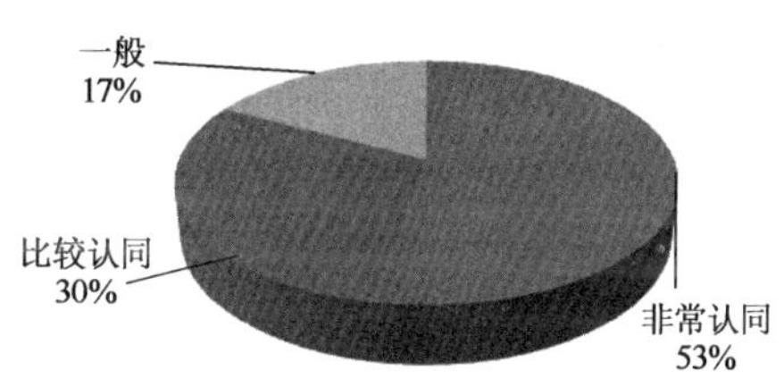

图7-20　被调查对象对加强地铁安全知识宣传的认可程度

4)乘客安全行为调查分析

(1)当发现别人在站台/站厅/车厢内吸烟后,34%的乘客选择离开此处向其他方向走,51%的乘客选择上前制止,13%的乘客不理睬,这反映了乘客的主人翁意识仍然不足,如图7-21所示。

(2)当站厅内或列车上发现无人认领的可疑物品时,82%的乘客选择通知地铁工作人员,7%的乘客不理睬,6%的乘客选择拿走交给工作人员,5%的乘客选择打开看看,如图7-22所示。从乘客自身安全角度来说,不推荐乘客亲自上前接触或者检查可疑物品,正确的方式应该是立即通知地铁工作人员,由专业人员来解决。

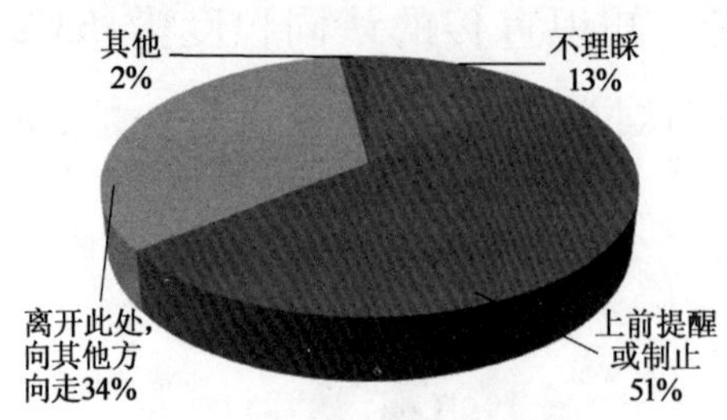

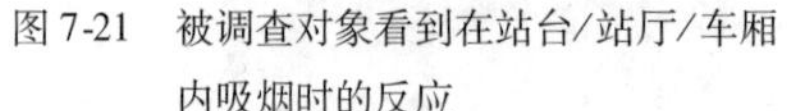
图7-21　被调查对象看到在站台/站厅/车厢内吸烟时的反应

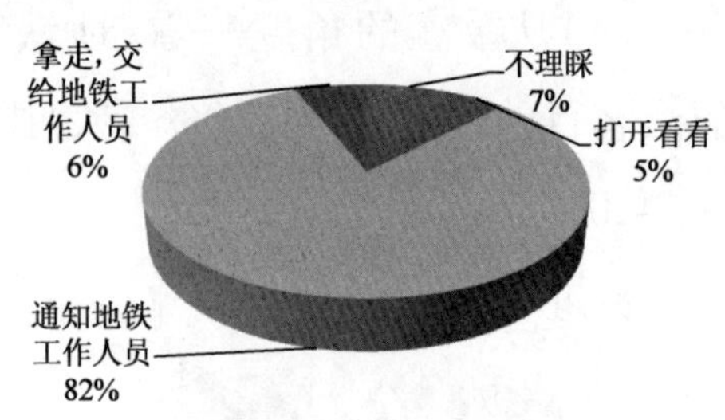

图7-22　被调查对象在站厅内或列车上发现无人认领的可疑物品时的反应

（3）在携带禁止物品入站方面，94%的乘客没有携带过油料、油漆、液化气等危险品入站，6%的乘客携带过油料、油漆、液化气等危险品入站，如图7-23所示；88%的乘客没有携带过自行车、洗衣机、电视机等笨重物品，9%的乘客携带过自行车、洗衣机、电视机等笨重物品，3%的乘客记不清了，如图7-24所示；90%的乘客没有携带过易碎玻璃制品，10%的人携带过易碎玻璃制品，如图7-25所示；92%的乘客没有携带过宠物，5%的乘客携带过宠物，如图7-26所示。

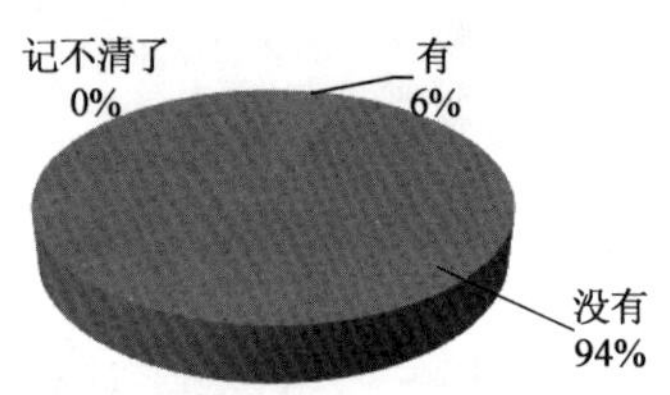

图7-23　被调查对象携带过油料、油漆、液化气等危险品乘坐地铁吗

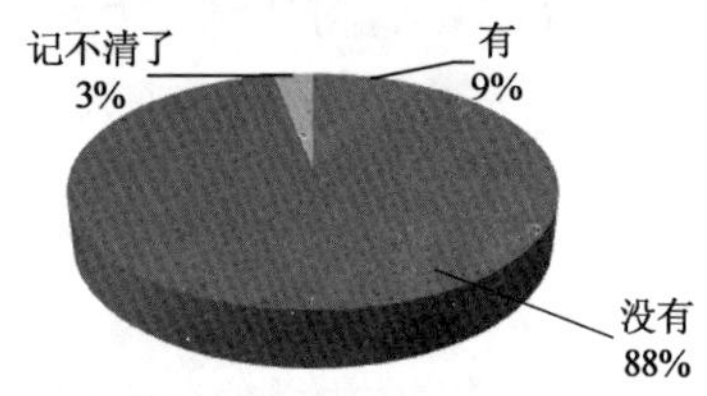

图7-24　被调查对象携带过自行车、洗衣机、电视机等笨重物品乘坐地铁吗

图7-25　被调查对象携带过易碎玻璃制品乘坐地铁吗

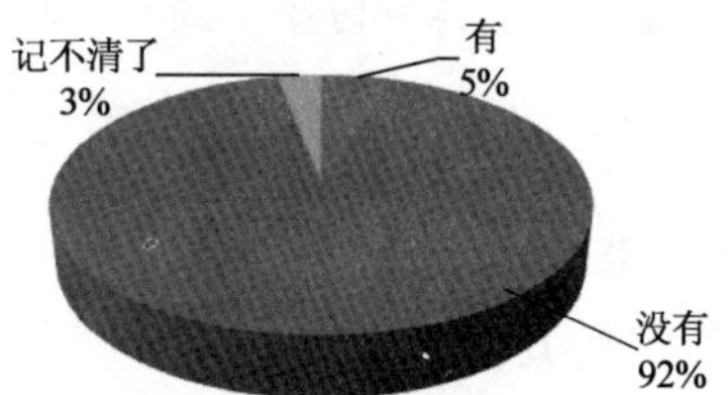

图7-26　被调查对象携带过宠物制品乘坐地铁吗

(4)在进出站时,63%的乘客选择乘坐自动扶梯,19%的乘客选择步行梯,18%的乘客不确定乘坐自动扶梯还是步行梯,如图7-27所示。

(5)在自动扶梯上,80%的乘客靠右边站立,13%的乘客靠左边站立,3%的乘客在中间站立,4%的乘客不确定靠哪边站立,如图7-28所示。

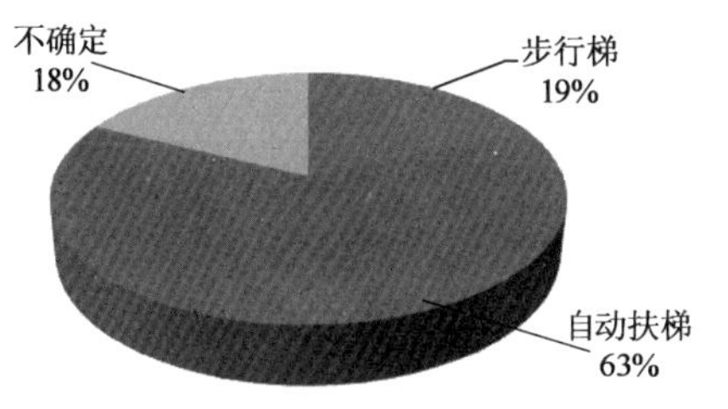

图7-27 被调查对象进出站时一般选择自动扶梯还是步行梯

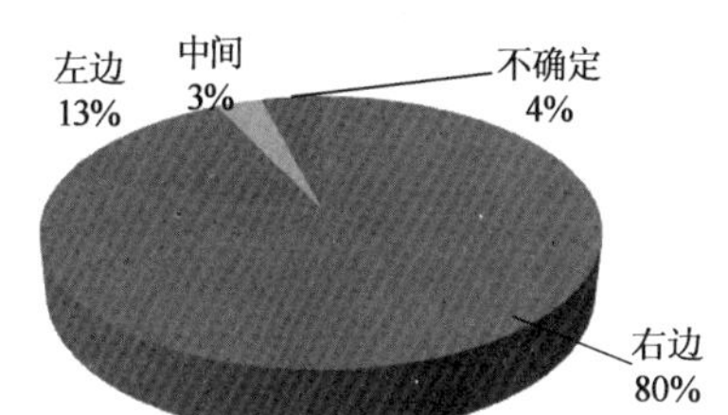

图7-28 被调查对象在自动扶梯上一般靠近哪边站立

(6)在运动的自动扶梯上,76%的乘客在运动的自动扶梯上站立不动,7%的乘客在运动的自动扶梯上继续行走,17%的乘客在运动的自动扶梯上不确定是继续行走还是站立不动,如图7-29所示。

5)乘客对突发事件处理调查分析

在深圳地铁5号线乘客应急突发事件的处理行为的调查显示:

(1)在深圳地铁5号线乘客应急突发事件的处理行为的调查显示:当地铁站内发生突发事件时(如火灾、爆炸、停电、恐怖袭击等),74%的乘客选择的是冷静观望,听从指挥,23%的人会自己想办法逃生或寻求帮助,1%的人认为自己会慌乱,不知所措,2%的乘客会有其他行为,见图7-30。在发生突发事件情况下,能够做到听从指挥是确保骚乱、践踏等人群事故发生的前提,特别是对于地铁这种人员密集的地下空间内。

(2)在深圳地铁5号线乘客应急突发事件的处理行为的调查显

示：从乘客的角度看，大部分乘客（占69%）认为发生突发事件时（如火灾、爆炸、停电、恐怖袭击等），冷静观望，听从指挥是最有效的解决办法，有16%认为会寻求帮助，12%的乘客认为会自己想办法逃生，还有3%的乘客会选择其他办法，如图7-31所示。

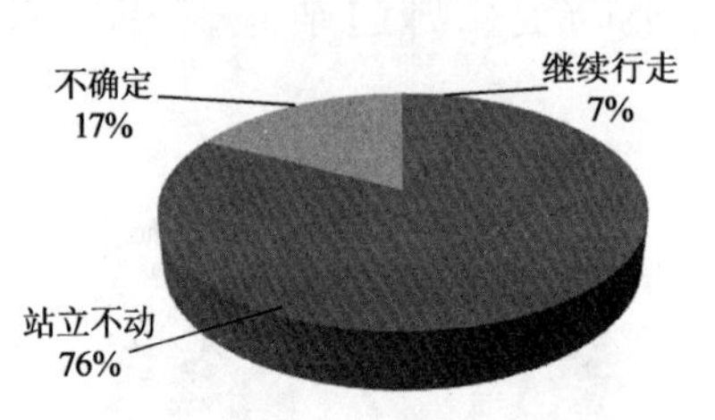

图7-29　被调查对象在运动的自动扶梯上一般是继续行走还是站立不动

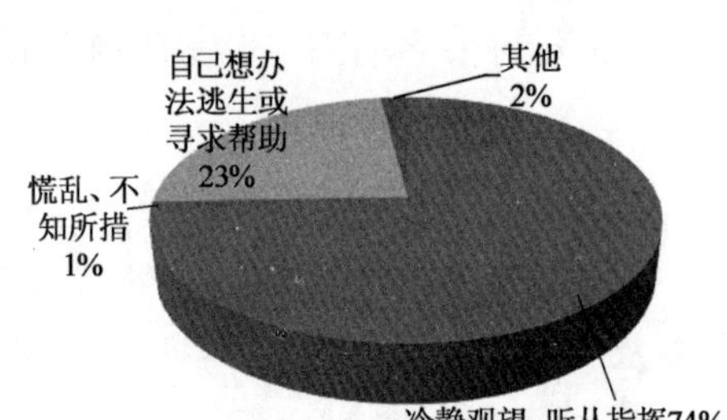

图7-30　被调查对象在地铁站内发生突发事件时的行为

（3）在深圳地铁5号线乘客应急突发事件的处理行为的调查显示：当贵重物品掉落在站台下面，被调查对象中89%会找站台工作人员解决，6%的乘客选择不要了，如图7-32所示。当一般物品掉落站台后，36%的人会选择不要了57%的乘客选择找站台工作人员解决，6%的乘客选择自己跳下站台捡拾，1%的人选择其他，如图7-33所示。

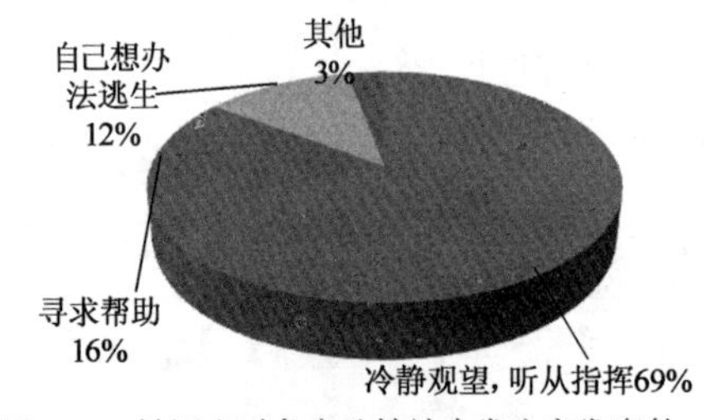

图7-31　被调查对象在地铁站内发生突发事件时的最有效解决办法

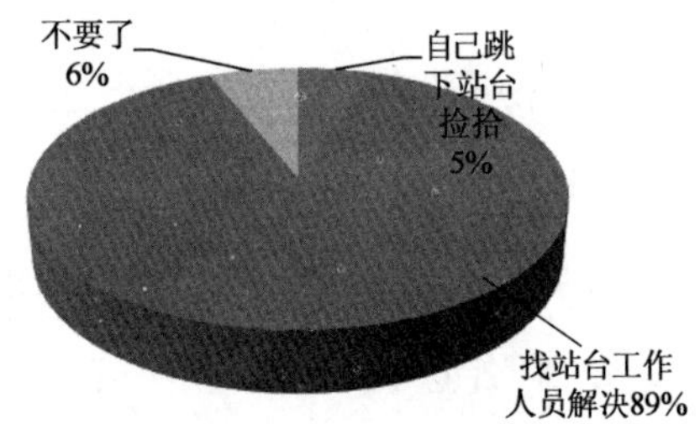

图7-32　被调查对象当贵重物品掉落在站台下时的处理方式

（4）在深圳地铁5号线乘客应急突发事件的处理行为的调查显示：为了分析大客流情况下乘客的行为特征，调查了当乘客进入地铁站厅内，发现地铁内乘客很多、密度很大时的乘客行为：选择无所谓、继续购票乘车的占32%；选择离开地铁站厅、换乘其他交通工具的占

26%;选择在站厅内等待、人少时再购票乘车占42%,如图7-34所示。

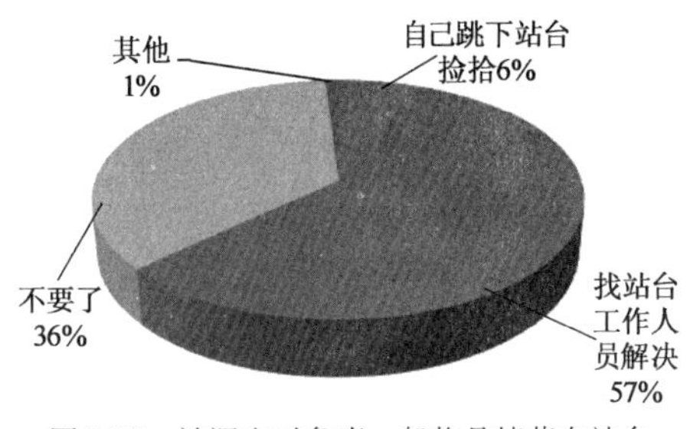

图7-33 被调查对象当一般物品掉落在站台下时的处理方式

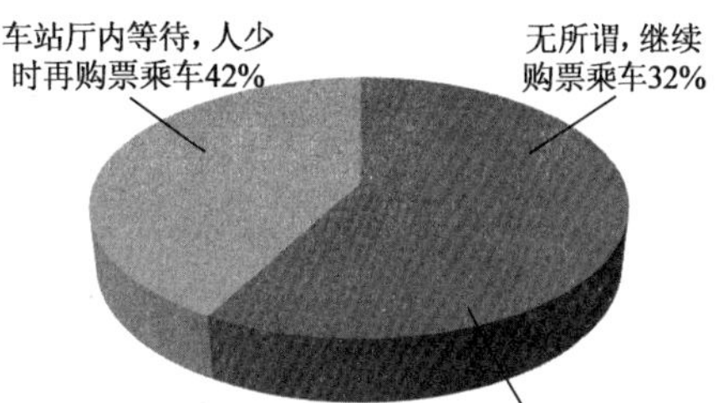

图7-34 被调查对象在进入地铁站厅内发现大客流时的行为

6)乘客对客运服务标志调查分析

(1)在深圳地铁5号线调查中,乘客对客运服务标志的需求程度:标志明显内容清晰 > 导向不明确 > 需要改进 > 形式不美观 > 不关心,如图7-35所示。

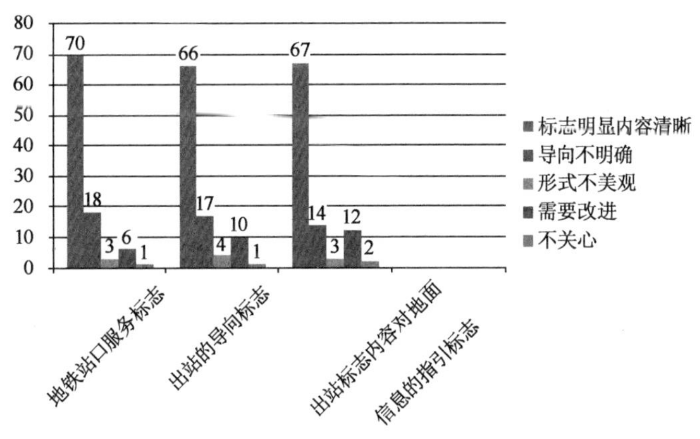

图7-35 被调查对象对客运服务标志的需求程度

(2)在深圳地铁5号线乘客对客运服务标志认知度方面的调查显示:39%的乘客认为导向标志最重要并且需要增强和强化,26%的乘客认为警示标志最重要并且需要增强和强,21%的乘客认为设施标志最重要并且需要增强和强化,10%的乘客认为残障标志最重要并且需要增强和强化,4%的乘客认为无所谓,如图7-36所示。

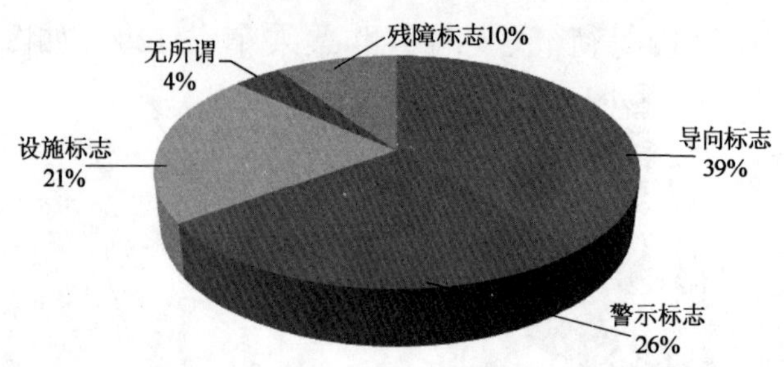

图 7-36　被调查对象对哪类客运服务标志的感觉最重要，并且需要增强和强化

7）乘客在火灾事故下安全行为调查分析

（1）在深圳地铁5号线乘客安全调查中，在地铁发生火灾时，87%的乘客使用步行梯撤离站台，10%的乘客使用自动扶梯撤离站台，还有3%的不确定是使用步行梯还是自动扶梯撤离站台，见图7-37。

（2）当地铁发生火灾时，如果乘客已经处在运动的自动扶梯上，58%的乘客选择在自动扶梯上继续行走，16%的乘客选择在自动扶梯上站立不动，26%的乘客选在自动扶梯上不确定是继续行走还是站立不动，见图7-38。

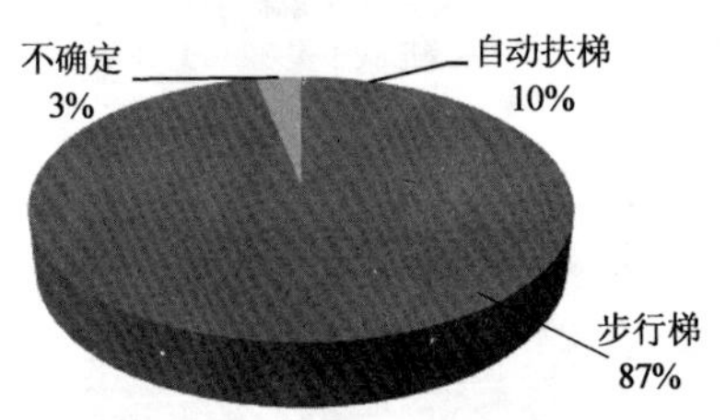

图 7-37　当地铁发生火灾时，被调查对象采用自动扶梯还是步行梯撤离站台

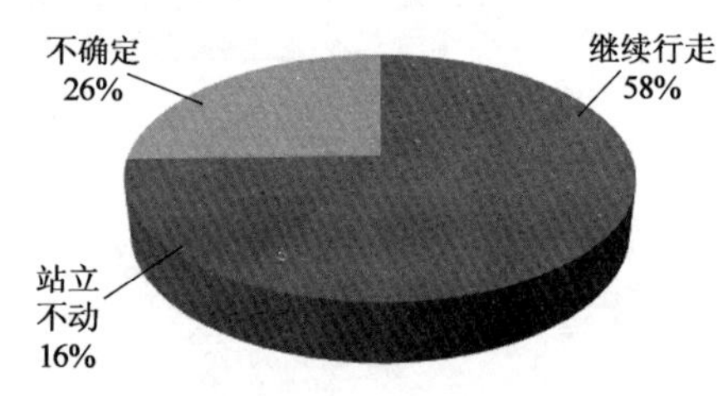

图 7-38　当地铁发生火灾时，乘客在运动的自动扶梯上是继续行走还是站立不动

（3）地铁发生火灾时，有的车站的自动扶梯会断电停止运行，61%的乘客选择步行梯，10%的乘客选择自动扶梯，29%的乘客以最快撤离为准，选择自动扶梯还是步行梯，见图7-39。

（4）在地铁站内发生突发事件（如火灾、爆炸、停电、恐怖袭击等），乘客撤离时，如果您发现前面的自动扶梯或步行梯前已经发生较

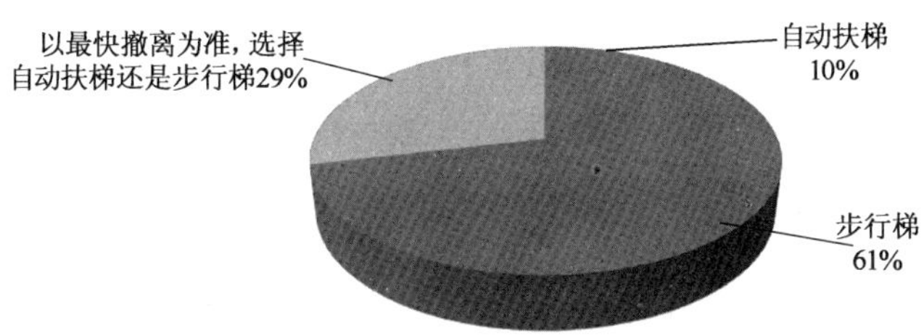

图 7-39 当地铁发生火灾且自动扶梯断电停止运行时被调查对象如何疏散

大的拥堵，35% 的乘客选择根据拥堵的情况，估计一下到站台另一端疏散楼梯的时间，再做决定是否过去，50% 的乘客选择站台另一端的扶梯或步行梯，15% 的乘客选择在该处继续等待，见图 7-40。

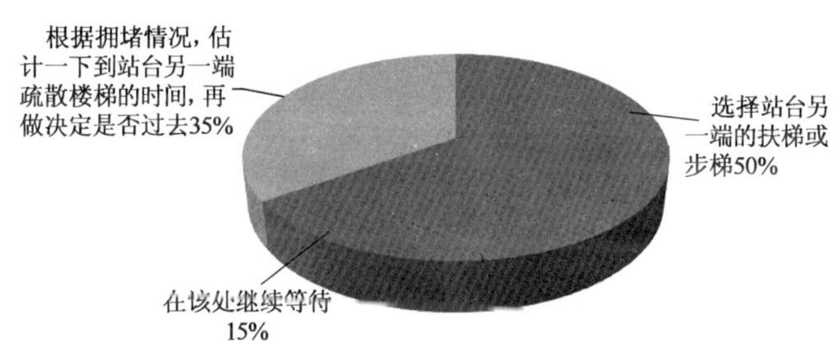

图 7-40 当地铁发生突发事件时，被调查对象撤离时发现拥堵如何疏散

（5）在地铁站内发生突发事件（如火灾、爆炸、停电、恐怖袭击等）紧急疏散时，站厅内的检票闸机、边门将全部打开，供乘客疏散，51% 的乘客选择不确定，36% 的乘客选择边门，13% 的乘客选择闸机，见图 7-41。

（6）在地铁站内发生突发事件（如火灾、爆炸、停电、恐怖袭击等）紧急疏散时，如果前面有乘客摔倒，51% 的乘客选择尽量避让，不踩着摔倒的乘客，43% 的乘客选择上去搀扶起来，6% 的乘客选择自己疏散要紧，不管了，跃过去，见图 7-42。

（7）在地铁站内发生突发事件（如火灾、爆炸、停电、恐怖袭击等），55% 的乘客选择听从指挥，别人往哪儿走就往哪儿走，29% 的乘客选择最快撤离的疏散通道走,2%的乘客选择跟着人多的方向走,14%的乘客选择人少的疏散通道走,如图7-43所示。

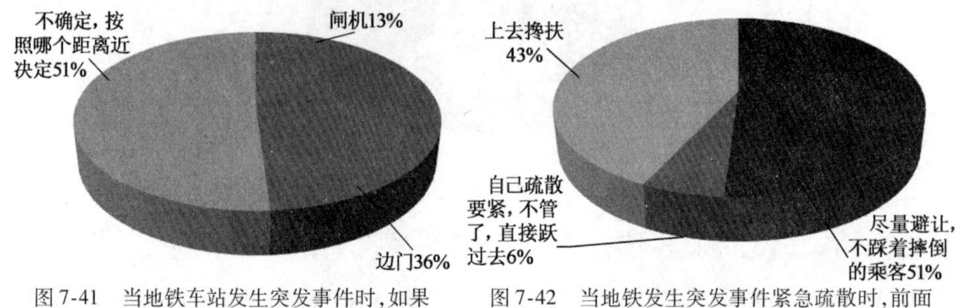

图7-41　当地铁车站发生突发事件时,如果闸机边门全部打开乘客如何疏散

图7-42　当地铁发生突发事件紧急疏散时,前面有其他乘客摔倒时如何疏散

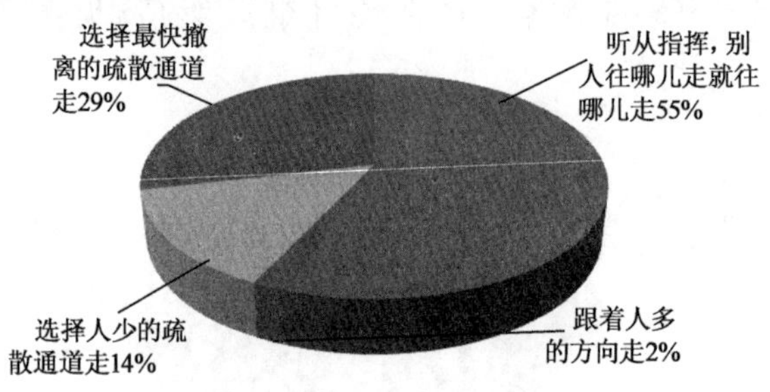

图7-43　当地铁车站发生突发事件时,被调查对象如何进行疏散

(8)地铁车站的疏散通道,一般能在6分钟内将乘客全部疏散出起火站台,如果6分钟后您还没疏散出来,69%的乘客选择不慌乱,继续在该出口疏散,28%的乘客选择在烟雾中寻求别的出口,3%的乘客选择慌乱,产生推搡等极端行为,如图7-44所示。

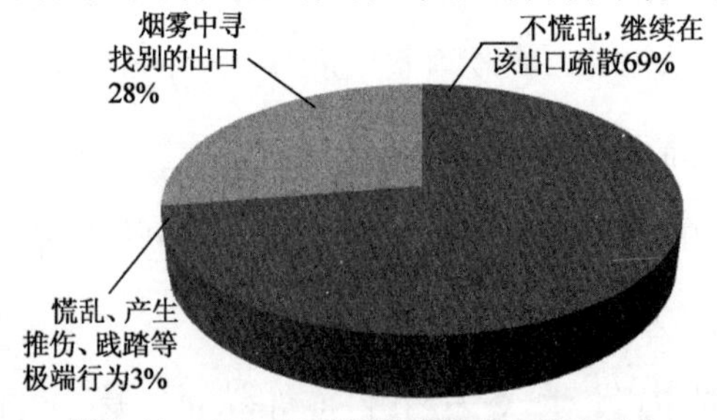

图7-44　在6min后还没疏散出去起火站台且有大量烟气聚集时,如何疏散

7.2.2　站务人员应急能力调查问卷分析评价

1)调查对象背景资料分析

(1)对深圳地铁站务人员的调查对象涉及男职工 113 人,女职工 40 人,总调查人数为 153 人,具体情况如图 7-45 所示。按年龄段来分:18～22 岁有 1 人,23～25 岁有 31 人,26～30 岁有 82 人,31～40 岁有 38 人,41～50 岁有 1 人,51～60 岁有 0 人,如图 7-46 所示。按工龄段来分:1 年以下有 2 人,1～2 年有 3 人,2～3 年有 14 人,3～5 年有 63 人,5 年以上有 71 人,如图 7-47 所示。按现职岗位年限来分:1 年以下有 9 人,1～2 年有 30 人,2～3 年有 56 人,3～5 年有 52 人,5 年以上有 6 人,见图 7-48 所示。受教育程度:小学及以下学历 1 人,初中学历 1 人,高中学历 6 人,中专/技校/职业高中学历 70 人,大专学历 75 人,本科学历 0 人,硕士学历 0 人,博士学历 0 人,如图 7-49 所示。

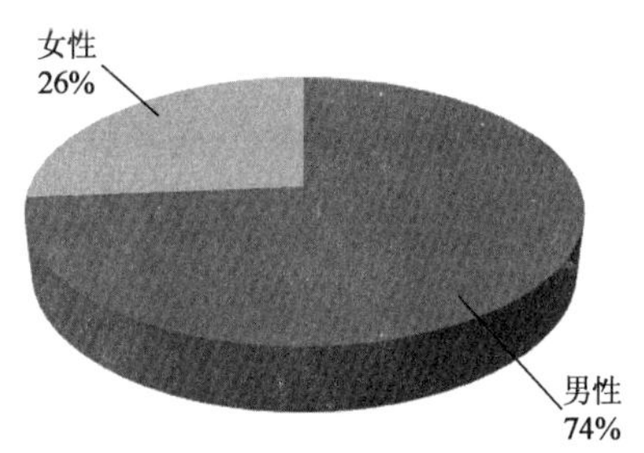

图 7-45　深圳地铁站务人员调查对象性别分布

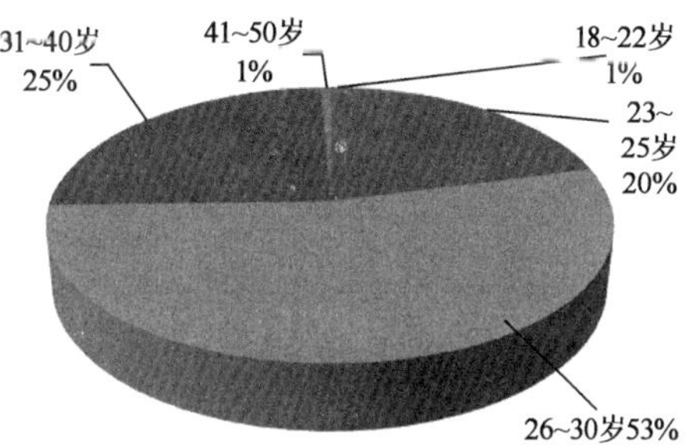

图 7-46　深圳地铁站务人员调查对象年龄分布

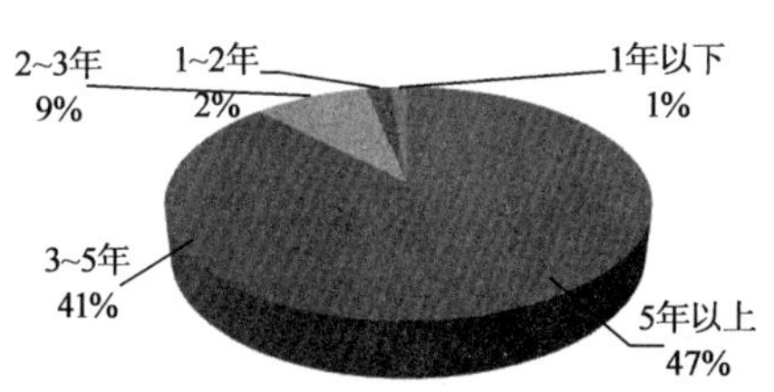

图 7-47　深圳地铁站务人员调查对象工龄分布

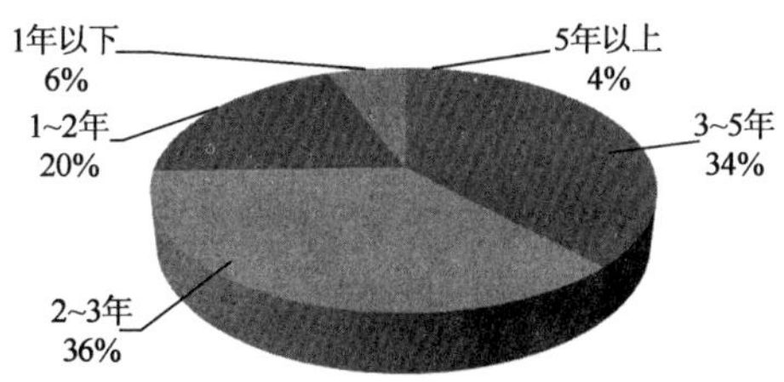

图 7-48　深圳地铁站务人员调查对象现职岗位年限分布

(2)在深圳地铁站务人员安全调查中,52% 的站务人员目前居住在深圳的城区,15% 的站务人员目前居住在深圳的城郊接合部,33% 的站务人员目前居住在深圳的郊区,如图 7-50 所示。

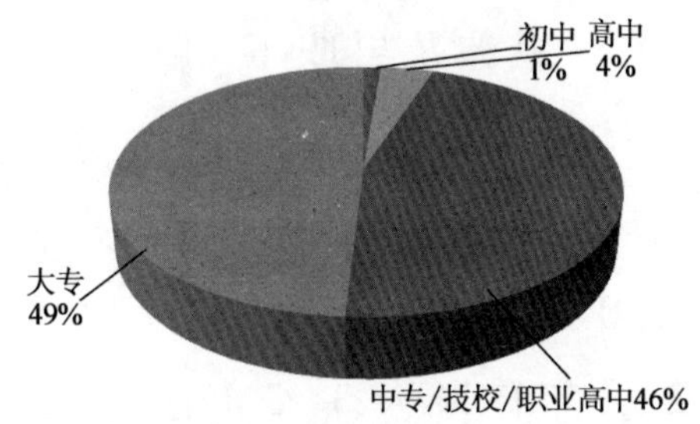

图 7-49 深圳地铁站务人员受教育程度分布

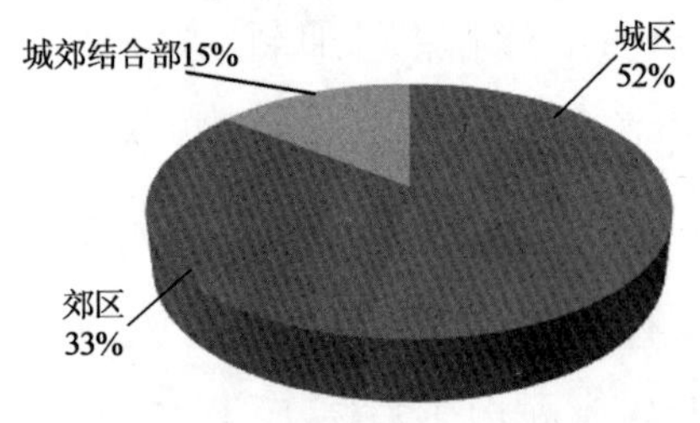

图 7-50 深圳地铁站务人员调查对象目前居住地在深圳位置分布

2)站务人员安全意识及安全行为调查分析

(1)在深圳地铁乘务人员安全调查中,99% 的站务人员参加过地铁公司组织的安全培训,1% 的站务人员没有参加过地铁公司组织的安全培训,如图 7-51 所示。98% 的站务人员参加过应急演练,2% 的站务人员没有参加过应急演练,如图 7-52 所示。

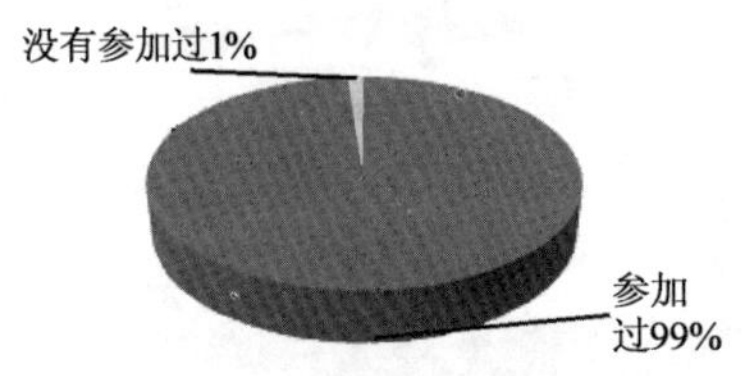

图 7-51 深圳地铁站务人员参加地铁公司组织的安全培训情况

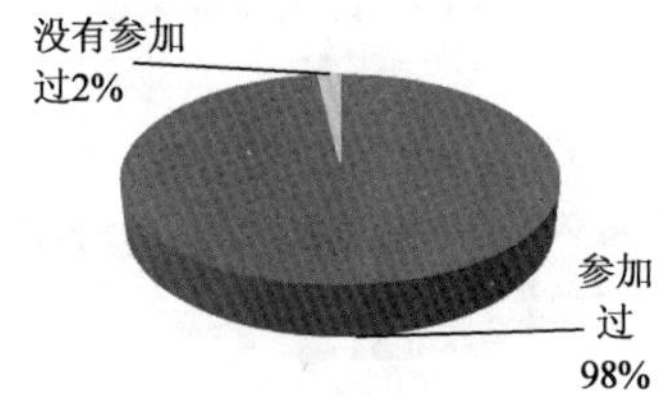

图 7-52 深圳地铁站务人员参加应急演练情况

(2)在深圳地铁乘务人员安全调查中,对于现阶段定制的应急救援预案可操作性,42% 的站务人员觉得可操作性强,45% 的站务人员觉得可操作性较强,12% 的站务人员觉得可操作性一般,1% 的站务人员觉得可操作性较差,没有站务人员觉得可操作性差,如图 7-53 所示。

(3)在深圳地铁乘务人员安全调查中,42% 的站务人员觉得目前

工作强度很大,45%的站务人员觉得目前工作强度大,12%的站务人员觉得目前工作强度一般,1%的站务人员觉得目前工作强度较小,没有站务人员觉得目前工作强度小,如图7-54所示。

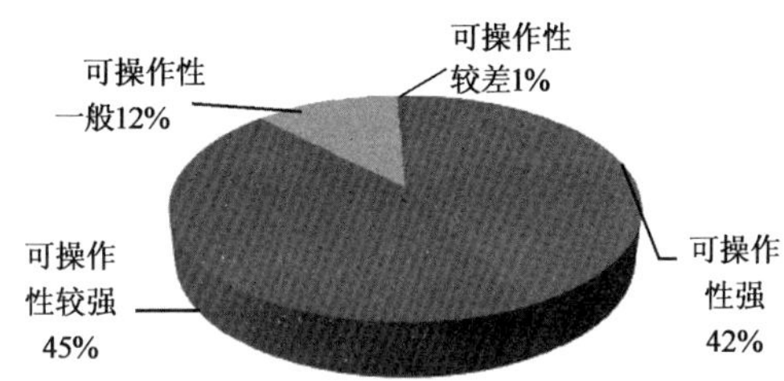

图7-53 深圳地铁站务人员对于现阶段定制的应急救援预案的可操作性情况

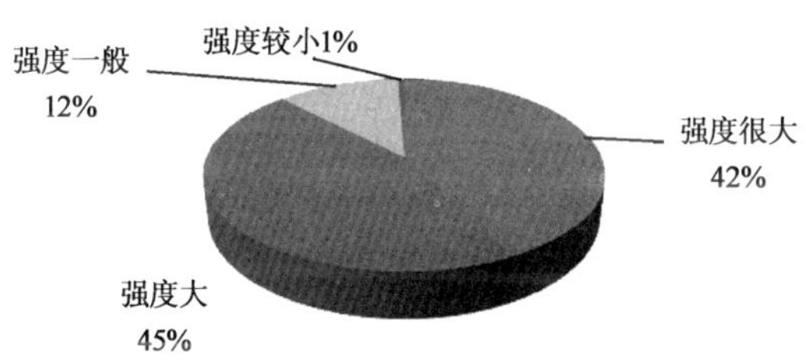

图7-54 深圳地铁站务人员调查对象对于目前工作的强度情况

7.2.3 深圳地铁5号线安全调查问卷分析结论

(1)调查显示:仅42%的乘客知道"乘客须知"并完全了解、基本了解其中的内容,并且52%的乘客知道"乘客须知",但不太了解其中的内容,仍有6%的乘客不知道"乘客须知"。

(2)调查显示:只有47%的人知道并了解地铁车厢内的报警装置的具体位置,有47%乘客虽然知道但不了解报警装置的具体位置,6%的乘客不知道地铁车厢内设有报警装置。

(3)调查显示:仅有69%的乘客接触过有关安全知识方面的宣

传，但仍有31%的乘客没有接触过有关安全知识方面的宣传。

(4)调查显示：仍有34%的乘客不会有意识地站在黄线以内候车，3%的乘客不知道黄线。

(5)调查显示：在携带禁止物品入站方面，仍有6%的乘客携带过油料、油漆、液化气等危险品入站。

(6)调查显示：当地铁站内发生突发事件时（如火灾、爆炸、停电、恐怖袭击等），74%的乘客选择的是冷静观望，听从指挥，23%的人会自己想办法逃生或寻求帮助，仍有1%的人认为自己会慌乱，不知所措，2%的乘客会有其他行为。在发生突发事件情况下，能够做到听从指挥是确保骚乱、践踏等人群事故发生的前提，特别是对于地铁这种人员密集的地下空间内。

(7)站务人员：调查中发现，站务人员的安全教育培训及认证不够完善，应急演练还需要加强，应急救援预案的可操作性以及工作强度应进行合理调整；否则，一旦发生站务人员认为不可能发生的事故时，站务人员将不能及时有效控制事故的发展，造成事故后果进一步扩大。

参考文献

[1] 张雁,宋敏华,冯爱军.城市轨道交通可持续发展研究及工程示范[M].北京:中国建筑工业出版社,2010.

[2] 刘铁民,钟茂华,王金安,等.地下工程安全评价[M].北京:科学出版社,2005.

[3] 何理.城市轨道交通工程建设期间危险有害因素分析[J].中国安全科学学报,2010,20(4):88-91.

[4] 何理,钟茂华,邓云峰.城市轨道交通危险因素分析[J].中国安全生产科学技术,2005,1(3):25-29.

[5] 何理,钟茂华,史聪灵,等.城市轨道交通安全评价体系研究[J].中国安全生产科学技术,2009,3(6):128-132.

[6] 中华人民共和国行业标准.AQ 8004—2007　城市轨道交通安全预评价细则[S].北京:煤炭工业出版社,2007.

[7] 中华人民共和国国家标准.GB 50715—2011　地铁工程施工安全评价标准[S].北京:中国计划出版社,2012.

[8] 中华人民共和国行业标准.AQ 8007—2013　城市轨道交通试运营前安全评价规范[S].北京:煤炭工业出版社,2013.

[9] 中华人民共和国行业标准.AQ 8005—2007　城市轨道交通安全验收评价细则[S].北京:煤炭工业出版社,2007.

[10] 中华人民共和国国家标准.GB/T 50438—2007　地铁运营安全评价标准[S].北京:中国建筑工业出版社,2007.

[11] McGrattan K,et al. Fire dynamics simulator (Version 4)-Technical reference guide, NIST SP-1018[M]. National Institute of Standards and Technology, 2004.

[12] 高俊霞,史聪灵,钟茂华.深埋地铁防排烟设计研究[J].中国安全生产科

学技术,2006,2(6):39-44.

[13] 史聪灵,钟茂华,涂旭炜,等.深埋岛式地铁车站站台火灾时烟气蔓延数值分析[J].中国安全科学学报,2006a,16(3):17-22.

[14] 史聪灵,钟茂华,涂旭炜,等.深埋地铁岛式站点火灾模型实验研究(2)-列车火灾[J].中国安全生产科学技术,2006b,2(2):14-19.

[15] 史聪灵,钟茂华,涂旭炜,等.深埋地铁岛式站点火灾模型实验研究(3)-站台火灾[J].中国安全生产科学技术,2006c,2(3):33-38.

[16] 史聪灵,钟茂华,涂旭炜,等.深埋地铁车站火灾实验与数值分析[M].北京:科学出版社,2009.

[17] 中华人民共和国国家标准.GB 50157—2003 地铁设计规范[S].北京:中国建筑工业出版社,2003.

[18] 钟茂华,史聪灵,符泰然.城市轨道交通系统火灾时人员疏散若干问题研究:2006(沈阳)国际安全科学与技术学术研讨会论文集[C].沈阳:2006a.535-542.

[19] 钟茂华,史聪灵,涂旭炜,等.深埋岛式地铁车站突发事件时人员疏散模拟研究[J].中国安全科学学报,2007b,17(8):20-25.

[20] 陈涛.火灾情况下人员疏散模型及应用研究[D].中国科学技术大学,博士学位论文,2004.

[21] 刘波,韩彦辉.FLAC 原理实例与应用指南[M].北京:人民交通出版社,2005.

[22] 石杰红,钟茂华,何理,等.双线盾构地铁隧道施工地表沉降数值分析[J].中国安全生产科学技术,2007,3(6):77-81.

[23] 石杰红.地铁车站穿越地下大空间及地铁隧道安全分析[J].中国安全生产科学技术,2013,9(5):34-38.

[24] 石杰红.地铁叠线段区间施工安全数值模拟研究[R].(沈阳)国家安全科学与技术研讨会,2012.

[25] 深圳城市轨道交通二期 5 号线工程可行性研究报告[R].

[26] 深圳城市轨道交通二期5号线工程可行性研究阶段岩土工程勘察报告[R].

[27] 建筑基坑工程技术规范 JGJ 120—2012. 北京:中国建筑工业出版社.

[28] 深圳市轨道交通三期6号线工程可行性研究报告[R].

[29] 深圳市轨道交通三期6号线工程可行性研究阶段岩土工程勘察报告[R].

[30] Kisko T M, Francis R L. EVACNET +: A Computer Program to Determine Optimal Evacuation Plans[J]. Fire Safety Journal,1985,9:211-220.

[31] Togawa K. Study of fire escapes basing on the observation of multitude current [J]. Report No. 14, Building Research Institute, Ministry of Construction,Tokyo.

[32] Thompson P A, Marchant E W. Testing and application of the computer model 'SIMULEX'[J]. Fire Safety Journal,1995,24(2):149-166.

[33] Cwynne S, Gelea E R, Lawrence P J, Owen M, Filipidis L. Validation of the building EXODUS model[J]. Application of science, 1998,7: 235-266.

[34] Cwynne S, Gelea E R. Arcview of the methdologics used in the computer simulation of evacuation from the build enviroment[J]. Building and Enviroment, 1999,34: 741-749.

[35] 钟茂华,王金安,史聪灵,等. 地铁施工围岩稳定性数值分析[M]. 北京:科学出版社,2006.

[36] 钟茂华,史聪灵,符泰然. 我国地铁公共安全科技保障体系建设不断进步[J]. 劳动保护杂志,2006,11:78-81.

[37] Zhong Maohua, Liu Tiemin, Deng Yunfeng et al. Safety evaluation: Important safeguard of work safety for enterprises in China[J]. Journal of Loss Prevention in the Process Industries,2006,19(6):762-768.

[38] Maohua Zhong, Congling Shi, Xuwei Tu, et al. Study of the human evacuation simulation of metro fire safety analysis in China[J]. Journal of Loss Prevention in the Process Industries, 2008,21(4):287-298.

[39] 何理,钟茂华,史聪灵. 地铁突发事件下乘客疏散行为调查研究[J]. 中国安全生产科学技术,2009,5(1):53-58.